平和をめぐる14の論点
平和研究が問い続けること

日本平和学会 編

法律文化社

は し が き

　平和学あるいは平和研究という学問分野が生まれてほぼ半世紀が経つ。日本平和学会は1973年に設立されて、今年で45年目になる。1976年に日本の大学で初めて「平和学」という科目が開講されて以来、まだ平和学部こそないが、いま日本の大学・大学院で平和学、平和研究関連の授業科目は広汎に開講されている。しかし、平和学、平和研究の普及にもかかわらず、いま平和研究は危機にあるのではないだろうか。

　冷戦終結後、大国間の核戦争の危機はたしかに低下したかもしれないが、冷戦が「凍結」していた諸問題——植民地主義の克服、国連安保理の活性化、専守防衛を超える自衛隊の活用等——が前景化し、新たに「対テロ戦争」、新自由主義的グローバル化の暴力の問題が生まれ、さらには多国間主義から自国中心主義への変化、差別と排除の「逆襲」等々、平和研究の課題は複雑化している。また同時に、日本政府の「積極的平和主義」「平和安全法制」という表現が示すように、平和の概念、平和主義の概念をめぐる闘争が起きているというべきであろう。いま平和研究自身の再構築が必要とされている。

　本書は、いま日本の平和研究が取り組むべき 14 の論点を選び出し、それらの論点について、命題を示し論証しながら、研究課題・論点に関して、考え方の道筋を示すものである。14 の論点は、平和研究の独自の課題、平和研究が必要とされる理由について論じる「第Ⅰ部　なぜ平和研究か——その原動力」、誰がどのように平和をつくるのかについて説明する「第Ⅱ部　平和創造の主体と手法」、そして日本においてとりわけ重要となる平和課題についてどう考えるかを述べる「第Ⅲ部　平和研究の日本的文脈——その視座と方法」に大きく整理できる。それぞれの論点について、重要な課題と参考文献がカバーされている。

　本書は、大学・大学院の授業で教科書ないし参考書として使っていただくことを想定しているが、平和問題に関心をお持ちの市民のみなさん、意欲的な高

はしがき

校生のみなさんにも手に取っていただけるとうれしく思う。本書の執筆陣は、それぞれの論点、それぞれの専門分野に関する気鋭の研究者であり、すべて日本平和学会の会員である。本書の刊行は日本平和学会のプロジェクトである。執筆者としては、本書が、平和研究の再構築、そして平和創造・平和構築にとって、意味のある触媒として活用されることを切望している。

　本書の企画から刊行にいたるプロセスにおいて、法律文化社の小西英央氏にたいへんお世話になった。心から御礼を申し上げたい。

執筆者を代表して
遠藤誠治
石田　淳
君島東彦
黒田俊郎

目　　次

はしがき

第I部　なぜ平和研究か
──その原動力──

論点 1　平和研究の方法

平和を求めるなら戦争の準備をすべきか

──────────── 遠藤　誠治　3

    1　平和を求めるなら戦争の準備をすべきか　　3

    2　「安全保障のディレンマ」を克服することは可能か　　9

論点 2　平和的共存

国家の安全と個人の安全とは両立するのか

──────────── 石田　　淳　20

    1　国家の安全の追求は個人の安全を脅かさないのか　　20

    2　棲み分けによる平和は可能か　　29

    3　おわりに　　36

論点 3　新自由主義

新自由主義的グローバル化は暴力を
もたらしているか ──────── 土佐　弘之　39

iii

1 ネオリベラリズムはリベラリズムとは異なるのか
  ——定義について 39

2 ネオリベラリズムは構造的暴力をもたらしているか
  ——グローバル・アパルトヘイト 42

3 ネオリベラリズムは直接的暴力をもたらしているか
  ——法の支配と例外状態の共振 45

4 ネオリベラリズムは文化的暴力をもたらしているか
  ——所有主義的個人主義による構造的暴力の不可視化 49

論点 4　差別と排除

差別・排除の克服は平和の礎となるか

——————————— 阿部　浩己 58

1 差別・排除と戦争に本質的なかかわりはない？ 58

2 人間や文化の多様性は、社会に亀裂をもたらし、平和を脅かすか 63

3 少数者は「社会的弱者」として保護されなくてはならないか 67

4 人種主義は植民地主義と密接につながっているか 71

5 人種主義・植民地主義の克服は平和を保証するか 75

論点 5　ジェンダー

ジェンダー平等は平和の基礎か —————— 古沢希代子 78

1 ジェンダーで見ると「平時」と「平和」は同じか 78

2 ジェンダーは戦争に利用されるのか 81

3 平和構築は女性の方を向いているのか 86

4 ジェンダー平等に落とし穴はあるのか 90

5 フェミニズムが切り拓く平和は存在するのか 92

6 おわりに 96

目　次

第Ⅱ部　平和創造の主体と手法

論点 6　国　連

国連は普遍的平和を目指せるか ──────── 山田　哲也　101

1　国連と平和は１つずつか？　101

2　国連の存在は「正しい」か　107

3　国連は正しく活動しているか　111

4　日本にとって国連は重要か　114

5　いま国連を問う意義はあるか　117

論点 7　市民社会

市民や NGO による国境を越えた連帯は国際平和に貢献しているか ──────── 毛利　聡子　121

1　市民や NGO は国境を越えて連帯してきたのか　121

2　国境を越えた連帯は、地球市民社会で形成されるのか　124

3　グローバル・ガバナンス論は地球市民社会の形成を後押ししたか　125

4　懐柔された市民社会は、分裂、解体していくのか　132

5　市民社会における連帯は、国際平和に貢献するのか　137

論点 8　主権と人権

人道的介入は正当か ──────── 清水奈名子　140

1　人道的介入は平和研究にとってはたして重要な論点なのか　140

v

2 犠牲者保護の手段として武力介入について議論する必要は
あるのか　144

3 国連の集団安全保障体制の下で合法的に介入すれば十分な
のか　147

4 武力介入は人権保障の有効な手段たりうるのだろうか　153

5 人道的介入ははたして正義にかなうのか　155

論点 9　援　助

援助は貧困削減に有効なのか ──────佐伯奈津子　160

1 はじめに　160

2 援助は貧困削減に有効なのか　161

3 援助を増やせば貧困問題を解決できるのか　164

4 援助は貧しい人びとに届いているのか　169

5 援助か自由市場か　171

6 ガバナンスや民主主義があれば援助は届くのか　173

7 援助は必要なのか　174

8 おわりに　177

論点 10　和　解

紛争後社会の平和を再建するには謝罪と
償いが必要か──────────阿部　利洋　180

1 紛争後社会において謝罪と償いはどのような形をとるか
──平和構築と移行期正義　181

2 謝罪と償いは平和を再建しうるのか──否定的な事例　186

3 謝罪と償いが有効にはたらく条件は何か　191

目　次

第Ⅲ部　平和研究の日本的文脈
──その視座と方法──

論点 11　核軍縮

被爆地の訴えは核軍縮を促進したか────水本　和実　199

- 1　被爆地は積極的に核軍縮を訴えてきたか　199
- 2　「再び核兵器を使用するな」との訴えは世界に届いたか　202
- 3　「核兵器を廃絶せよ」との訴えは世界に届いたか　206
- 4　「核実験を禁止せよ」との訴えは世界に届いたか　209
- 5　「核兵器を禁止せよ」との訴えは世界に届いたか　211
- 6　「核抑止戦略を改めよ」との訴えは世界に届いたか　213
- 7　「被爆体験に耳を傾けよ」との訴えは世界に届いたか　215
- 8　「日本政府は核軍縮に努力せよ」との訴えは届いたか　216
- 9　被爆地の訴えは核軍縮を促進したか　217

論点 12　日米安保

日米安全保障条約は日本の平和の礎であるのか
────我部　政明　219

- 1　安保条約の目的は米軍の駐留であるのか　219
- 2　日米安保条約は非対称的な条約であるのか　221
- 3　日米安保条約によって米国は日本の安全に寄与しているか　224
- 4　米軍基地の存在が、抑止力を構成しているのか　227
- 5　在日米軍は、日本以外での軍事作戦を遂行するために存在するのか　229
- 6　集団的自衛権行使により、日本の安全は高まるのか　231

vii

7 東アジアの平和と安定を支えるコストは日米が払っているのか　234

8 相互依存の深まっている日中関係に、武力衝突はあり得ないのか　238

論点 13　憲　法

日本国憲法の平和主義は日本の安全と世界の平和に貢献しているか ———— 君島　東彦　241

1 日本国憲法の平和主義は外発的・他律的なものか、内発性・自律性はないのか　241

2 憲法 9 条解釈の変化は、日本の安全と世界の平和に貢献したのか（その 1 ）——憲法 9 条の下での実力組織の創設と統制　246

3 憲法 9 条解釈の変化は、日本の安全と世界の平和に貢献したのか（その 2 ）——日本国憲法の国際協調主義とは何か　251

4 日本の安全と世界の平和のために、日本国憲法 9 条を改正すべきか　255

5 おわりに　258

論点 14　戦後補償

戦後補償問題はすでに解決済みであるか ———— 林　博史　261

1 サンフランシスコ平和条約と二国間条約によって戦後処理は終わったのか　261

2 なぜ戦後数十年もたってから被害者は個人補償を要求するようになったのか　265

3　日本は何度も謝罪しているのに、和解を阻んでいるのは被
　　　害国側であるのか　269

　　4　自分の国の戦没者を追悼するのがどうして悪いのか　271

　　5　「固有の領土」であるのか　274

　　6　結論　戦後補償問題はまだ解決されていない。その解決は
　　　日本とアジア太平洋の周辺諸国との平和と共存にとって
　　　不可欠の課題である　278

まとめ　平和研究の課題

平和研究の役割と課題―――――――黒田　俊郎　281
　　　　――壁に囲まれた世界のなかで考える

　　1　壁と卵　281

　　2　悪の所在　283

　　3　移行という問題　287

　　4　日本というシステム　300

　　5　義務と権利　306

索　　引

第 I 部

なぜ平和研究か
──その原動力──

論点 1　平和研究の方法

平和を求めるなら戦争の準備をすべきか

遠藤　誠治

1　平和を求めるなら戦争の準備をすべきか

　必ずしも正しくない。「汝平和を欲さば、戦への備えをせよ（"Si vi pacem, para bellum."）」（英訳 "If you want peace, prepare for war"）は、一般的には、4世紀後半のローマの軍事理論家ヴェゲティウス（Flavius Vegetius Renatus）の『軍制論（De Re Militari）』（英訳 *The Military Institutions of the Romans*）に由来する格言とされている。しかし、この書物自体が、ギリシア・ローマの軍事に関する理論や実践を収集・整理することを目的として書かれたこともあり、それ以前から存在した言葉である可能性もある。この格言をはじめとして、ヴェゲティウスの文章からはいくつかの格言が後世に残されているが、ローマ時代にはそれほど大きな注目を集めず、むしろ、西欧では中世から近代にかけて多くの軍人や軍事理論家に影響を与えたとされている。

　この格言の解釈については論争がありえる。しかし、一般的には、好戦主義や先制攻撃論の表明ではなく、戦争の備えをしておくことで、戦争を回避することができるという意味で解釈されている。現代の言葉で言えば、抑止論にあたるものと考えることもできよう。他方、人類の歴史において侵略や略奪が繰り返されてきたことを振り返れば、外部からの侵略や攻撃に対して、自衛戦争の備えをしておかなければ、自らの安全を守ることはできないという主張は、当然の理であるという印象を与える。例えば、トゥキディデスの描くように、ペロポネソス戦争において中立を求めたメロス島がアテナイによって滅ぼされ

第Ⅰ部　なぜ平和研究か

てしまったことを想起すれば、この格言の妥当性は疑うまでもないであろう（トゥーキュディデース　1966〜67）。

　しかし、戦争を回避するために自衛の備えを行うことで、逆に、自らの安全を損なってしまう場合もある。それが国際政治理論における中核的な問題の一つである「安全保障のディレンマ（security dilemma）」である。自らは他国に対する侵略的な意図をもたない国同士の関係においても、ある国Aが、万が一攻撃された場合の対応能力を欠いてはならないというヴェゲティウスの格言通りに、意図としては防衛的な行動をとると、それが他国Bには不信と不安を引き起こし、同じような防衛的行動を誘発することになる。B国による防衛的な軍事的備えは、自国に対する攻撃意図の表れかもしれないので、A国が万が一に備えて防衛能力を高める行動をとると、その行動が再びB国に脅威を与えることとなり、軍備強化をもたらす可能性が高い。こうして、最悪事態に対応するための防衛的な意図に基づく備えが、相互不信と軍備拡張のスパイラルを引き起こし、もともと存在していなかった脅威を激化させ、戦争の危険性を高めてしまう可能性がある。このようにヴェゲティウスの格言通りの行動は、自国の安全を高めないのみならず、平和を損なう場合がある。

　この点を銘記することが、戦争と平和に関するヴェゲティウスのような「常識的」な考え方とは異なるアプローチが必要であるのみならず、可能であることを主張する平和研究への道を開くことになる。平和研究は、平和を求めるためには、戦争の準備ではなく、平和のための準備が必要であると主張してきた。その内容や方法は自明ではないし、それ自体の中に矛盾や困難もある。

　しかし、平和研究では、目的としての平和だけではなく、平和を実現するための手段の平和性を追求することも大きな課題としてきた。それはもともと達成することが困難な課題設定であるが、完全な非武装や無抵抗を意味するわけではない。そうした困難な課題設定の中で豊かな知的成果が蓄積されてきている。そして、日本の多くの人々の常識的感覚とは異なり、現代の世界では、少なくとも国家間の平和を実現するチャンスは広がっている。そうした点を検討してみよう。

論点 1 平和研究の方法 平和を求めるなら戦争の準備をすべきか

（1）暴力装置なしで政治秩序は成り立つのか

　恐らく否。平和研究は、それ自体が多様であるが、無政府主義ではない。無政府主義者は、人間性は善であるのに、政府は悪の源であると捉えることが多い。本来ならば人間同士が調和的な秩序を形成しうるのに、政府が人間性を歪めてしまうために、暴力に依存した悪しき秩序が作られると考える。したがって、政府がない方が良いと考えるのが無政府主義だ。

　こうした人間性論は重要な問題であるが、戦争や平和の原因や帰結を、人間性にのみ帰着させることには困難がある。ちなみに、人間がみんな善人であれば平和は可能だろうが、そうではないのだから不可能だというような考え方や、動物にはみな攻撃性が備わっており（ローレンツ 1970）、人間も動物である以上その攻撃性を免れてはいないので、平和を実現することは不可能だという議論がある。後者については、科学者たちが明確に否定する声明を発している（UNESCO 1986）。むしろ、人間性が善であろうと悪であろうと、人間が複数存在する社会的状態で何が起こるのか、ということが重要である。

　この点を理解するには、「安全保障のディレンマ」を定式化したジョン・ハーツ（John H. Herz）のオリジナルな議論に遡るとわかりやすい（Herz 1950；1951）。ハーツは「安全保障のディレンマ」を国家間に起こる問題としてではなく、複数の人間が相互不信の中で生きている状況で起こるディレンマとして捉えた。つまり、人間は現在を生きているのみならず、将来にわたって自らの生存を確保しようとするが、他の人間が自らの生存の維持にとって脅威となりえる。その際、他者は確実に悪意や攻撃性をもっているとは限らないが、悪意をもっている可能性はある。つまり、人は、自分と同じように生存に関心をもっている他者の意図がはっきりとは分からないという不安の中に置かれる。そうした相互不信状況の下で、全ての人が「殺すか殺されるか（kill or perish）」、先制攻撃するか殺される危険を冒すかというディレンマの下に置かれる。

　その際、個々の人間が善人か悪人かは問題ではない。自己保存を課題としている人間がもつ他の人間の意図に関する不安と恐怖こそが、このディレンマを発生させるのである。そして、この社会状況の下では、人間は他の人間にとって狼とならざるをえない（homo homini lupus）ことになる。このように、安全

第Ⅰ部　なぜ平和研究か

保障のディレンマは、まずは国家間関係として存在するのではなく、全ての人間にとっての問題として定式化された。

　さらに興味深いことに、ハーツによれば、人間は潜在的には他の全ての人を自らの生存にとって脅威の源と捉える一方で、他の人と協力しなければ自らの生存を確保できないというディレンマも抱えている。これには特に名前は与えられていないが、人間相互間の関係には相互不信と相互依存の両側面があるという点は重要だ。

　ハーツによれば、自らの生存に関して相互に依存する人々は、家族や氏族などの集団を形成して相互不信を克服するが、その際、外部集団に対しては常に、安全保障のディレンマが発生する。こうして徐々に大きい集団が作られると、他の集団との間の安全保障のディレンマも大規模集団間のものとなる。集団内部では、憐憫、愛情、倫理、利益の共有などを通じて相互不信は克服されるが、そうした感情や倫理が共有されるのは国家までである。こうして、最終的には、国家間の安全保障のディレンマという問題が残される。

　そうなると少なくとも2点の疑問が残る。まず、相互不信を克服できれば国家内部の問題は暴力なしで解決できるのか。そして、なぜ、安全を確保したいという根本的な欲求を充足するために相互不信を克服して形成可能な最大集団が国家にとどまり、それ以上大規模な集団にそれを期待することができないのか。後者の問題は後に検討することとして、前者について検討しておこう。

　近代では、国家をはじめとする政治秩序は、最終的には暴力機構によって支えられていると想定されている。国内で生じる安全保障のディレンマも、最終的には、ホッブズ（Thomas Hobbes）が『リヴァイアサン』で指摘するように、個々人の自由の一部を国家に託すことによって、克服されると考えるのが一般的である。人権侵害や犯罪に対して法を執行し、正義を回復するためには、国家自身にも他の武装集団を圧倒する実力組織が必要だと考えられるからである。しかし、国家が自国民に対する脅威の源となることは、歴史的に繰り返されてきたのみならず、現在の世界でも決して稀とはいえない。さらに、いかなる民主主義国家であっても、政治権力には腐敗の危険性があるし、現代の文脈では国家による国民の監視技術はますます高度化している。

そうだとすると、人権や正義の実現を最終的に保証するには国家が必要だが、それと同時に国家に対する異議申し立てや責任追及のメカニズムが整えられている必要があるということになる。つまり、国家のもつ暴力機構は、何らかの制限を受けることで、正当化されるといえるだろう。そう考えると、若干文脈は異なるが、ハンナ・アレント が暴力（violence）と政治権力（political power）は正反対の存在だと主張したことが理解される（Arendt 1970）。アレントによれば、政治権力は、暴力によって維持されているわけではなく、正当性をもっていることで維持されている。全ての問題を暴力によって解決しなければならないような政治の仕組みは持続力がなく、その意味で秩序を成り立たせることはできない。独裁国家であったとしても、最低限の正当性を備えていなければ、持続性をもちえない。

このように国内秩序は国家という暴力機構を背景におきつつも、正当性を備えた政治権力によってこそ維持可能となっていると考えられる。したがって、現代の国家や国内政治は、国家による暴力手段の集中という要素と政治権力の正当性という2つの側面から理解する必要がある。

（2）無政府的な国際政治システムにおいて軍事力なしで自国の安全を守れるのか

場合による。ハーツによる「安全保障のディレンマ」に関する残された2つめの問題を検討してみよう。これは実例から考えてみた方がわかりやすい。

例えば、EU諸国間の平和は、国境に配置された軍隊が、万が一に備えていつでも戦えるように準備していることによって維持されているわけではない。それどころか、テロ行為が繰り返される以前、シェンゲン協定に参加する諸国間では、国境を越えた人の移動に関してパスポート・コントロールすら必要がないと考えられていた。同様に総計約8890キロメートルにおよぶアメリカとカナダの国境も、軍事的な警戒を怠らないことによって安定が維持されているわけではない。むしろ、戦争など起こるはずがないという前提で両国間の関係が維持されている。同じことは米欧間、日米間に関してもいえるだろう。

他方で、アメリカとメキシコの間では、軍隊が配備されているわけではないが、不法移民の流入を阻止するために、厳しい国境警備体制が敷かれている。

第 I 部　なぜ平和研究か

あるいはインドとパキスタンの間、中国とインドの間などでは、近年でも国境紛争が起こっており、互いに軍事力の行使の可能性を考慮に入れた国際関係が存在する。あるいは、2014年のロシアによるクリミア併合以後のロシアとウクライナの間の関係では、ロシアの支援を受けたウクライナの反政府勢力が武装闘争を展開していると考えられている。こうした地域では、現状で大規模な戦争が展開されているわけではないが、国家間紛争に発展する危険性が継続している。このような国家間関係においては、軍事力の行使を想定し戦争の準備をしておかなければ、自国の安全は守れないという想定で行動することが間違いであるとはなかなか言い難い。

また、冷戦期の米ソ関係では、相手が核兵器を含めた軍事力の行使によって戦争に勝つことが可能であるというような間違いを犯さないように、常に核戦争の可能性を念頭においた抑止力の維持が重要だと考えられていた。誤解してはならないのは、冷戦が「冷たい平和」とは呼ばれないことからもわかるように、米ソは臨戦態勢にあり、世界は「錯誤による破滅」の危険に直面し続けていたのであり、戦争の可能性を考えなくてもよい平和な状態にあったわけではないということである。それに比べると、現状の米露あるいは米中の間の政治軍事的緊張は格段に低いといえる。

このように、戦争の可能性を全く想定せず、厳密な国境管理すら必要ない国際関係もあれば、戦争の備えをしておかねばならないと思われるような国際関係もある。

では、そこにはどのような違いがあるのか。両者の間の決定的な違いは、国家相互間に信頼があるか否かである。互いに将来にわたり生存を維持することに関する不安があったとしても、相互の行動に関して、不安を解消するための手段として武力に訴えないという十分確実な信頼があれば、戦争の準備を行う必要はない。欧州諸国間、あるいは、米欧間、日米間などでも、利益の相違、価値観や考え方の違いなど対立が存在していてもなお、そうした対立を軍事力で解決しないという相互間の信頼が存在している。これらの諸国間では、戦争の準備をしなくても、平和を維持することが可能である。そうした状態のことをアメリカの国際政治学者ドイチュ（Karl W. Deutsch）は「安全保障共同体

8

（security community）」と呼んだ（1957）。他方で、そうした信頼がない国同士の間では、戦争の備えをしておかねば自国の安全を守れないという想定が依然としていき続けている。

このように考えてくると、ヴェゲティウスの格言は、少なくとも、もはや普遍的に妥当ではない。言い換えると、ハーツの主張とは異なり、信頼感に基づく関係を国家間に築くことは可能だということである。

2 「安全保障のディレンマ」を克服することは可能か

理論的に可能であり、そのためのアプローチも明らかになっている。前節の議論から明らかなように、安全保障のディレンマを克服することは事実として可能だし、そのような実例は増えている。しかし、安全保障のディレンマを克服した関係が世界全体に広がっているわけではない。それを克服するため方法について考えてみよう。

安全保障のディレンマは、仮に全ての関係国が防衛的な姿勢をとっていたとしても、相手の意図に関する不安から、万が一の事態に備えた行動を各国が採用する結果として、すべての国の安全がかえって低下してしまうという問題だ。このディレンマでは個々の政治主体がもつ合理的な不安が原因となっているので、その克服は容易ではない。特に、ある国が備えている軍備がもともと攻撃的な意図に由来するのか、それとも防衛的な意図に由来するのかが、他国には分からない。その際、相手国とコミュニケーションをとることができれば、信頼感を築けるわけではないということも問題だ。例えば、コミュニケーションを通じて相手を騙すことも可能だ。したがって、相手の意図に関する不安を克服するには、「万が一の事態」に備えるという合理性を超えていく工夫が必要だということになる。

まず確認が必要なのは、安全保障のディレンマは、関係国の意図が防衛的なもの、あるいは現状維持的なものだと互いに確信することができれば、信頼の構築や軍縮が可能だということだ。いずれかの国の意図が、明らかに攻撃的あるいは現状変更的であるという場合には、依然としてヴェゲティウスのような

第Ⅰ部　なぜ平和研究か

考え方が妥当性をもつ。他方、関係国が現状維持の意図をもちながらも、相互不信に駆られている場合には、それを克服する方法が、これまでの経験から理論化されている。その要点は、次の2点にある。第1に、安全保障のディレンマの克服に際しては、一方的なイニシアティブが重要な役割を果たすということ、第2に自覚的に安全保障のディレンマを克服するという明確な政治的な意志と持続的な政策が必要だということである。

　第1の一方的イニシアティブの重要性は、1960年代から心理学者オスグッド（Charles S. Osgood）が「緊張緩和のための段階的交互行為（Graduated Reciprocation for International Tension-Reduction, GRIT）として指摘し（オスグッド 1968）、日本では坂本義和が繰り返し強調してきた（坂本 1966：1988）。この点について、坂本は、「たとえていえば、諸国民というのは狼かもしれないし、狼ではないかもしれないが、しかし狼ではないという側に賭けるという行為を誰かがまずはじめない限り、みんなが狼になってしまう」としている。つまり、誰かが信頼に基づいた関係を築くためのイニシアティブをとらなければ、相互不信の再生産から抜け出ることはできないのである。ちなみに、坂本はさらに、日本国憲法には相互不信を抜け出る「平和のための一方的イニシアティブ」に基づいて被害限定的な合理性を超える高度の合理性を実現する英知や思想が内在していることを指摘している（坂本 2015：146-147）。

　第2の自覚的で持続的な政策的取り組みについては、相互不信をグローバルに積み重ねほとんど不動と思われていた冷戦構造の解体から考えてみても良いだろう。実際、冷戦の終結は、多様なレベルの多様な主体の間で積み重ねられてきた相互不信を軽減し、解消していくための多層的な信頼構築の試みの蓄積があったからこそ可能になった。特に、長い時間をかけて育まれた市民社会グループや研究者の間の交流という土壌があった。そして1980年代初頭には、東西の専門家たちが共同して、核兵器の存在は結局、東西ヨーロッパ双方の人々にとって共通の問題であり、安全保障の問題も片方が一方的に安全になるだけでは解決せず、双方が安全になるような「共通の安全保障（common security）」という思考様式が必要だとする説得力のある議論を展開するようになった（Independent Commissionon Disarmament and Security Issues 1982）。そうした土壌の

論点 1 平和研究の方法　平和を求めるなら戦争の準備をすべきか

上に、最終的には米ソの指導者たちが交渉を積み重ねるうちに信頼感をもつようになったという大きな変化があり、彼らのリーダーシップの下で官僚組織などの間に残っていた抵抗を排除しつつ、冷戦の公的な終結が進められた（Booth and Wheeler 2008）。そのプロセスで中距離核兵器全廃（INF）条約や戦略兵器削減条約（START）などの軍縮も実現したが、実際には、信頼が成立すれば兵器が存在していても脅威は事実上なくなるし、兵器を必要とする政治関係がなくなれば軍縮が実現しうることが示されたといえるだろう（坂本 1988）。

　冷戦の終結は世界全体に大きな影響を与えた。そして、持続的な平和のメカニズムを作ろうとする動きが世界の各地で見られた。その中には、パレスチナ問題や米露あるいは欧露の間の関係のように、相互不信の体系を完全には克服できなかった場合もあるが、アフリカ、東南アジア、中央アジアなどの非核地帯のように、旧来の相互不信を克服して持続力のある制度となって結実したものも少なくない。

　こうした相互不信から相互信頼への転換は、平和研究においてきわめて重要な課題であり、さらなる実証研究が求められている。例えば、米国の政治学者カプチャンは、平和の構造を定着できる場合とできない場合の違いも含めて、歴史的にも地域的にも多様な事例を検討した上で、相互信頼への転換に向けた阻害要因、構造的要因、促進要因などに関する検討も進めている（Kupchan 2010）。特に興味深いのは、相互不信から相互信頼への転換は、政治的な決断が行われさえすれば、意外に短い時間で達成可能であるという点、そうする中で、過去の敵対的な歴史もまた、協調関係に基づくものへと再解釈されていく場合があり、そうした過去の歴史に関する協調的物語が作られるようになると、平和的な関係が深化し持続力をもちうるという点である。

　このように、平和を求める際に戦争の準備をしなくても良いような国際関係は、実際に作られてきたし、かなりの広がりをもっている。確認しておく必要があるのは、そうした関係は、自覚的な政策と持続的な努力によってもたらされてきたという点であろう。

11

第Ⅰ部　なぜ平和研究か

（1）近代以後人類は平和へ向かって進んでおり、戦争を克服することは可能か

　ひょっとしたら。ヴェゲティウスの格言を常識と捉える観点から見れば、この命題は根本的に誤りだろう。ましてや現在の東アジアのように国家間の相互不信が深く、中国の台頭や北朝鮮の核武装のような問題に直面している地域においては、この命題はばかげていると感じられるかもしれない。しかし、アメリカの心理学者ピンカー（Steven Pinker）が、人類は着実に平和へ向かって進んでいるのだという主張を展開して大きな注目を集めた（2011）。ピンカーの議論は近代のみならず人類史全体を俯瞰し、考古学、人類学、心理学、脳生理学、国際関係論などの領域を超えた膨大な研究である。逆に言えば、各専門分野からの批判も多く、多様な論争を引き起こした。その論争はいまだ継続中ともいえる（Arquilla 2012；Human Security Report Project 2014；Gray 2015 など）。

　ピンカーの主張を、単純化の危険を冒しつつ敢えて要約すると、人類史において、①狩猟採集状態から農耕社会、そして国家の形成へという平和化の過程（Pacification Process）で進んだ原始状態の暴力性からの離脱、②中世から20世紀にかけて進んだ世俗化・都市化・商業化・コスモポリタン化を含む文明化の過程（Civilizing Process）で進んだ殺人の減少、③17／18世紀以後の人道革命（Humanitarian Revolution）で進んだ奴隷制の制限・廃止、拷問の廃止などによる暴力性の減退、④第二次世界大戦の破壊に対する道義的反感などに基づく大国間戦争と国家間戦争の減少という冷戦期の長い平和（Long Peace）、⑤冷戦後の新しい平和（New Peace）による国内紛争の顕著な減少という変化を通じて、人類の暴力性からの脱却が着実に進んできたとするものだ。

　これらの議論はいずれも各専門分野に関して平和研究が関心を払うべき問題を数多く含んでいるので、慎重な検討が必要だ。彼に対する批判の焦点は、狩猟・採集社会の暴力性を過度に強調している、啓蒙思想の肯定面にのみ着目しそれに内在する暴力性を看過している、国家の自国民に対する暴力性を軽視しすぎている、現代の内戦や脆弱国家（fragile states）における暴力を軽視しているなどに集まっている。

　ここでは人類史全体における暴力性の後退というピンカーの議論には立ち入らず、国際関係研究や平和研究においても着目されてきた国家間戦争の減少と

論点1 平和研究の方法 平和を求めるなら戦争の準備をすべきか

戦争の形態変化に論点を絞って検討してみよう。この2つの傾向は、紛争や暴力のデータの収集を続けてきていたストックホルム国際平和研究所とウプサラ大学の紛争データプログラム（Uppsala Conflict Data Program）などによって、1990年代から注目されていた。

　例えば、2015年中に25人以上の死者があった紛争は50件あったが、そのうち国家間紛争はインドとパキスタンの間の紛争のみであり、その他は、国内紛争または国際化した国内紛争であった。また、2006〜2015年の10年間をとっても、同様の規模の国家間紛争はカンボジアとタイ、ジブチとエリトリア、インドとパキスタン、スーダンと南スーダンの4件のみであった（SIPRI 2016：292）。少し遡って、2006年の状況を見ると、少なくとも一方の当事者が国家であり1年間に1000人以上の死者が出るような大規模紛争は17件発生していた。そこからさらに遡る1997〜2006年の間、大規模紛争中で国家間紛争は、エリトリアとエチオピア（1998〜2000年）、インドとパキスタン（1997〜2003年）、イラクとアメリカを中心とする同盟国（2003年）の3件であり、その他の31件は国内紛争であった（SIPRI 2007：79）。

　他方で、国際化した国内紛争の数は増えている。2015年の死者25人以上の紛争において、49件の国内紛争のうち20件において外国からの戦闘員の関与があった。さらにそのうち10件においてイスラム国やアルカイダの関与があった。また、同じ2015年の紛争において死者が1000人以上出るような大規模紛争は11件あったが、いずれも国内紛争または国際化した国内紛争であった。こうした統計データでは、アメリカやNATO諸国などが関与しているアフガニスタン、イラク、アフガニスタン、シリアの内戦、あるいはロシアが関与しているシリア、ウクライナなどがいずれも国際化した国内紛争と位置づけられるために、大国が関与している国際紛争が国内問題であるかのように扱われている。あるいは紛争の大きさを死者数で区別し、死者25人以上を紛争、1000人以上を大規模紛争（戦争）と位置づける統計処理にも疑問があるかもしれない。

　しかし、第二次世界大戦以後、特に冷戦以後、第一次世界大戦や第二次世界大戦のような総力戦は稀になった（冷戦は総力戦に近かったとはいえるかもしれない）。それに代わって、大きな課題と受け止められるようになったのは、内戦

第Ⅰ部　なぜ平和研究か

あるいは国際化した国内紛争である。そして、内戦の多くは国家機構が脆弱で十分な機能を果たせないような地域で起こっている。こうした国家間戦争の減少と国内紛争の比重の拡大に合わせて、戦争全体の形態の変化を指摘する研究も増えている（Goldstein 2011；Beebe and Kaldor 2010）。

　そこで問題になるのは、第1に、国家間戦争はなぜ減少してきたのか、第2に国家間戦争の問題は解決した、ないしは、解決する傾向にあるのか、ということであろう。今のところ、前者の問いに確定的な答えは出ていない。しかし、とりわけ先進国間での経済的相互依存がきわめて深く進展していること、国家主権よりも人権を重視する傾向、先進国の中にある人命を重視し被害を避けようとする傾向、国家間の利害対立があっても紛争を拡大するのではなく地理的にも争点としても限定的に扱おうとする傾向の定着などの帰結として、国家が総力戦を戦うことは困難になっているとはいえるかもしれない。実際、ロシアによるクリミア半島の併合やウクライナ内戦への関与などは、大規模紛争となる可能性があるにもかかわらず、これまでの所、紛争は局地化され、経済制裁などの手段によって対処されている。ただし、国家間戦争の減少の原因を確定的に語ることができない以上、戦争という政策手段に訴えることの困難の拡大を意味していても、戦争という問題の解決は意味していない。

　ゴールドスティンは、こうした変化をふまえて、先進国が、起こる可能性が小さくなってきた国家間戦争に備えるために資源を投入するのではなく、国家の機能不全や内戦に苦しむ地域などへ平和維持活動や経済開発、国家の能力育成などに適切な資源を投入することで、紛争が起こる可能性を小さくしていくことが可能となりつつあると指摘している。特に、アメリカが9・11以後のアフガニスタン戦争、イラク戦争などに膨大な資源を投入してきたことを考えると、より安価に平和を実現する可能性が広がっていると指摘している（Goldstein 2011）。

　ピンカーがいうように人類が平和に向かって進んでいるかどうかは別にして、国家間の利害対立に関して戦争という手段が実際に採用されにくくなっている傾向を推し進めるだけでなく、戦争や武力行使ではない方法で、内戦や国家機構の脆弱化に苦しむ地域を支援していく政策的な判断と取り組みが必要と

論点 1 | 平和研究の方法　平和を求めるなら戦争の準備をすべきか

されているとはいえるだろう。つまり、「平和を求めるなら平和の準備をすべきである」。

（2）世界で人権重視の規範が定着したことで、戦争はますます起こりにくくなるか

　そうとは限らない。現代の世界では、人権が重視されるようになってきた。平和も単に戦争がないというだけではなく、人権が実現している状態として理解されるようになってきた。大きな転機となったのは、国連開発計画（UNDP）が『人間開発報告書1994年版』において「人間の安全保障（human security）」という概念を提唱したことである。他方、冷戦末期からユーゴスラヴィアの解体過程で起こった人権侵害に対しては、「人道的介入」が大きな議論の対象となった。この問題を検討するためにカナダ政府が招集した国際委員会が提唱した「保護する責任（Responsibility to Protect）」という概念が新たな理念として国際社会に定着した（本書の論点 8 参照）。こうした過程を経て、安全保障の議論において、国家主権や安全ではなく個人の人権と安全こそが目的であって、前者は後者のための手段としてのみ正当化されるという価値の順位が明確になった。

　冷戦後のこうした展開は、ガルトゥング（Johan Galtung）が1960年代に「消極的平和」と「積極的平和」という区別を導入して以来、広い意味で人権の実現を平和のあるべき姿と考えてきた平和研究にとっては肯定的な変化と受け止めることもできたかもしれない。ちなみに、戦争をはじめとする直接的な暴力がない状態が「消極的平和」であるが、戦争が起こっていなくても社会システムに組み込まれた暴力（構造的暴力）が人々を貧困や無力な状態に押しとどめるかもしれない。そうした搾取がなく正義が実現している状態が「積極的平和」である。

　しかし、とりわけ人権を実現するための外部からの武力介入を含む「保護する責任」論は、現実に適用されると大きな問題をはらんでいた。具体的には、リビア内戦に関してこの概念を基づいて、反政府勢力に対する先進国からの武器の供与や空爆による支援が正当化された。結果的に、リビアの独裁的政権は

第Ⅰ部　なぜ平和研究か

倒されたが、その後、武装した勢力が乱立する中で正当性をもった政府の樹立は困難を極め、内戦状態が持続することになり、アルカイダやイスラム国の勢力が影響をもつようになってしまった。その後のシリアに関する介入においても、事態は同じないしはそれ以上に悲惨な形で展開してきた。

　冷戦期から東西の市民間の協力にエネルギーを注ぎ、冷戦後はユーゴスラヴィアをはじめとする人道危機の現場に身を置きながら「人間の安全保障」の概念を鍛え、そのための行動のあり方を模索し続けてきたイギリスの政治学者カルドア（Mary Kaldor）は、リビアにおける先進国が採用している介入方法は、結果として、当事者であるリビアの人々の生活の維持を困難にし、紛争後の安定した政府の樹立も困難にするとして当初から非難していた。そして、最も脆弱な立場にある人々に安定した生活を行える条件を与えられるよう先進国は地上軍を派遣して機能する統治を提供し、内戦当事者たちに交渉による解決を行うよう迫ることこそが「人間の安全保障」的介入であると主張していた（2011）。地上軍の派遣という選択肢は先進国の政治状況からみて困難だったかもしれないが、その後の事態は、彼女が最悪のケースとして予測していたとおりとなってしまった。

　平和を実現するために武力行使をすることには、もともと大きな矛盾がある。冷戦後の世界では、紛争の形態変化にともなって、内戦や国際化された内戦において、殺戮や人権侵害が行われている。そうした事態を押しとどめるために国際社会は「保護する責任」を担い、必要な場合には武力の行使を含む介入が必要だというコンセンサスが生まれてきた。ここで、いわば、平和と正義という価値の対立が発生しているともいえるだろう。そして、戦争は、しばしば、人々が平和よりも重要な価値があると考えるときに起こる。つまり、命を賭けてでも守るべき価値が人権なのだという価値転換の表現として、戦争が肯定される余地が出てきた。さらに、先進国でも人権や人命が重視されるようになってきた結果、今後の展開としては、無人飛行機をはじめとしたロボットや人工知能などが活用された武力行使が拡大していく可能性が高い。そうなると、軍事的な介入に関する経済的、倫理的ハードルはますます低くなっていく可能性もある。つまり、人権価値が高まった結果として、戦争が頻発するとい

う可能性も十分ありえる。

　しかし、カルドアが指摘するように2000年代以後の先進国の介入の歴史をつぶさに見れば、期待されていた結果をもたらすことには成功していない。人権価値を擁護することと平和価値を守ることを両立させるような介入の仕方によってのみ、持続的な平和を実現する可能性が広がりうるにもかかわらず、そうした選択肢が採用されず、むしろ世界では、戦争とは呼ばれないまでも多様な武力行使や暴力が蔓延する事態となっている。カルドアが主張するように、「至高の武器は武器を用いないこと」である可能性が高い（Beebe and Kaldor 2010）。アレントも主張するように暴力のみによって秩序を作り出すことはできないからである。

　人道的な惨禍を前にしても安直な軍事介入論に陥らず、批判的な視点から、可能な限り平和的な手段に依拠した平和の構築を図る方法を編み出していく必要がある。「平和を求めるなら平和の準備をすべきである」。それこそが平和研究が挑戦すべき課題である。

〔参考文献〕

オスグッド，チャールズ（1968）『戦争と平和の心理学』田中靖政・南博訳、岩波書店

坂本義和（1966）「権力政治を超える道」『世界』1966年9月号（坂本 2015 に所収）

――（1988）『新版　軍縮の政治学』岩波書店

――（2015）『権力政治を超える道』岩波書店

トゥーキュディデース（1966～67）『戦史』（上・中・下）久保正彰訳、岩波書店

ローレンツ，コンラート（1970）『攻撃――悪の自然誌』（上・下）日高敏隆・久保和彦訳、みすず書房

Arendt, Hanna（1970）*On Violence*, San Diego and New York: Harcourt Brace（アーレント，ハンナ『暴力について――共和国の危機』山田正行訳、みすず書房）.

Arquilla, John（2012）"The Big Kill: Sorry, Steven Pinker, the world isn't getting less violent," *Foreign Policy*, December 3, 2012.

Beebe, Shannon D., and Kaldor, Mary（2010）*The Ultimate Weapon is No Weapon: Human Security and the New Rules of War and Peace*, New York: Public Affairs.

第 I 部　なぜ平和研究か

Booth, Ken, and Wheeler, Nicholas J. (2008) *The Security Dilemma: Fear, Coopera-tion and Trust in World Politics*, Basingstoke: Palgrave.

Deutsch, Karl W. (1957) *Political Community and the North Atlantic Area: Interna-tional Organization in the Light of Historical Experience*, Princeton: Princeton University Press.

Goldstein, Joshua S. (2011) *Winning the War on War: Decline of Armed Conflict Worldwide*, New York: Dutton.

Gray, John (2015) "Steven Pinker is Wrong About Violence and War," *The Guardi-an*, March 15, 2015.

Herz, John N. (1950) "Idealist Internationalizm and the Security Dilemma," *World Politics*, 2(2): 158–180.

―― (1951) *Political Realism and Political Idealism: A Study in Theories and Reali-ties*, Chicago: the Univesity of Chicago Press.

Human Security Report Project, Simon Fraser University, Canada (2014) *Human Se-curity Report 2013: The Decline in Global Violence: Evidence, Explanation, and Contestation*, Vancouver: Human Security Research Group.

Independent Commission on Disarmament and Security Issues (1982) *Common Se-curity: A Programme for Disarmament: The Report of the Independent Commis-sion on Disarmament and Security Issues*, London: Pan Books（パルメ委員会 (1982)『共通の安全保障――核軍縮への道標』森治樹監訳、NHK 出版).

Kaldor, Mary (2011) "Libya: war or humanitarian intervention?" Open Democracy, 29 March 2011. https://www.opendemocracy.net/mary-kaldor/libya-war-or-humanitarian-intervention, last visited 3 September 2017.

Kupchan, Charles A. (2010) *How Enemies Become Friends: The Sources of Stable Peace*, Princeton: Princeton University Press.

Pinker, Steven (2011) *The Better Angel of Our Nature: Why the Violence has De-clined*, New York: Viking（ピンカー, スティーブン (2015)『暴力の人類史』(上・下）生島幸子・塩原通緒訳、青土社).

Stockholm International Peace Research Institute (SPRI) (2007) *SPRI Yearbook 2007: Armaments, Disarmament and International Security*, Oxford: Oxford Uniersity Press.

―― (2016) *SPRI Yearbook 2015: Armaments, Disarmament and International Se-curity*, Oxford: Oxford Uniersity Press.

UNESCO (1986) Seville Statement on Violence, Spain, 1986. http://webarchive.unesco.org/20161026082823/http://portal.unesco.org/education/en/ev.php-URL_

論点 1 平和研究の方法 平和を求めるなら戦争の準備をすべきか

ID＝3247&URL_DO＝DO_TOPIC&URL_SECTION＝201.html, last visited 3 September 2017.

Vegetius, Renatus, c.390., *De Re Militari*（英訳 The Military Institutions of the Romans）http://www.digitalattic.org/home/war/vegetius/index.php#b122, last visited 3 September 2017.

論点 2 平和的共存

国家の安全と個人の安全とは両立するのか

石田　淳

　生存、厚生、尊厳は人間にとってかけがえのないものである。しかしながらこれらの人間にとっての基本的諸価値を脅かすのも、ほかならぬ人間自身による作為や不作為である。どうすれば、これらの諸価値を脅威から保全できるだろうか。

　この問題については大別して二つの考え方がある。第一は、一定の領域を領土（国土）とする国家が、そこに居住する人間集団を国民とし、政府の政策を通じて総体としての国民の安全を確保しようという「国家安全保障」の発想である。第二は、自然災害、環境破壊、感染症拡大、難民流出、国際テロ（あるいはそれを誘発する「過激」思想）、経済危機、貧困のように、軍事力による領土防衛では有効な対処策たりえない《国境を越える脅威》に対して、たとえ彼らを保護する意思や能力をもつ国家が存在せずとも、国内外の多様な主体が、その活動を通じて、彼らの生存、厚生、尊厳を確保しようという「人間の安全保障」の発想である。本章では、政治体制と平和との関連に留意しつつ、国家の安全と個人の安全との間に生じる緊張関係とその調整の条件について考察を行いたい。

1　国家の安全の追求は個人の安全を脅かさないのか

　国家の安全保障と個人の安全保障の間には齟齬が生じることがある。なぜか。

　個人にせよ、国家にせよ、特定主体にとっての安全［保障］（日本語では安全

論点 2 平和的共存 国家の安全と個人の安全とは両立するのか

と安全保障は区別されるが、英語ではいずれも security の一語で表現される）が何を意味するかと言えば、それは関係主体間の価値配分の現状に対する脅威が存在しない状態［を作り出すこと］と定義できる。さしあたり定義はできるものの、とりわけ国家の安全の場合、国家が保全しようとする価値にせよ、その価値に対する脅威にせよ、国民が共有する認識にかかわるものであるという意味において間主観的な性格を持つ以上、はたして安全が脅かされているのかどうかの判断や、脅かされているとしても、安全を維持・回復するためにいったいどのような措置を講ずるべきかの決定について、国民の間に認識の一致をみるのは容易ならざることである。

　考察を進めるにあたり、あらかじめ、個人の安全と国家の安全との関係についての古典的洞察を確認しておこう。各人による自己保存の追求は《万人の万人に対する闘争》を生み出すとみたホッブズは、個人間の相互不信を克服するには、共通の法によって安全を保障する共通の政府（レヴァイアサン）が必要であると考えた。これに対して、個人の安全の確保をその存在根拠とするはずの国家が（共通の政府たる世界政府なしに）並び立つと、自国の存立を保全するための行動が国家間に戦争を惹き起こし、かえって個人の安全が脅かされることになる、と考えたのがルソーであった（Hoffmann 1963；長谷部 2004：112-120；ヒンズリー 2015：73）。人間が他の人間の安全を脅かす存在としての兵士となるのも、特定の国家の市民であるがゆえなのである。

（1）武力不行使体制が国家安全保障の処方箋たりうるか

　一定の領域において正統に武力を行使しうる唯一の存在である国家の内部では、その国家権力を前提としつつ、正当防衛を例外として（日本の場合は刑法第36条第1項を参照）個人による実力の行使を禁止することによって個人の安全を保障できるとする命題がある。この命題が、個人から成る社会において成り立つのみならず、国家から成る社会においても同様に成り立つと考えるのが、国際問題についての典型的な国内類推思考［個人間関係に準えて国家間関係を理解しようとする類推思考は、元来、国家と君主とを重ね合わせて理解することのできた時代の産物である］と言える。すなわち、個別国家による武力の行使

21

第Ⅰ部　なぜ平和研究か

を禁止することによって国家の安全を保障するには、自衛権の行使を例外とするのみならず、その前提として国際的な公権力、あるいはその機能を代替する仕組みも備えなければならない、と論じられるのである。

では、個別国家の武力不行使の前提となる国際公権力は存在するのか。たしかに世界政府は存在しないものの、20世紀以降の国際社会の中にその機能を代替しうるような存在を求めるならば、武力不行使体制の一環として整備された集団安全保障体制がそれに当たるだろう。この集団安全保障体制は二つの約束から成る。すなわち、各国が相互に武力を行使しないことを約束するのみならず、その約束に反して武力を行使して国際の平和を脅かす国家に対しては、平和を維持・回復するための措置を実行することも予め約束するものであった［第二次世界大戦後の国際連合憲章体制は、第39条以下の第7章が規定する集団安全保障体制を前提としつつ、第51条が特記する自衛権を例外として第2条第4項において個別国家による武力行使を禁止している］。武力不行使体制が構築されたことによって、国際社会において、武力の行使は侵略・自衛・制裁の三類型のいずれかに該当する（大沼 1975：83）として、諸国家は自国の行動を正当化したり他国の行動を非難したりする関係が成立した。

（2）集団安全保障体制は個々の国家の安全を保障するのか

この問いについてはそれほど単純に肯定的に回答できるものではない。というのも、それには三つの限界が内在し、国家の安全が必ずしも確保されないからである。

第一の限界は、正統性の限界である。武力不行使体制の一環としての集団安全保障体制は、特定時点における国際的価値配分（たとえば戦争終結時点の国境線）を、関係国の同意によらずに武力によって一方的に変更することを不正義としたうえで、そのような価値配分の現状の暴力的変更を抑止する現状防衛体制でもあった。それゆえ、その正統性には疑念がつきまとう（大沼 1975：145, 358：カー 2011：364-365：Bull 1969：629-630）。特に、世界大戦後の交戦国間の価値配分（たとえば戦勝国による領土併合、敗戦国による賠償、海外権益の放棄、軍備の制限、指導者個人の国際刑事責任追及など）について、所詮それも「勝者の裁

22

論点 2 | 平和的共存 | 国家の安全と個人の安全とは両立するのか

き（victor's justice）」あるいは「選択的正義（selective justice）」の実現にほかならないとの批判が浴びせられるなど、その国際的な正統性が疑われる場合には、集団安全保障体制の持つ現状防衛の機能は際立つ（第一次世界大戦の講和と第二次世界大戦の講和を、正統性の観点から比較する考察としては Luard 1967）。第一次世界大戦後のように、集団安全保障体制を規定する連盟規約［特に、「連盟国は、連盟各国の領土保全及現在の政治的独立を尊重し、且外部の侵略に対し之を擁護することを約す」とした第10条の規定および制裁についての第16条の規定］が、ヴェルサイユ条約をはじめとする講和条約の第一編に配置され、戦争による価値配分を終戦時点において交戦国が確認する講和条約と、設立時点の価値配分を正義の名の下にそのまま固定する戦後の集団安全保障体制とが目に見える形で連結されると、後者の現状保守性はなおさら明らかであった。このことは、加盟国に対して連盟が関係国間の現状の「平和的変更（peaceful change）」を求めることもありうるとした規約第19条が当初から死文であったということとあわせて、戦間期リアリズム（たとえば E. H. カー、ジョン・フォスター・ダレス、田岡良一）の同時代認識の一部であった。

　第二の限界は、強制措置の前提となる認識の一致の限界である。国連憲章の下での集団安全保障体制の場合、安全保障理事会には、二つの権限、すなわち、国際の「平和に対する脅威」等の認定をおこなう権限と、国際の平和を維持・回復するために必要な措置の決定をおこなう権限が集中する（国連憲章第39条）。そのうえさらに、この安保理の意思決定において、大国たる常任理事国には反対票を投じることによって決議の成立を単独で阻止する権限（拒否権）が認められている（国連憲章第27条第3項）。それゆえに、はたして国際の平和が脅かされているかどうかの判断や、その維持や回復のためにどのような措置を講ずるべきかの決定について、少なくとも常任理事国の間に認識の一致がないことには集団安全保障体制は作動しない。

　そもそも冷戦期のように、常任理事国である米国とソ連の間に国際の平和に対する脅威の理解について全面的な対立があり、それゆえに安保理として、ある武力行使を特定国の（集団的）自衛とみなすか、あるいは侵略とみなすかについて判断を下すことができない限り、集団安全保障体制は機能不全に陥る。

第 I 部　なぜ平和研究か

たとえば1956年のハンガリーへのソ連の派兵、1965年のヴェトナムへの米国等の派兵、1968年のチェコスロヴァキアへのソ連の派兵について、いずれも当事国たる米ソ両大国はあくまでも集団的自衛権を根拠とする「支援」であると安保理に対して報告していたのである。

　大国間の同意形成が容易ではないことに起因する集団安全保障体制の機能不全について、それを補完することが期待されたのは、中立的で非強制的な紛争処理方式としての平和維持活動（PKO）であった。憲章上の権限に基づいて安保理が上記の認定・決定を行い、価値配分の強制的な原状回復すら企図する集団安全保障体制とは、PKO は異なる。憲章に明文規定を持たない PKO は、あくまでも紛争当事国の要請／同意を前提に国連が現地に派遣した部隊によって構成されるもので、本来、自衛の範囲を超える武器の使用を控えながら、当事者の合意した停戦時の価値配分の現状維持を主たる任務とした。

　そして第三の限界は、意思疎通の限界である。集団安全保障体制は、現状変更の武力行使（国家政策の手段としての戦争）を不正義の暴力、現状維持の武力行使（国際法の実現という意味における国際政策の手段としての戦争）を正義の暴力として暴力を截然と二分したうえで、正義の暴力の威嚇によって不正義の暴力を抑止する正戦（just war）体制としての性格を色濃く持つ［正義の戦争と不正義の戦争との二分法については、ヒンズリー（2015：480）］。

　国家は、分業を通じて巨大な暴力を組織化するが、問題は、ある国家によって組織化された暴力について、周辺諸国にはその手段は観察できても、その目的は観察できないことにある。それゆえに、個々の国家が組織化する暴力が、必ずや集団安全保障体制下の「制裁」あるいは個別国家による「自衛」という形で、現状維持を目的として用いられる保証はない。となれば、武力不行使体制の下であってさえ、不行使原則の例外として自衛が認められる以上、競合関係にある国家の間では、現状変更の暴力を排除するという威嚇に説得力があるのみならず、現状変更の暴力［侵略はもとより、自衛権によって正当化された体制転換などもここに含まれる］を自制するという約束にも説得力がなければ、「安全保障のディレンマ（security dilemma）」に陥る。つまり、相手国の不安を掻き立てることなく、当該国の不安を払拭することはできない。それは、

24

論点2 平和的共存 国家の安全と個人の安全とは両立するのか

実際には現状変更を意図しない国家の間とて同様である。

したがって、たとえ武力不行使体制の一環として集団安全保障体制が整備されようとも、国内社会における銃規制などとは対照的に、国際社会においては軍備縮小も滞り、武装解除を伴わない一時的停戦をもって、せめてもの平時とするほかにはない。軍縮の困難を物語る例は枚挙に暇がないが、一例として、1946年の国連総会決議1〈Ⅰ〉によって設置された国際連合原子力委員会（UNAEC）が試みた原子力の国際管理を挙げることができる。それは冷戦の展開によって行き詰まり、その後の核拡散を防止することには挫折した。

なお、集団安全保障体制が各加盟国に求める二重の国際的約束——武力不行使と制裁——は、ときに、個々の加盟国国内における憲法上の意思決定手続きと競合する。集団安全保障体制下の対外的なコミットメントと憲法上の対内的なコミットメントとが拮抗するのである［この拮抗関係は、集団安全保障体制においてのみならず同盟においても発生する］。国際連盟への米国の不参加の背後にも、被侵略国の擁護を加盟国に求める連盟規約（前述の第10条）と、宣戦布告権限は議会にあるとする合衆国憲法（第1条第8節第11項）との緊張関係があった。米国の議会上院がヴェルサイユ条約の批准を拒否するに至る過程において、1919年にH・C・ロッジ上院議員の主張した留保条項（特にその第2項）はそれを体現するものであった。規約第10条によって、その意に反して米国が戦争に巻き込まれることが憂慮されたのである（最上 2005：63-65）。

集団安全保障体制には上に説明した通りの機能的な限界があるとは言え、制裁の威嚇によって侵略を阻止できなければ集団安全保障体制も画餅に帰すというものだろうか。そこまで言い切れるものでもない。たしかに、国際連盟期には、その制裁規定（連盟規約第16条）は満州事変に際しては適用されることすらなく、イタリアのエチオピア侵攻に際しては適用されはしたものの禁輸物資の対象は石油等にまで拡大しなかったなど、侵略の抑止機能を十分に果たしたとは評価しがたい。日中戦争については、1938年9月30日に、連盟理事会は日本に対する制裁の適用条件は満たされていると認定しながらも、制裁措置の適用は個別国家の判断に委ねるにとどめたのである（『日本外交文書　日中戦争』の第三冊「四．国際連盟の動向と九国条約関係国会議　3．連盟規約第十六条適用問題と日

第Ⅰ部　なぜ平和研究か

本の連盟協力終止」、http://www.mofa.go.jp/mofaj/annai/honsho/shiryo/bunsho/h22. html, last visited 17 January 2016)。とは言え、第二次世界大戦後、極東国際軍事裁判における「平和に対する罪（crimes against peace）」——侵略戦争等の開始・遂行等がこれに該当し、この国際犯罪について国家指導者は個人として刑事責任を問われる（極東国際軍事裁判所憲章第5条）——の認定に際して、日本の規約違反も法的根拠とされたことを想起するなら、侵略を事前に阻止できなかった連盟理事会の判断も事後に責任追及の根拠となったという意味では、国際社会の現実に影響を及ぼさなかったとまでは言い切れない。

（3）国家の安全はその政治体制に左右されないのか

　国家の安全の追求が個人の安全を脅かすのは、何も集団安全保障体制の機能不全という事態に限られるものではない。国内における戦争にかかわる権限の配分や権利の保障は、時代によって、あるいは政治体制によって異なる。ではこの差異が、そもそも戦争の自制に影響を与えることはないのだろうか。たしかに影響はある。

　実際、戦争によってその安全を脅かされることが予想される者の同意が必ずしも戦争勃発前の開戦決定の際に求められる訳ではないうえに、戦争によって現実に「苦難を背負う」（以下に引用するカントの文言）ことになった者が一様に戦争終結後の補償の対象となる訳でもない。そこで事前の同意と事後の補償が持つ含意について考えてみたい。

　まず、事前の同意は開戦を思いとどまらせる要因たりうるか。開戦決定権限の所在については、たとえばI・カントは、『永遠平和のために』の中で、「戦争をすべきかどうかを決定するために、国民の賛同が必要となる……場合に、国民は戦争のあらゆる苦難を自分自身に背負い込む……のを覚悟しなければならないから、こうした割にあわない賭け事をはじめることにきわめて慎重になるのは、あまりにも当然のことである」と述べ、交戦国の政治体制（特に開戦決定についての国民による事前の同意の要否）と戦争の自制とを因果的に架橋する議論を展開したことは良く知られる（カント 1795：32-33）。

　次に、事後の補償は開戦を思いとどまらせる要因たりうるか。ここでは補償

の人的範囲を手掛かりに、政治体制と戦争の自制との因果関連を考えてみたい。たとえば第二次世界大戦後の日本の場合には、救済の対象となったのは若干の例外を除いて主として日本人の公務犠牲者（軍人・軍属を含む）であり、恩給法、遺族援護法における戦争犠牲者の補償のあり方は、欧米諸国の国際標準（一般市民と軍人・軍属を区別しないとする「軍民平等原則」や、自国民と外国人とを区別しないという「内外人平等原則」）とは異なるものであった（波多野 2011：97）。旧植民地出身者は、戦争裁判においては日本軍の一員として有罪判決も免れ得なかった一方で、受給資格を国籍保持者に限定した恩給の給付対象からは外された（内海 2015：283；田中 2013：120）。また一般市民も、戦争被災者に対する国家補償の対象とはならなかった。その根拠とされた「国民受忍論」とは、「およそ戦争というその国の存亡をかけての非常事態の下においては、国民がその生命・身体・財産等について、その犠牲を余儀なくされたとしても……全て国民がひとしく受忍しなければならない」というものだったのである（1968年11月27日の在外財産補償に関する最高裁判決）（波多野 2011：151-168）。カントの議論を拡張すれば、戦争の被害を広範に事後補償する責任を引き受ける体制は、国家財政を圧迫しかねない戦争という賭け事をはじめることにきわめて慎重になるのではないだろうか。

（4）個人の安全の追求は国家の安全を脅かさないのか

　国内統治体制に対する干渉という形で、国家の安全が脅かされることはある。なぜだろうか。

　国際社会を構成する単位としての国家は、力、利害、価値のいずれの側面についてもおよそ同質的とは形容しがたい。単に異質であるどころか、共和制と君主制との競合や、自由主義と共産主義との競合のように、両立しがたい目標を標榜することさえある。では諸国家が、互いに国内統治のあり方に干渉することは許容されうるだろうか。この干渉論／不干渉論の思潮を理解するうえで鍵となるのは、国際社会においては歴史的にいかなる主体のいかなる自由が主張されてきたのかという観点であろう。

　歴史を振り返って、いかなる主体が正統な構成員として国際社会に包摂さ

第Ⅰ部　なぜ平和研究か

れ、国家間の対等な待遇を確保して、その基本的諸価値を保全できたのだろう
か（特定国の法的地位・権利等についての諸国家による承認としての「国際的正統性
(international legitimacy)」という観念については Claude 1966：370；Wight 1972：1）。
19世紀の欧米諸国が平等な通商関係を結んだのは、いわゆる「文明国」並みの
国内統治基準（Gong 1984：24）を満たすと認められた国家、すなわち、国際法
上の義務を履行するとともに、外国人の生命・自由・財産を十分に保護する意
思と能力を持つと見なされた国家であった。この基準を十分に満たさない相手
とは、領事裁判などについての規定を置く不平等な通商条約を結ぶことによっ
て欧米諸国はその経済活動の自由を確保した（たとえば、1858年の日米修好通商
条約の第6条、第7条、第8条など）。このように、国際社会における正統な構成
員たる《資格の認定》は、応分の《行動の実行》と結びついたのである。つま
り、「文明」「半開」「未開」の三重の同心円構造の中で、「文明」国は、トルコ、
中国、日本のように一定の統治機構を備えた「半開」国とは個別に二国間の不
平等条約を締結した一方で、「未開」領域はこれを植民地とした。19世紀の文
明標準（standard of civilization）論は、「文明」国が通商等の活動範囲を世界規
模に拡大する過程において、「文明」国の主権的な管轄の及ばない外国におい
ても脅かされることのない在外自国民（当該領域における外国人）の自由を強調
したのである。

　この文明標準論とは対照的に、第二次世界大戦後、外国による植民地支配の
下におかれていた地域が独立を達成する局面においては、独立を達成していな
い地域の人民が国家を形成して基本的諸価値にかかわる決定を自らおこなう自
由が強調された。この主張の典型こそ、1960年の国連総会決議「植民地独立付
与宣言」（国連総会決議1514〈XV〉）であった。この宣言の文言を借りて言えば、
「政治的、経済的、社会的または教育的な準備が不十分」であっても、つまり、
実効統治などの特定の国内統治基準を実際に満たしていなくても否定されるこ
とのない国際社会における権利としての「自決（self-determination）」権に基づ
いて旧植民地の独立が承認され、対等な待遇が保証されたのである。

　このように国際社会において自由の尊重を唱える議論も一括りにできるもの
ではない。それは、国家によって侵害されることがあってはならない個人の自

28

由の保障を強調し、それを十分に保障しない国家は国際社会から排除して待遇の対等を認めない「排除のリベラリズム（liberalism of exclusion）」と、外国による植民地支配の下におかれていた地域の住民の、独立国家を形成して自己統治をおこなう自由の保障を強調し、いかなる国家も国際社会に包摂して待遇の対等を認める「包摂のリベラリズム（liberalism of inclusion）」とに大きく二分できる［シンプソンは、国際社会の構成員資格論——特に普遍的国際機構における加盟、除名の条件等——の二類型としてこれら二つのリベラリズムを対置した（Simpson 2001：542）］。個人の自由と安全を十分に保障しない国内統治のあり方を問題視する域外諸国と、国内統治のあり方を口実とした域外権力の干渉を問題視する当該国家との間には当然のことながら少なからぬ軋轢が生じた。前者の干渉は局面次第では後者の国家の安全に対する脅威となるからである。はたして国内における「不朽の自由」を国外から強制することが許容されるのか、それとも国際社会における領土保全と政治的独立の尊重なしには、国内における自由の確立も覚束ないのか、これらは自由の尊重を唱える議論に内在してきた古典的な緊張関係とも言えるだろう。

2　棲み分けによる平和は可能か

「棲み分けによる平和」の実現の可否については両論あるだろう。棲み分けの単位としての領域国家の範囲について当該国家の国民が同意するようにあらかじめ国境線を画定できる、すなわち、統治領域の国際的調整を平和裏に達成できるとしよう。それならばたしかに、国内の統治体制への干渉をそれぞれ控え、「被治者の同意（the consent of the governed）」［元来、1776年7月4日のアメリカ合衆国の独立宣言の中で政府の権限の根拠として言及された概念で、1917年1月22日、当時のW・ウィルソン大統領による議会上院における「勝利なき講和」演説の中でも用いられた］に基づく国内統治を互いに尊重しあう体制が、国際社会の共通の利益となるばかりか、いずれの関係国にもその現状を武力に訴えて一方的に変更する誘因は生まれないために安定的な平和の基礎ともなるだろう。すなわち、現在の国境線の位置を関係諸国が正統とみなし、

第Ⅰ部　なぜ平和研究か

その現状に異を唱える勢力がもはや存在しない状態を作りだせば、平和に対する脅威は消滅するという発想である。民族を自決権の行使主体と位置付けて多民族帝国を解体することによって国民国家間の平和共存を実現するという「利益調和」説（カー　2011：95-133）型の発想はその典型とも言えるだろう〔カーは、民族自決論も自由貿易論や集団安全保障論と同様に利益調和説の一例とみていた〕。

（1）「自己決定の権利を行使する主体」は自明か

　そもそも、いかなる人的集団が「自己決定の権利を行使する主体（self of self-determination）」にふさわしいのか。これは必ずしも自明ではない。

　共同体は、《適切な行動についての共有された期待》としての規範を持つ構成員から成る。これを裏返せば、諸個人は適切な行動についての期待を共有する共同体に対する帰属意識としてのアイデンティティを持つ。もし諸個人にとっての基本的諸価値にかかわる決定（統治構造や個人の権利・義務など）とその実現を、アイデンティティを共有する共同体の内部において完結することができるならば、そうではない場合との比較において、価値配分の現状をめぐる関係者間の対立もそれほど深刻化するまい。だからこそ、「政治的な単位と民族的な単位とは〔国民（nation）として〕一致するべきだ（the political and the national unit should be congruent）」、とするエスニック・ナショナリズムの主張（ゲルナー　2000：1）（なお、〔　〕内は筆者による補足）があらわれたというものであろう。

　逆に、多民族帝国統治などの歴史的な経緯により、アイデンティティを共有しない／できない諸個人が混住する領域を領土とする国家においては、その統治に関して正統性を確立して、強制によらざる自発的忠誠を住民から一様に引き出すのは容易なことではない。というのも、特定の集団が、特定の領域を基盤に多数者として自己統治を実現すれば、当該領域において自己統治を実現できない少数者が生まれるのは必然だからである。この意味において、特定の領域を基盤とする統治において、多数者の自由と少数者の不自由とは表裏一体である。「自由な諸制度にとって必要な条件は、統治の境界が、……民族間のそ

れと一致することである（the boundaries of government should coincide … with those of nationalities）」（ミル 1997：380）とした J・S・ミルの19世紀の議論や、政治体制の民主化の条件として「民族的一体性（national unity）」を挙げる D・ラストウの議論（Rustow 1970：350-351）も、この文脈において理解できるだろう［なお、ゲルナーのエスニック・ナショナリズムの定義は、領域の境界にではなく、領域に居住する人的集団に着目はしているものの、ミルの古典的議論と発想において同型であると言える］。

　ゲルナーに倣ってエスニック・ナショナリズムを捉えるなら、特定の国家内部における多数派のナショナリズムと少数派のナショナリズムは、統治の現状の正統性について認識を異にして以下の通り対峙するだろう。すなわち、多数派は、一つの国家は一つの国民を持つべきだとして、少数派の同化（その文化的特性の否定）や浄化（その物理的排除）を企てるのとは対照的に、少数派は、一つの国民は一つの国家を持つべきだと考えて、領域的な自治のみならず自決（分離独立）をも求めて対立することになるのである。

（2）棲み分けの試みは人間の安全を脅かさないのか

　特定の集団が自己統治をおこなうには、関係者の間で統治構造（たとえば、代議制、権力分立、市民の政治的権利の保障、法の下での平等、法の支配など）についての合意が必要になるが、そもそもそれに先立ち、国家が市民権を保障するべき人的範囲についての特定の了解を多数の当事者が共有しなければならない。しかし現実には、それはむしろ稀である。たしかに互いに明確に区別可能でありながら、それぞれは同質的な人的集団が隣り合って併存しているだけのことであれば、同質集団を構成員とする国家への「棲み分け（unmixing of peoples）」も、人道的破局なしに実現できるであろう（Weitz 2008：1313-1314）。しかし、国家の正統な構成員の範囲について共通の了解が存在せず、この意味で、「国家性の問題」（リンス／ステパン 1996）が解消されないならば、棲み分けは平和を保証しないどころか、かえって棲み分けの試み──領域統治の現状変更──が人間の安全を根底から脅かしかねない。

　国家性の問題がことのほか深刻なのは、ナショナリズムが特定の民族と特定

第Ⅰ部　なぜ平和研究か

の領土とを結びつけることによって、領土の帰属をめぐる武力衝突をも惹き起こすからである。民族と領土との結合を象徴するのが「民族の郷土（national homeland）」という概念であろう。これは、1917年にユダヤ人の民族の郷土建設への支持をイギリスが表明したバルフォア宣言の中で用いられた。ヨルダン川を東端とし地中海を西端とするパレスチナの地をアラブ人地域とユダヤ人地域とに二分する1947年の国連総会決議「パレスチナ分割決議」（国連総会決議181〈Ⅱ〉）は、翌年のイスラエルの建国を経て、そこに帰還できるユダヤ人と、帰還できないパレスチナ難民という対立の当事者をつくりだした。イスラエルと周辺諸国との間の争点は、棲み分けの境界線の正統性であったとすら言える。

　正統性の問われるものであるとしても、ひとたび境界線が引かれれば、それに対する挑戦は反撃の威嚇によって抑止できるだろうか。それはむずかしい。というのも、関係主体の間で歴史認識が競合するなどして、現状の正統性が疑わしければ、現状に対する攻撃の排除の正統性も疑わしく、この意味で反撃の正統性が疑わしければ、反撃の威嚇は説得力を欠くことになるからである。すなわち、確実にその威嚇が実行されるのだろうかとの疑念が相手に生まれるのである。

　領域的現状が関係諸主体の間で国際的正統性を持てば、現状は彼らにとって協調の焦点（フォーカル・ポイント）たりうる。しかしながら、領域的現状を画定した講和会議などに代表されなかった勢力（不参加国、あるいは参加国内で政治的発言権を認められなかった集団等）は、現状の国際的正統性を承認しない。

　領域的現状が国際的正統性を欠けば、あらためて関係主体にとって同意できる棲み分けの境界線が必要になる。イスラエル・パレスチナ紛争の場合も、イスラエルによる占領地からの撤退と見返りに、占領に反対する勢力がイスラエルを承認し、イスラエルとの平和共存を受け容れるという「領土と和平の交換（land for peace）」が繰り返し模索された。しかもそれぞれの局面において相手を異にしながらのことである。安保理決議242（1967年）の際には第三次中東戦争のアラブ側交戦国、イスラエル・エジプト和平条約（1979年）の際にはエジプト、そしてパレスチナ暫定自治協定（1993年）の際にはパレスチナ解放機

32

構がその相手であった（臼杵 2013：280，290，311）。

　はたして、統治の境界と民族の境界との一致というユートピアを何等かの対価なしに実現できるのだろうか。歴史を振り返れば、このユートピアは、強制的な人口移動というディスユートピアなしには実現できるものではなかった（Weitz 2008：1333-1338）。たとえば、150万人のギリシャ人をトルコから、40万人のトルコ人をギリシャから不可逆的に移動させる（その帰還を禁じる）とした戦間期の国際的合意（1923年のローザンヌ条約）はその一例である。

（3）個人の安全と国家の安全との調整は可能か

　個人の安全を確保するために特定国内の統治のあり方に域外勢力が干渉すれば、当該国家の安全は脅かされる。個人の安全と国家の安全との調整を、ここでは人権保障原則と内政不干渉原則との衝突という観点から考察してみたい。

　同質的な人的集団を構成員とする国家への棲み分けの発想は、国際社会に光（少数者の保護）と影（少数者の排除）の両面をもたらすものであった（Weitz 2008：1315, 1319, 1329, 1338, 1341；Marrus 2002）。関係諸国の合意の下に、棲み分けの境界線が引かれてはじめて、境界線の内側において多数派・少数派の位置を占める集団が決まる。それゆえに、未だ自らによる統治を達成していない集団が局地的な多数派を構成しうる領域を領土として国家の形成を図ると、その結果として、民族─領土─国家の三位一体的結合から排除される少数者や無国籍者が出現する。ある集団を多数派とする国家が成立した結果、その国家の保護の下にない少数者・無国籍者にとって、本来、《国家も侵すことのできない生得の権利》であるはずの人権がその意味を失うことさえあるのは皮肉極まりない（アーレント 1972：236）。「棲み分け」は、同化を目論む多数派、自治／自決を求める少数派に加えて、民族同胞の居住地域の奪回を狙う隣国も考慮に入れるならば、領土保全（territorial integrity）の主張、分離主義（secessionism）、併合主義（irredentism）の三者三様の思惑が交錯し、各勢力がそれぞれの行動を規範的に正当化したり、非難したりする状況を生み出す（Brubaker 1995：109-110）。このように、一国の領域的範囲は、隣接国のそれに影響を与えることなく画定することはできないために《国際問題》であるのみならず、アイデ

第Ⅰ部　なぜ平和研究か

ンティティを異にする集団の分布を左右するので、隣接国も含む関係諸国にとって統治の正統性にかかわる《国内問題》でもある。

　この構図の中で、国内における民族的少数者の待遇についての国際的基準の受容と、国際社会における正統な構成員資格の承認の取引きという動きがあらわれた。たとえば、露土戦争（1877年〜78年）後のベルリン条約（1878年）は、バルカン半島に成立した新生国家（ブルガリア、セルビア、モンテネグロ、ルーマニア）に国民の信教の自由および政治的権利を保障する義務を課した。さらに戦間期には、第一次世界大戦後の統治領域の再編は自決を原則として行われた［権力政治的な考慮から、パリ講和会議は、ドイツがオーストリアの独立を尊重するとして独墺の合併を禁止したり（ヴェルサイユ条約第80条）、ドイツ人居住地域であるズデーテンラントをチェコスロヴァキアに帰属させたりするなど、自決原則の適用には例外もあったことは言うまでもない］。その結果、4つの帝国（ロシア、ドイツ、オーストリア・ハンガリー、トルコ）から8つの新生国家（フィンランド、エストニア、ラトヴィア、リトアニア、ポーランド、チェコスロヴァキア、ハンガリー、セルビア人・クロアチア人・スロヴェニア人王国）が誕生した。戦勝諸国は、関係諸国の国際的正統性の承認と引き換えに、民族的少数者の権利の国内における保障を求め、国際連盟理事会が少数者保護に関する条約上の義務の履行を監視する体制を築いた。この文脈において戦勝諸国が当該国の国際的正統性を承認したのは、敗戦国との講和（オーストリア、ハンガリー、ブルガリア、トルコ）、新生国家の承認（ポーランド、チェコスロヴァキア、ユーゴスラヴィア）、領域帰属変更の承認（ルーマニア、ギリシア）、そして国際連盟加盟申請国の加盟承認（アルバニア、リトアニア、ラトヴィア、エストニア）の場面であった（Jackson Preece 1998 : 68）。

　20世紀において、革命、政治的迫害、戦争、飢餓などに加えて、インド・パキスタンの分裂（1947年）、パレスチナ分割（1947年）のように国家形成の過程で難民が大量に発生すると、難民問題も国際社会が解決に取り組むべき問題であると認識されるようになった。1951年には、国連において締約国は難民条約を採択して、難民を、《人種、宗教、国籍もしくは特定の社会集団の構成員であること又は政治的意見の理由で迫害を受けるおそれがあるという恐怖がある

34

ために国外にあるもの》と定義して、国際的庇護の対象とした。

　個人や集団の権利は領域国家が保障するという前提の下では、領域統治の現状の変更は、領域の法的地位の変更（分離独立、国内における自治権の獲得、国内における帰属変更など）や個人の法的地位の変更（国籍、永住権、およびそれに関連する諸権利などの再定義）を求める動きと、それを契機とする対立を生む。このことは、冷戦終結後のソ連やユーゴスラヴィアにおける社会主義連邦の解体局面において観察された（塩川 2008）。旧ユーゴスラヴィアを構成していた共和国の独立を承認するにあたって、欧州連合の加盟国は承認の条件として少数者の権利保護を求める方針をとり、少数者の集団に属する個人の人権を保障しつつ、少数者が集団の自決権を根拠としてさらなる分離独立を目指すことを抑制して、関係諸国の領土保全も確保したのである（松井 2000：481）。人権保障原則と領土保全原則とはともすれば衝突するが、このように個人の安全と国家の安全との調整がさまざまな形で図られてきた。

（４）国際社会は領域国家の責任を補完しうるか

　上でみたように、国際社会が当該国の国際的正統性を承認する局面以外には、域外勢力は特定国内の統治のあり方に関与できないのだろうか。必ずしもそうではない。当該国政府の責任を補完する形であれば、国際社会／域外諸国が一定の役割を果たすことはありうる。

　1998年に採択されたローマ規程は、国際法上の犯罪である所定の残虐行為（集団殺害犯罪、戦争犯罪、人道に対する犯罪、侵略犯罪）は、国際の平和に対する脅威であるとして、すべての国家にはこれらの犯罪をおかした個人［国家の指導者を含む］を捜査・訴追する責務があるとした。そのうえで、もし当該国の国内裁判所が、犯罪の被疑者を捜査・訴追する意思と能力を持たなければ、同規程によって設置された国際刑事裁判所（ICC）が国内裁判所の機能を補完して、捜査・訴追をおこなうとした。

　2005年の国連総会は、基本的に個々の国家こそが、住民を所定の残虐行為（集団殺害犯罪、戦争犯罪、民族浄化、人道に対する犯罪）から保護する責任を負うものの、もし当該国家が住民を保護する意思と能力を備えなければ、国際社会

第 I 部　なぜ平和研究か

が住民を「保護する責任」を補完するとした。しかも、平和的な手段では十分でなければ、国連の安保理が強制措置をとることもありうるとしたのである（石田 2011）。

とは言え、国内における著しい人権侵害を一掃するという動機に基づいて国際社会／域外諸国が行動に踏み切れば、半ば自動的に所期の帰結がもたらされる訳ではない。ユーゴスラヴィアの内戦について、国連安保理がオランダのハーグに設置した旧ユーゴスラヴィア国際刑事裁判所（ICTY）は、国際人道法違反に責任を有するとしてミロシェヴィッチ元大統領を起訴したが、彼のハーグへの移送は、新政権への援助停止の威嚇も含む米国の策動なしには実現しなかっただろうと報じられている。他方で、コソヴォをめぐる紛争が、ミロシェヴィッチと北大西洋条約機構（NATO）諸国との間の交渉と妥協によって解決することなく長期化して、人権状況を改善できない状態が続いたのは、皮肉なことに、ICTY におけるミロシェヴィッチ訴追の威嚇が彼から譲歩の誘因を奪っていたからだとも指摘されている（Goldsmith and Krasner 2003 : 55-56）。

3　おわりに

国家の安全と個人の安全、特定領域における多数派の自由と少数派の不自由、そして特定時点以前の価値配分の回復と特定時点以後の価値配分の維持。関係主体が同時にその価値の保全を実現できるものではないために、安全の確保は容易ではない。

さまざまな文脈において、どうすればこれらの両立しがたい課題を調整して平和を確保できるのか。この問題は、これからも平和研究が問い続ける核心的な論点の一つであろう。

〔参考文献〕

アーレント，ハンナ（1972）（原著刊行 1951）『全体主義の起原　2 帝国主義』大島通
　　義・大島かおり訳、みすず書房

石田淳（2011）「弱者の保護と強者の処罰──《保護する責任》と《移行期正義》が語

論点 2 平和的共存 国家の安全と個人の安全とは両立するのか

られる時代」『年報政治学』2011・I 号、113-132頁

臼杵陽（2013）『世界史の中のパレスチナ問題』講談社

内海愛子（2015）『朝鮮人 BC 級戦犯の記録』岩波書店

大沼保昭（1975）『戦争責任論序説――「平和に対する罪」の形成過程におけるイデオ
　　ロギー性と拘束性』東京大学出版会

カー，E. H.（2011）（原著刊行1939）『危機の二十年――理想と現実』原彬久訳、岩
　　波書店

カント，イマヌエル（1985）（原著刊行1795）『永遠平和のために』宇都宮芳明訳、岩
　　波書店

ゲルナー，アーネスト（2000）（原著刊行1983）『民族とナショナリズム』加藤節監訳、
　　岩波書店

塩川伸明（2008）「国家の統合・分裂とシティズンシップ――ソ連解体前後における
　　国籍法論争を中心に」塩川伸明・中谷和弘編『法の再構築 II――国際化と法』東
　　京大学出版会、83-124頁

田中宏（2013）『在日外国人〔第三版〕――法の壁、心の溝』岩波書店

長谷部恭男（2004）『憲法と平和を問い直す』筑摩書房

波多野澄雄（2011）『国家と歴史――戦後日本の歴史問題』中央公論新社

ヒンズリー，ハリー（2015）（原著刊行1963）『権力と平和の模索――国際関係史の理
　　論と現実』佐藤恭三訳、勁草書房

松井芳郎（2000）「試練に立つ自決権――冷戦後のヨーロッパの状況を中心に」桐山
　　孝信・杉島正秋・船尾章子編『転換期国際法の構造と機能』国際書院、461-516
　　頁

ミル，J. S.（1997）（原著刊行1861）『代議制統治論』水田洋訳、岩波書店

最上敏樹（2005）『国連とアメリカ』岩波書店

リンス，J／ステパン，A（2005）（原著刊行1996）『民主化の理論――民主主義への
　　移行と定着の課題』荒井祐介ほか訳、一藝社

Brubaker, Rogers (1995) "National Minorities, Nationalizing States, and External Na-
　　tional Homelands in the New Europe," *Daedalus*, 124(2): 107-132.

Bull, Hedley (1969) "The Twenty Years' Crisis Thirty Years On," *International
　　Journal*, 24(4): 626-638.

Claude, Inis L., Jr. (1966) "Collective Legitimization as a Political Function of the
　　United Nations," *International Organization*, 20(3): 367-379.

Goldsmith, Jack and Krasner, Stephen D. (2003) "The Limits of Idealism," *Daedalus*,
　　132(1): 47-63.

Gong, Gerrit W. (1984) *The Standard of 'Civilization' in International Society*, Ox-

第Ⅰ部　なぜ平和研究か

ford: Clarendon Press.

Hoffmann, Stanley (1963) "Rousseau on War and Peace," *American Political Science Review*, 57(2): 317-333.

Jackson Preece, Jennifer (1998) *National Minorities and the European Nation-States System*, Oxford: Clarendon Press.

Luard, Evan (1967) "Conciliation and Deterrence: A Comparison of Political Strategies in the Interwar and Postwar Periods," *World Politics*, 19(2): 167-189.

Marrus, Michael R. (2002) *The Unwanted: European Refugees from the First World War Through the Cold War*, Philadelphia: Temple University Press.

Rustow, Dankwart (1970) "Transition to Democracy: Toward a Dynamic Model," *Comparative Politics*, 2(3): 337-363.

Simpson, Gerry (2001) "Two Liberalisms," *European Journal of International Law*, 12 (3): 537-571.

Weitz Eric D. (2008) "From the Vienna to the Paris System: International Politics and the Entangled Histories of Human Rights, Forced Deportations, and Civilizing Missions," *American Historical Review*, 113(5): 1313-1343.

Wight, Martin (1972) "International Legitimacy," *International Relations*, 4(1): 1-28.

Zolberg, Aristide R. (1983) "The Formation of New States as a Refugee-Generating Process," *The Annals of the American Academy of Political and Social Science*, 467: 24-38.

論点 3 新自由主義

新自由主義的グローバル化は暴力をもたらしているか

土佐　弘之

　ネオリベラリズム（新自由主義）に対して徹底的な批判をしてきた一人である地理学者のデヴィッド・ハーヴェイによれば、「新自由主義とは何よりも、強力な私的所有権、自由市場、自由貿易を特徴とする制度的枠組みの範囲内で個々人の企業活動の自由とその能力が無制約に発揮されることによって人類の富と福利が最も増大する、と主張する政治経済的実践の理論である（Harvey 2005：2)」。問題は、そうした政治経済的実践、その新自由主義的グローバル化と呼ばれる影響が、結果として誰の自由に裨益して、誰の自由を損ねているかについて、見極めていく必要があるということであろう。新自由主義的政策を推進する側は、自由を守るためと主張するだろうが、この章では、そうした主張に対して、次のような疑問を投げかける。「その自由とは、一体誰のための、どのような自由なのか、また、そうした自由は弱者の自由を犠牲にする上に成り立っていないのか。その自由を守るための実践が、結果として弱者に対する暴力をもたらしていないのか。」以下、そうした問いへの答えを探ることにしたい。

1　ネオリベラリズムはリベラリズムとは異なるのか——定義について

　答えはイエスでもあり、ノーでもある。ポランニーの言い方を借りる形で（Polanyi 1954：256-258)、簡潔に言うならば、ネオリベラリズムは「悪い自由」を野放しにして「良い自由」を犠牲にしているという点で際立っており、「新しい」という形容詞を付す必要があるということになろう。こうした点を理解

第Ⅰ部　なぜ平和研究か

していくためには、まず、ネオリベラリズムとは何か、について、共通の理解
を得ておく必要があるが、ネオリベラリズムと言った場合、通常、フリードリ
ヒ・ハイエクとかミルトン・フリードマンといった経済学者たちの考え方と同
値のもの、国家の介入を最小限にして経済を市場メカニズムに任せる考え方、
つまり市場原理主義とする理解が大半であろう。しかし、それは、ポランニー
が言うような19世紀的な自己調整的市場という考え方と、どう違うのであろ
う。リベラリズムにネオという形容詞が付いている以上、ネオリベラリズム
は、旧来のリベラリズムとは異なり、何らかの点で新しいということであろう。

　今日使われているネオリベラリズムという用語には否定的な響きがあり、そ
れは、基本的にハイエクとかフリードマンたちの考え方（パラダイムおよびイデ
オロギー）とそれに基づく政策（主として規制緩和政策）を批判する立場から使
われることが多い。逆に、ハイエクやフリードマンを慕う人たちが自らの立場
をネオリベラリズムと呼ぶことはあまりない。特に、ネオリベラリズムが批判
されるのは、その考え方に基づく経済政策が、1972年以降のチリにおけるピノ
チェト軍事独裁政権に代表されるように、旧来のリベラリズムとは相容れない
政治体制、特に個人の人権そのものを脅かすような権威主義的政治体制と親近
性がある点であろう。つまり、ネオリベラリズムのネオという形容詞が意味す
るところは、旧来のリベラリズムとは異なって政治的リベラリズムをも脅かし
かねない、市場原理主義ということであろう。なぜ、そうなるのかについては、
ネオリベラリズムに対して批判的立場を貫いているハーヴェイが詳しく説明し
ているところであるが、彼の説明によれば、「ネオリベラリズムとは何よりも、
強力な私的所有権、自由市場、自由貿易を特徴とする制度的枠組みの範囲内で
個々人の企業活動の自由とその能力とが無制約に発揮されることによって人類
の富と福利が最も増大する、と主張する政治経済的実践の理論である。国家の
役割は、こうした実践にふさわしい制度的枠組みを創出し維持することであ
る。（中略）国家は、必要とあらば実力を用いてでも私的所有権を保護し市場
の適正な働きを保障するために、軍事的、防衛的、警察的そして法的な仕組み・
機能を築かなければならない。（Harvey 2005：2）」つまり、ネオリベラリズム
のパラダイムやイデオロギーに基づく政策は、単に貧富の格差をひろげるだけ

論点 3 新自由主義 新自由主義的グローバル化は暴力をもたらしているか

ではなく、人々の人権・自由よりも市場の自由を守るためのゲバルトの行使といった事態をも招くということである。

しかし、ネオリベラリズムという用語が、こうした否定的な意味合いで使われだしたのは、1970年代以降、特にラテン・アメリカでの経験を念頭に主としてスペイン語圏であり、その後、英語圏でも、同様の使われ方がされるようになったという（Boas and Gans-Morse 2009）。それ以前においては、たとえば、1950～60年代におけるドイツにおけるフライブルグ学派（またはオルド・リベラル学派）のように、ネオリベラリズムという用語は、市場原理主義でもなく国家社会主義でもない、第三の道を示唆するものとして、ポジティブな意味合いで使われていた事例も見られた。1960年代においては、ラテン・アメリカでも、フライブルグ学派などの影響もあり、そうした使われ方がされていたという。それが、一転して、特に1980年代以降、権威主義体制とも手を携える経済テクノクラートの主導の市場原理主義のパラダイム・イデオロギー・政策を指すもの、つまり、そうしたものを批判するためのラベルとしてネオリベラリズムという用語が定着していった。

ネオリベラリズムという用語は、基本的に、1970年代のケインズ主義の危機（スタグフレーション・財政赤字等）を受けて大きな影響力をもつようになっていったフリードマンやハイエクらの経済的パラダイムとそれに沿った政策を指すもの、一時期は IMF の構造調整プログラムと呼ばれ、のちにはワシントン・コンセンサスと呼ばれる経済政策パッケージ（規制緩和、貿易自由化、財政規律主義、税制改革、公的セクターの民営化、所有権の法的保障強化など）を指すものとしても使われている。しかし、ネオという形容詞を付している以上、それが古典的リベラリズムとは異なるものであることを含意していることは言うまでもない。どこが新しいのか、についての理解・解釈もさまざまあろうが、ここでは、ネオリベラリズムに基づく政策が弱者に対する暴力行使につながるなど、人々の自由権のみならず生存権さえも脅かす事態を新たに招いているという逆説的な状況に、その「新しさ」があるという解釈をとっている。つまり、ネオリベラリズムに基づく政策が、さまざまな自由の中でも、所有権者の経済的自由を偏重するあまり、その結果としてリベラリズムの名に反する形で、特に貧

41

第Ⅰ部　なぜ平和研究か

しい人々に対する構造的暴力をなし、結果として、そうした人々の自由を阻害することになっているという点にこそ、ネオリベラリズムの特徴の一つがある、ということである。

　ただ注意すべきは、否定的な意味合いでのネオリベラリズムという用語の使用法においても、その理解の幅があるということであろう。特に政治的にリベラルな立場をとる新古典派経済学者の多く（たとえば、スティグリッツやクルーグマンなど）は、市場の失敗の問題を直視せず市場原理主義を貫く人々の立場をネオリベラリズムとして批判するが、彼らは自由な市場のもつ価値そのものを否定する訳ではなく（Lapavitsas 2005：38）、問題は市場の失敗をもたらす情報の非対称性等の現実的な制約にあり、それに対する適切な政策的対応を欠いていることが深刻な市場の機能不全を引き起こしているという理解をとる（Stiglitz 2012）。一方、マルクス主義的見方を採用する研究者（たとえば、ハーヴェイ）によれば、ネオリベラリズムはリベラリズムから派生したアノマリー（変則的例外）ではなく、現段階（ポスト・フォーディズム）の資本主義そのものの矛盾に由来するものとされ、個人の経済的自由（特に所有権）の保障を前提にしたリベラリズムに根ざした構造的権力そのものを変えていかない限り、小手先の処方箋では矛盾を解消できないという理解をとる。本章において採用している見方は後者に近いが、いずれも、ネオリベラリズムが資本主義の今日的特徴をなしており、それが同時に構造的暴力をもたらしていると見ている点ではほぼ共通していると言ってよいであろう。

2　ネオリベラリズムは構造的暴力をもたらしているか──グローバル・アパルトヘイト

　答えはイエスであろう。ネオリベラリズムに基礎をおいたグローバリゼーションが社会的弱者に対する構造的暴力を結果としてもたらしている、といった主張を検討するに際して、もう一つの単語である構造的暴力という用語の意味を再確認した方がよいであろう。構造的暴力という言葉は、ヨハン・ガルトゥンクによって1960年代末頃から使い始められ、現在は人口に膾炙して一般的に広く使われるようになっている（Galtung 1969）。構造的暴力という言葉が

42

論点3 新自由主義 新自由主義的グローバル化は暴力をもたらしているか

普及した背景の一つには、東西冷戦に絡む形での南北関係の前景化、つまり直接的暴力の不在だけでは平和と言えないのではないのかといった当時の平和研究における新しい問題意識の擡頭があったと言えよう。ガルトゥンクによれば、社会的構造または社会的制度によって人々がベーシック・ニーズを満たすことが妨げられているような場合、そこには構造的暴力が存在するということになる。回避しうる基本的なニーズの減損を構造的暴力と呼ぶとも説明しているが、たとえば、それは最適な平均寿命と実際の平均寿命との差であらわすことができる（Galtung and Höivik 1971）。つまり、食料や医療などへのアクセスが確保されていれば80歳まで生きたはずなのが、食料などが不足していたため10歳で死亡してしまった場合、その死亡した少年または少女は構造的暴力によって殺されたと言えるということである。言い換えれば、社会的構造または社会的制度を変革していれば、その少年または少女の早すぎた死は回避できたということになる。

　しかし、極度または相対的な貧困、レイシズムや性差別といった社会的不平等など、実際の構造的暴力は、実にさまざまな形でさまざまな苦しみを人々にもたらすので、それを全て把握し記述していくことは不可能に近い。ただ、ネオリベラリズムが進む中で、構造的暴力によって苦しんでいる人々が着実に増えているにもかかわらず、そのことが見えにくくなっている現実がある。たとえば、ネオリベラリズム主導のグローバリゼーションが不平等の悪化を通じて社会的弱者に対する構造的暴力を結果としてもたらしているということの中には、ネオリベラリズムに基礎をおいた社会的構造または社会的制度が弱者の医療や食料などに対するアクセス（基本的な社会的・経済的権利の享受）を阻む形になっているという場合も含まれる。たとえば、南部アフリカ諸国でよく見られた、HIV/AIDS 感染者が貧困のために開発された治療薬を投与されることもないまま死んでいくような事態は、大手製薬会社の新薬開発のために設定された高い薬価（企業の利益）の維持・知的財産権の過度の優先といった国際政治経済の構造的暴力によって社会経済的弱者の生命が犠牲になった事例と言ってよいであろう（d'Adesky 2004）。ここで注意すべきは、ネオリベラリズムに基づく政策には、単なる規制緩和や国家の非介入というレトリックとは裏腹に、

第Ⅰ部　なぜ平和研究か

知的所有権を守るために国家が積極的に社会に対して介入する側面があるということである。つまり、弱者にとって不利な「法の支配」の形態が、多国籍企業などのロビー活動によって主導的に導かれ、それが結果として弱者の医療や食料などに対するアクセスを阻む形になっている。こうした構図は、相当な注意を払わないと見えにくい。

　こうした構造的暴力の問題は、すでに1880～90年代において、アジア・アフリカ地域で生じた100万人単位での大規模な餓死に見て取れる。このヴィクトリアン・ホロコーストとも言われる現象は、帝国主義全盛期においてアジア・アフリカ地域がヨーロッパの植民地支配を介する形で世界資本主義ネットワークに組み込まれたことにより、気候変動の負の影響が経済的長期波動の下降などによって増幅された結果とも言われている（Davis 2002：11-16）。大規模な飢餓問題は、世界資本主義の拡大・深化の過程において立ち現れた南北関係という構造的暴力によって作られたものとも言えよう。こうした構造的暴力の前景化は、最近になってまた再び見られるようになってきた。それは、フォーディズム（大量生産大量消費を基調とする大衆社会化）の終焉、その社会的包摂の腐朽化とともに、時には略奪（dispossession）という形で、より前面に出てくるようになってきている。略奪とは、文字通り所有物を剥ぎ取るということであるが、たとえば、多国籍企業による土地の買い占めにより、主権国家の領土そのものが実質的に剥ぎ取られ国家主権の空洞化が進むといった現象が指摘されたりしている（Sassen 2013）。そのほかにも、貿易自由化の結果、アグリビジネスによる現代版囲いこみ運動（フード・サプライ・チェーンの寡占的支配）によって、小農が耕していた土地を奪われるといったような場合は、その典型例であろう（McMichael 2012）。特に発展途上国の場合、耕作地から追われた土地なし農民の多くは、インフォーマル・セクターをさらに膨らます形で都市のスラムに流入し、さらに、その一部は時には難民として時には「不法」移民として北を目指し国境を越えていくことになる。

　しかし、グローバル・ノースは「望ましくない人々」の流入に対して要塞と化しつつある（ちなみに、発展途上国の中にも富裕層の住むゲーティッド・コミュニティがあったり、先進国の中にも貧困地域があったりするので、グローバル・ノースは

論点 3 | 新自由主義 | 新自由主義的グローバル化は暴力をもたらしているか

必ずしも先進国の別名称ではない)。それは、ちょうど東西ベルリンの壁が崩壊するとともに南北の間に壁が遍在化するといった形で立ち現れてきた現象でもある。グローバル・サウスからグローバル・ノースへ向かう難民・移民たちの到来を阻止する壁が、北米やヨーロッパなどの国境線・領海線で補強されるようになり、また、その阻止線を突破しようとする人々が、その途中で溺死などの事故死といった形で自らの生命を落とすといったことも起きている（Andreas and Snyder 2000)。グローバリゼーションと相反する形で新たに強化された壁や警戒線によって貧困層の人々の命が排除、ないがしろにされるという現実は、グローバル・アパルトヘイトとも呼ばれるが（Richmond 1994)、かつてのアパルトヘイト体制と同様に、その構造的暴力は軍・警察などによる直接的暴力による下支えがあって初めて可能になるということは強調すべきであろう。

3　ネオリベラリズムは直接的暴力をもたらしているか——法の支配と例外状態の共振

　答えはやはりイエスであろう。構造的暴力に満ち溢れた平和を維持するためには、直接的暴力の行使が不可欠になってくる。レジームによる直接的暴力の行使は、先に述べたようにグローバル・アパルトヘイトを維持するため、たとえばサウスからグローバル・ノースへの人の移動を物理的に行使する場合もあるが、中には構造的暴力とそれに伴う不正義に抗議する人々の叛乱を鎮圧する場合もあるし、またクーデタや戦争という直接的暴力によって（欧米にとって好ましくない）政権を倒し市場原理主義を導入するという場合もある。ピノチェトによるクーデタでアジェンデ政権を倒した後、市場原理主義の実験をショック療法的に導入したのが、チリにおける9・11事件（1973年）であるが、これが、ネオリベラリズムの反革命の波の先駆けとなったのは周知の通りである。ナオミ・クラインらも指摘しているように、このショック療法的な市場原理主義の導入の試みは、21世紀に入っても続き、特にアメリカがイラク戦争（2003～11年）を遂行する中で再び行われることになった（Klein 2007)。

　これら、ネオリベラリズム的なショック療法の一環として戦争やクーデタが遂行されるケースを、どのように理解したら良いのか。これに対する回答のヒ

45

第Ⅰ部 なぜ平和研究か

ントを、グローバリズムを積極的に称揚している論客の一人、評論家のトマス・フリードマンが与えてくれている。彼は、「ファーストフード・チェーン店であるマクドナルドが国内展開しているような国同士は戦争しない」という仮説を引き合いに出しながら、市場統合化とアメリカ軍事力の関係について、次のように記している。

　「マクドナルドを有する任意の二国は、それぞれにマクドナルドができて以来、互いに戦争をしたことがないという事実は、ある程度は経済統合のおかげだが、アメリカの勢力と、その力をグローバル化システムの脅威となる国（イラクから北朝鮮まで）に対して用いようというアメリカという意思のおかげでもある。市場の見えざる手は、見えざる拳なしには機能しない。マクドナルドは、アメリカ空軍戦闘機 F15 の設計者、マクダネル・ダグラス抜きでは繁栄しえない。また、シリコンバレーの技術を繁栄させるために世界の安全を守り続ける見えざる拳は、アメリカ陸軍、空軍、海軍および海兵隊と呼ばれるものだ。」(Friedman 1999 : 373)

　このフリードマンの見方をさらに敷衍して言えば、市場統合の障害を除去するためには、実際に鉄拳を振り下ろす場合もある、ということになる。1972年のチリにおけるクーデタや2003年のイラク戦争の事例が示していることは、まさに「軍事力の行使は他の手段をもってするネオリベラリズムの政治」でもあったということであろう。他の手段をもってするネオリベラリズムの政治としての軍事力行使は、資本蓄積のための「創造的破壊」としての機能ももっていると言える（Harvey 2007）。その創造的破壊は物理的破壊にとどまらず、資本蓄積にとって障害となるローカルな制度や考え方をも破壊しながら、新たな市場統合のフロンティアを切り拓きつつ、マクドナルドなどに象徴される多国籍企業主導の支配を固めている。また21世紀に入り、イラク戦争でのブラックウォーターやハリバートンといった民間軍事会社の活躍による代表されるように戦争の民営化も進んできているのも特筆すべきことであろう（Singer 2003）。アイゼンハワー大統領が警鐘を鳴らした軍産複合体の問題、つまり戦争で儲かる民間企業と軍とが一体化していく傾向は、規制緩和とともに、より深刻化してきていると言えよう。

　もちろん戦争や直接的暴力がネオリベラリズムに全て起因しているという訳

論点 3 | 新自由主義 | 新自由主義的グローバル化は暴力をもたらしているか

ではない。だが、ネオリベラリズムに基づく政策的帰結が暴力の重要な契機をなしているということは重要であろう。特にネオリベラリズムと直接的暴力が結びつくのは、剥き出しの市場の挽き臼によって新たに生み出される貧困を媒介にした、叛乱と鎮圧という暴力の悪循環、また殺人事件発生率の上昇といった日常的な暴力の亢進の中においてである。その典型例は、スラムと言われる都市インフォーマル・セクターにおいて見出すことができるが、そこをベースに広がりを見せる非合法的な麻薬取引のネットワークは、特に中南米諸国においては、映画『シティ・オブ・ゴッド（フェルナンド・メイレレス監督、2002年）』で描かれているような少年ギャング間の抗争といった日常的な暴力から、さらには米軍主導の「麻薬に対する戦争」を引き起こしてきた（Corva 2008）。たとえば、2006年以降、麻薬戦争が深刻化しているメキシコでは、5年の間に麻薬戦争関連で死亡した者は約5万人にも及ぶとされている（Molzahn et al. 2012）。メキシコは米国へのコカインやマリファナの最大輸出国と言われ、その輸出額総計は年間約190億から290億ドルに上るとも言われているが、NAFTA 加盟後の急速な規制緩和等で経済的に疲弊し、メキシコ国民の大半がインフォーマル・セクターで生計をたてなければならない中で、麻薬の製造販売業は約50万人の雇用を生み出す一大産業になってしまっていた。そうした状況の中で、麻薬密売ネットワークをゲバルトのみによって除去しようとする政府の試みは、暴力の連鎖という悪循環から一種の内戦状態を生み出すことになった。

　性悪説に立てば、全ての人間は、怒りなどの感情的表出のために、また強盗のように金銭を奪うために、さらには自分自身の快楽のために、他人を殺したり傷つけたりする可能性をもっていることになる。たとえ、そうだとしても、検討すべき問題は、暴力行為を抑制する規制の解除、つまり拳銃の引き金を引くことが容易になる構造的条件である。ここでは、特に貧困など構造的暴力が直接的暴力の契機を構成しているような場合を問題としている。それは、単に貧困者の中での暴力の連鎖だけではない。先にも触れたような「他の手段をもってするネオリベラリズムの政治としての軍事力の行使」は、貧困の犯罪化といった文脈においても行われ、貧困者は秩序を脅かす反乱者や犯罪者の予備軍とみられ、その行動を抑制するために予防的拘禁が行われるなど、貧困者に

対する懲罰傾向が強まっている（Wacquant 2009）。さらに反乱者に対してはテロリストというラベルが濫用されることで、正当な法的手続きなしの拘禁や違法な拷問、さらには無人機による超法規的殺戮といったような例外状態が広がっている。所有権を軸とするネオリベラルな「法の支配」と「法外な暴力（例外状態）」の共振といったアナーキカル・ガバナンス的状況は（Tosa 2009）、帝国主義において見られた宗主国におけるリベラリズムと植民地支配における法外な暴力との共振といった歴史的光景を彷彿とさせる（Hussain 2003）。

（ネオ）リベラリズムと法外な暴力との関係は不即不離の関係にあるという点は、帝国主義時代からあまり変わっていない。リベラリズムの歴史は、奴隷、有色人種、女性、無産者といったように、常に排除項を伴う歴史であり、解放の動きは常に「非解放（dis-empancipation）」つまり解放を阻むような反動を伴ってきた（Losurdo 2011：341-342）。一言でいえば、そこに流れている通奏低音は、自由を享受している主人が抱く他者（奴隷）への怖れである。リベラリズムは、ブルジョワジーの所有権・自由を侵害しようとする国王・国家の横暴に対する抵抗の思想であったと同時に、奴隷制を含む財産権的秩序を支えてきた思想であり、それを脅かす無産者の叛乱（ラディカリズム）に掣肘を加えることに躊躇しなかったことを忘れてはならないであろう。財産を軸とする経済的・社会的関係が脱政治化される中で（Losurdo 2011：193）、財産所有者の自由を脅かす他者は、時には犯罪者として、時には野蛮人やテロリストとして扱われ、特に後者については非―人間化されたうえで、法の適用外となったのである。21世紀に入っても、その構図は変わらず、ジョージ・H・ブッシュ大統領が主導した「テロとの戦争」の中でグアンタナモ基地に囚われた「捕虜」は、その象徴的な例と言えよう。

当時の米国国家安全保障戦略（1992年）には、次のように、自由を守り広めていくアメリカと自由を脅かすテロリスト・ネットワークという図式が戯画的に描かれている。

「米国は自由の恩恵を世界中に広げていく時機を利用していく。われわれは、民主主義、開発、自由市場、自由貿易という希望を世界の隅々にもたらしていく。2000年9月11日の事件は、アフガニスタンのような弱い国家が強い国家同様に我々の国益に

論点3 | 新自由主義 | 新自由主義的グローバル化は暴力をもたらしているか

対する重大な危険となることをわれわれに教えた。貧困が貧しい人々をテロリストや殺人者にすることはないものの、貧困、脆弱な制度や腐敗は、弱い国家をテロリスト・ネットワークや麻薬カルテルに対して脆弱にする。」

　この記述で注意すべきは、自由な世界（自由市場）を統合されたゾーンと自由な世界に統合されていないゾーンに分けた上で、未だ統合されていないゾーンを積極的にアメリカ中心の自由世界に統合していく姿勢を示すと同時に、テロリストについては最初から統合できない者として扱っている点であろう。最初から統合できない者とされた「テロリスト」等に対しては超法規的な暴力行使がなされ物理的な抹殺がはかられることになるが、現在、国連などで問題となっている無人機（ドローン）による超法規的殺人が示しているように（Emmerson 2013）、法外な直接的暴力は構造的暴力と相俟って、その暴力に晒された周囲の人々をテロリスト・ネットワークや麻薬カルテルに追いやる危険性をさらに高めている。

4　ネオリベラリズムは文化的暴力をもたらしているか——所有主義的個人主義による構造的暴力の不可視化

　この答えも、やはりイエスであろう。直接的暴力のみならず、構造的暴力を仕方がないことであると受け止めるようにする考え方（イデオロギーや宗教などの文化）を、ガルトゥンクは文化的暴力と呼んだが（Galtung 1990）、信条体系としてのネオリベラリズムもまた、先に触れたような構造的暴力および直接的暴力をやむを得ないものと人々に受け入れさせる点で、文化的暴力をもたらしていると言えよう。換言すれば、直接的暴力や構造的暴力は、たとえば生命を奪うという形で人々の可能性を奪うものであるとすれば、文化的暴力は、それらを不可視化して、オルタナティブを考える可能性を奪うものである。信条としてのネオリベラリズムは、その意味で文化的暴力となっている可能性は高い。

　ネオリベラリズムが巧みに人々を支配するようになっていくさまについては、フーコーが、コレージュ・ド・フランスでの連続講義の中で、「操行の操行」

第Ⅰ部　なぜ平和研究か

また「統治性」という言葉を使いながら、鋭い分析を展開している（Foucault 2004）。「操行の操行」とは「他の人々の行動を導き指示するような全ての試み」であり、統治性とは「統治すべき事物・人を、ふさわしい目的へと導いていく集合的な権力作用」である。つまり、ネオリベラリズムとは、市場を通じて人々を間接的に統治していくことを目指す試みであると同時に、そのために必要な自律的で責任ある主体を生成していく権力を作動させるイデオロギーでもあるということである。それは、社会福祉政策等を通じた生に対する積極的な関与を目指した社会的リベラリズムに対する反発であり、自立を強いる生政治の論理でもある。

　そこでは、競争力やイノベーション力といった言葉によって自己改善が強いられる一方、人々は、より厳しい労働環境の中でより安価な商品の供給を迫られる、いわゆる「底辺への競争（race to the bottom）」を強いられている（Rudra 2008）。一方で、反スウェットショップ運動やフェアトレード運動が、そうした状況に歯止めをかけようとしており、それに応える形で企業の社会的責任（CSR）の制度化がはかられたりしているが、弥縫的改善の域を出ず、厳しい競争を強いるネオリベラリズムの奔流の中で、CSR 自体もその実質的矛盾を隠蔽するブランド的粉飾の一つになりつつある。

　同様のことは、グローバル金融危機後のポスト・ワシントン・コンセンサスと言われる流れでのレトリック的展開にも見られる。確かに一時期ほど、露骨な自由市場原理主義は後退したものの、ネオリベラリズムの矛盾は、よりソフトなレトリックによって覆い隠されるようになっている。たとえば、国連のミレニアム開発目標（MDGs）や IMF—世界銀行の貧困削減戦略書（PRSP）などを受けて、世界銀行などの国際開発機関は貧困削減といった表現を多用するようになったが、その貧困削減プログラムは人間の顔を与えたかのように見せかけた構造調整プログラムにしかすぎないと批判されているように、ネオリベラリズムの大きな流れは変えずに、つまり、その流れの中で起きている貧富の拡大などの構造的問題に正面から取り組もうとせずに、貧困撲滅という高い目標を棚上げしながら貧困削減という緩い言葉に置換し、また参加、包摂、エンパワーメント、パートナーシップ、オーナーシップといったバズワード（流行の

50

論点3 新自由主義 新自由主義的グローバル化は暴力をもたらしているか

専門用語）を多用しながら逆に国際的干渉を強めているように見える（Cornwall and Brock 2005）。結果として、参加やエンパワーメントといった用語がもっていた批判的機能は稀釈化される一方で、多くの発展途上国は債務累積を通じ、その従属度を高めるという皮肉な事態が起きている。

　それと似たような現象は、マイクロクレジットの事例においても見られる。当初、グラミン銀行などのマイクロクレジットは、その代表者であるユスフ氏が、その功績を讃えられノーベル平和賞を受賞するなど、その低額融資を通じての貧困層の経済的自立への支援は高く評価されていた。しかし、最近では、大手の金融資本がマイクロクレジットに触手を伸ばしているように、資本主義的関係の外にいた人々も新たに債務関係に組み込まれ、負債関係の金融化は、マイクロクレジットに見られるように小起業家の育成という名目で世界経済の最底辺層にまで及ぼうとしている構図に変わってきている。社会的弱者の自立を促すとする試みが、逆に当該者の従属度を高め、債務関係の中に埋め込んでしまうという皮肉な現象が起きているのである。そうした流れの中で、本当の自立を達成する可能性そのものが想像さえもできなくなってしまっている。

　喩えて言うと、それは、止まると死ぬマグロの回遊のようなもので、しかも泳ぐ速度をあげていかなければならず、誰も速度を落とすことができない状態である。障碍にぶつかって（たとえば鬱病になって離職するなど）脱落せざるをえなくなった場合、それは当事者の責任に帰せられる。誰も構造的問題を問わないし、またそれが見えにくくなるように、CSR、貧困削減、エンパワーメント、自立支援型少額融資といった、さまざまな修辞的表現や弥縫的改善策が動員される。その流れにいったん身を委ねてしまうと、オルタナティブを考えることは不可能に近い。その意味では、ネオリベラリズムは、オルタナティブがないと諦めさせる形での認識的暴力でもある。逆に言えば、オルタ・グローバリゼーション運動が唱えていた「オルタナティブな世界がある」というスローガンは、そうした拘束からの認識論的解放を目指したものであると言えよう。

　ここで、今一度、どういう経緯でネオリベラリズムは文化的暴力をもたらすようになってしまったのか。その経緯について振り返ってみる必要があろう。ハイエクの著作『隷従への道』に代表されるように、ネオリベラリズムの思想・

第 I 部 なぜ平和研究か

運動は、元来、全体主義体制が人々の自由を蹂躙するという歴史的体験・教訓
から出発し、そうした事態をいかに回避するかということを念頭におきながら
練られたものであった。つまり、自己生成秩序の思想としてのネオリベラリズ
ムは、共産主義（国家社会主義）による中央集権的社会設計主義の陥穽、特に
その国家主義的抑圧・暴力を回避するべく提唱されたものであった訳だが、そ
れが、先に述べたように、さまざまな形で構造的暴力および直接的暴力を引き
起こすといった、大変皮肉な事態を招いてしまっている。そうした事態の背景
を理解するには、ネオリベラリズムの主導者が、一体何を守ろうとしているの
か、どういう自由を守ろうとしていたのか、ということを見る必要がある。そ
の核心にあるのは、先にも触れた所有者の自由、つまり所有権の問題であろう。
たとえば、ハイエクは、競争企業の存在を維持するためにだけではなく、非物
質的な価値を育んでいくためにも、十分な財産をもつ私的所有者は重要な役割
を果たすとして、富の平準化を目指す社会正義という考え方に強く反対した
（Hayek 1960：125）。そこに提示されているのは自由と平等の表面的なトレード
オフ関係で、（富裕者の）自由を守るためには、ジャコバン主義的な危険な平等
主義は排斥しなければならない、ということになる。その核にあるのは、かつ
てマクファーソンが所有的個人主義と呼んだアングロサクソン社会で歴史的に
形成されてきた特有の考え方であり（Macpherson 1964）、それは、社会的紐帯
よりも、まずはアトム化された諸個人を出発点として、その延長線上に所有権
と自由の問題を設定していく考え方である。「人間の本質は他人の意志への依
存からの自由であって自由は所有の関数であり、個人は本質的に自分自分自身
の身体と諸能力との所有者であって、それらに対して社会に何ものをも負って
いない」といった考え方は、確かに経済領域への国家の干渉に対する抵抗の思
想を提供してきた。しかし、ジャコバン主義を排斥するためには、つまり富裕
な財産所有者が自ら享受する自由を守り、その所有権レジーム（法的秩序）を
確立するためには、時には白色テロを含む法外な暴力が行使されてきたことも
忘れてはならないであろう。

　批判的地理学者のニコラス・ブロムリが、「暴力、空間そして所有レジーム
は互いに構成的な関係にある」と指摘している通り（Blomley 2003）、先住民の

論点 3 新自由主義 新自由主義的グローバル化は暴力をもたらしているか

住む北米大陸の土地（フロンティア）に垣根をつくり私的所有地の境界を画定していく時に法措定暴力が発動されたように、特に土地所有権という考え方と暴力とは密接な相補的な関係にある。また、いったん土地に法的所有権が設定されてしまうと、そこには法維持的暴力が常時作動した状態になり、その法的秩序を犯すものは犯罪者として国家によって裁かれ、時には超法規的暴力さえも発動されることになる。一部の中南米諸国では、一握りの特権層（オリガーキー）が農地の大半を所有している一方で、民衆の多くは土地なし農民として働かざるをえない状況があり、後者の叛乱は秩序を乱す者として厳しく鎮圧の対象となってきた。

　たとえば、1996年、ブラジル・パラー州エルドラド・ドス・カラジャスでは、「土地なし農民運動（Movimento dos Trabalhadores Rurais Sem Terra, MST）」のデモに対して警察が発砲、抗議活動に加わっていた農民19人が殺害される、といった事件が起きている。しかし、この事件について言えば、結果として、構造的暴力と直接的暴力の連携という構図が可視化され、そのことで、土地なし農民運動は勢いづき、それらを中核とするトランスナショナルな農民運動ヴィア・カンペシーナは、さらに広がりをもちながら発展していくことになった（Desmarais 2007：154）。そこでは、自らがおかれている状況を仕方がないこととして諦めるのではなく、むしろ土地占拠等の形で不正義に満ちた現存の社会秩序（土地所有権レジーム）に挑戦し変革していくことで構造的暴力を廃絶していくことができるという考え方への変化が見られたのである。それは、構造的暴力を温存する文化的暴力に対する認識論的解放と言ってもよいであろう。

　最後に、そうした認識論的解放の重要な障害の一つとして、ネオリベラリズムと緊密な関係にある新保守主義や排外主義的ナショナリズムの存在を指摘しておく必要があるであろう。統治者側からすれば、ネオリベラリズムの政策的帰結として立ち現れる不平等の昂進という現実、それを覆い隠すための何らかの求心力的イデオロギーが必要となってくる。アメリカの文脈では、その中心的役割を果たしているのが、キリスト教原理主義と連動している新保守主義である訳だが、その欲求の先には、強い国家、強い軍事力、そして拡張主義的外交があったのは周知の通りである。ネオリベラリズムは大企業の論理である一

53

第Ⅰ部　なぜ平和研究か

方で新保守主義は国家の論理または神の論理である以上、互いに齟齬を起こすことがあるものの、後者はネオリベラルな資本主義の矛盾（道徳的秩序の崩壊など）から新たに生み出されると同時に、その矛盾を覆い隠する機能をもつことになる。その最たるものが、2001年の9・11事件を奇貨として始められた「テロとの戦争」と、それに伴う広範囲にわたる安全保障化（securitization）の推進であろう。キリスト教原理主義を軸とする新保守主義は、公的にはイスラーム教対キリスト教といった対立図式を明示的に示すことは避けつつも、テロリスト・ネットワークを自由な文明に対する敵として名指ししながら、その脅威を煽ることで愛国主義を謳い、安全保障国家化を強く推し進めてきた。ネオリベラリズムがもたらす矛盾から暫くの間、人々の目は逸らされ、結果として、1999年のシアトルでの反WTOの叛乱で盛り上がったオルタ・グローバリゼーションの運動は、2007年のグローバル金融危機以降のオキュパイ運動の登場まで一時期下火となった。こうした安全保障国家化の流れは、ネオリベラリズムを直接の原因としているわけではないにせよ、それと複雑に絡まった文化的暴力の一形態と言ってよいであろう。

　ネオリベラリズムの生み出す社会的不安定さをカバーするために新保守主義または排外主義的ナショナリズムが動員されるといったことは、アメリカ以外でも世界各地で見られることであり（Harvey 2005：85）、日本も例外ではない。もちろん、単にネオリベラリズムの矛盾をカバーするための新保守主義というだけではない。中国台頭による東アジアにおけるパワーバランスの急速な変化とともに、日本の相対的地位の低下に反撥する形で、歴史修正主義とセットになったネオナショナリズムが台頭しているという、独自の文脈があることにも注意を払う必要があるであろう。しかし、そこに基調として流れているのは、2013年末に国会で強行採決された特定秘密保護法に典型的に見られるように、ウィキリークスやスノーデンの事件とも絡んだアメリカ主導の更なる安全保障国家化であり、それに応える形の国家主義の迫り出し、全面的監視社会化である。国家による経済的干渉を批判してきたネオリベラリズムが、その所有権レジームを守るためにも安全保障国家の強化・増強を必要とするといった表面的な矛盾、つまり経済的自由化の促進を謳いながら国家による情報の規制強化を

すすめるといった相矛盾した構図は、まさにネオリベラリズムの危機の深まりを示している。文化的暴力が、構造的暴力や直接的暴力を不可視化するヘゲモニーの役割を果たしているとすれば、ネオリベラリズムに随伴する安全保障国家化は、文化的暴力が露呈し始めているということ、つまりネオリベラル・ガバナンスが「ヘゲモニーなき支配」へと後退していることを意味しているとも言えよう。

〔参考文献〕

Andreas, Peter and Snyder, Timothy eds. (2000) *The Wall around the West: State Borders and Immigration Controls in Norht America and Europe*, Lanham: Rowman & Littlefield Publishers.

Blomley, Nicholas (2003) "Law, Property, and the Geography of Violence: The Frontier, the Survey, and the Grid," *Annals of the Association of American Geographers*, 91(1): 121-141.

Boas, Taylor C. and Gans-Morse, Jordan (2009) "Neoliberalism: From New Liberal Philosophy to Anti-Liberal Slogan," *Studies in Comparative International Develoopment*, 44(2): 137-161.

Cornwall, Andrea and Brock, Karen (2005) "What do Buzzwords do for Development Policy？ A critical look at 'participation', 'empowerment' and 'poverty reduction'," *Third World Quarterly*, 26(7): 1043-1060.

Corva, Dominic (2008) "Neoliberal globalization and the war on drugs: Transnationalizing illiberal governance in the Americas," *Political Geography*, 27(2): 176-193.

d' Adesky, Anne-Christine (2004) *Moving Mountatins: The Race to Treat Global AIDS*, London: Verso.

Davis, Mike (2002) *Late Victorian Holocausts: El Niño Famines and the Making of the Third World*, London Verso.

Desmarais, Annette Aurélie (2007) *La Vía Campesina: Globalization and the Power of Peasants*, London: Pluto Press.

Emmerson, Ben (2013) *Report of the Special Rapporteur on the promotion and protection of human rights and fundamental freedoms while countering terrorism*, UN Document A/HRC/29/51, New York: the UN.

Foucault, Michel (2004) *Sécurité, territoire, population: Cours de Collège de France:*

第Ⅰ部　なぜ平和研究か

1977-78, Paris: Seuil/Gallimard（フーコー, ミシェル（2007）『安全・領土・人口』高桑和己訳、筑摩書房）.

Friedman, Thomas（1999）*The Lexus and the Olive Tree*, New York: Farrar, Strauss & Giroux（フリードマン, トーマス（2000）『レクサスとオリーブの木』東江一紀・服部清美訳、草思社）.

Galtung, Johan（1969）"Violence, Peace, and Peace Research," *Journal of Peace Research*, 6(3): 167-191.

―― (1990) "Cultural Violence," *Journal of Peace Research*, 27(3): 291-305.

Galtung, Johan and Höivik, Tord（1971）"Structural and Direct Violence: A Note on Operationalization," *Journal of Peace Research*, 8(1): 73-76.

Harvey, David（2005）*A Brief History of Neoliberarism*, Oxford: Oxford University Press（ハーヴェイ, デヴィッド（2007）『新自由主義　その歴史的展開と現在』渡辺治監訳、作品社）.

―― (2007) "Neoliberalism as Creative Destruction," *The Annals of the American Academy of Political and Social Science*, 610(1): 21-44.

Hayek, Friedrich A.（1960）*The Constitution of Liberty*, Chicago: The University of Chicago Press.

Hussain, Nasser（2003）*The Jurisprudence of Emergency: Colonialism and the Rule of Law*, Ann Arbor: The University of Michigan Press.

Klein, Naomi（2007）*The Shock Doctrine: The Rise of Disaster Capitalism*, New York: Metropolitan Books（クライン, ナオミ（2011）『ショック・ドクトリン（上・下）』幾島幸子・村上由見子訳、岩波書店）.

Lapavitsas, Costas（2005）"Mainstream Economics in the Neoliberal Era," in Saad-Filho, Alfredo and Johnston, Deborah eds., *Neoliberalism: A Critical Reader*, London: Pluto Press: 30-40.

Losurdo, Domenico（2011）*Liberalism: A Counter-History, trans. Gregory Elliott*, London: Verso.

Macpherson, C. B.（1964）*The Political Theory of Possessive Individualism: Hobbes to Locke*, Oxford: Oxford University Press.

McMichael, Philip（2012）"The land grab and corporate food regime restructuring," *The Journal of Peasant Studies*, 39(3-4): 681-701.

Molzahn, Cory, Ríos, Viridiana, and Shirk, David A.（2012）*Drug Violence in Mexico: Data and Analysis Through 2011*, San Diego: Trans-Border Institute, John B. Kroc School of Peace Studies, University of San Diego.

Polanyi, Karl（1954）*The Great Transformation*, New York: Beacon Press（ポラ

論点 3 | 新自由主義 | 新自由主義的グローバル化は暴力をもたらしているか

ニー，カール（2009）『［新訳］大転換』野口建彦・栖原学訳，東洋経済新報社）.

Richmond, Anthony H.（1994）*Global Apartheid: Refugees, Racism, and the New World Order*, Oxford: Oxford University Press.

Rudra, Nita（2008）*Globalization and the race to the bottom in developing countries: who really gets hurt?*, Cambridge: Cambridge University Press.

Sassen, Saskia（2013）"Land Grabs Today: Feeding the Disassembling of National Territory," *Globalizations*, 10(1): 25-46.

Singer, Peter W.（2003）*Corporate Warriors: The Rise of the Privatized Military*, Ithaca: Cornell University Press（シンガー，P・W（2004）『戦争請負会社』山崎淳訳、日本放送出版協会）.

Stiglitz, Joseph E.（2012）*The Price of Inequality*, New York: W. W. Norton & Company（スティグリッツ，ジョセフ・E（2012）『世界の99％を貧困にする経済』楡井浩一・峯村利哉訳、徳間書店）.

Tosa, Hiroyuki（2009）"Anarchical Governance: Neoliberal Governmentality in resonance with the State of Exception," *International Political Sociology*, 3(4): 414-430.

Wacquant, Loïc（2009）*Punishing the Poor: The Neoliberal Government of Social Inequality*, Durham: Duke Univerisyt Press.

論点 4　差別と排除

差別・排除の克服は平和の礎となるか

阿部　浩己

　1945年に作成された国際連合（国連）憲章は、前文で、「われら一生のうち
に２度まで言語に絶する悲哀を人類に与えた戦争の惨害から将来の世代を救」
うことを決意して国連が設立されたと謳っている。だが、「言語に絶する悲哀」
を与える戦争は国連体制下にあっても根絶やしにされることはなく、現に大小
様々な武力紛争がその後も連綿と生じてきた。21世紀に入ってからも、国際秩
序は不安定な様相を深め、平和を破壊する事態が各所で広がっている。

　その一方で、世界には人間間の分断をあおる差別・排除が絶えず、時に深刻
な暴力的状況を生み出してきている。こうした差別・排除は平和といかにかか
わっているのか。本章では、現代世界に広がる人種主義に特に焦点を当てて、
両者の関連性と平和への理路について考察する。

1　差別・排除と戦争に本質的なかかわりはない？

　そうとは言えない。差別・排除があれば必ず戦争が起こる、というわけでは
ないが、しかし、差別・排除は、人間個々人の潜在的可能性の発現を妨げるも
のとしてそれ自体が（構造的）暴力であるとともに、戦争という究極の（直接的）
暴力を煽動し、支える動因となってきたことも否めない。差別・排除を克服す
ることは、このゆえに、平和という暴力なき世界をつくりだすために欠かせぬ
営みにもほかならない。

　暴力の極限というべき戦争は、ある日突如として起きるものではなく、種々
の要素が交錯して起きるのが常といってよい。だが、個別の要因こそ異なれ、

論点 4 | 差別と排除　差別・排除の克服は平和の礎となるか

どの戦争にも共通して見られるのは、人間を分け隔てる思考態度である。現に、戦争は、人間を味方と敵に分断しなければ成立しない。国家対国家であれ、国家対非国家集団の場合であれ、その点における違いはない。しかも、そこにきまって動員されるのが差別や排除のメカニズムである。「敵」となる人間集団への差別的なまなざしが増幅されるほどに、直接的暴力への抵抗感も薄められていく。ナチス・ドイツによる600万人ものユダヤ人らの虐殺（ホロコースト）も、ルワンダにおける50万人から100万人に及ぶジェノサイド（1994年）も、憎悪をあおる差別意識を伴ってはじめて可能になったといってよい。

　人間を差別・排除するために動員される事由は多岐にわたるが、そのなかにあってとりわけ重大な政治的機能を帯びてきたのは、人種あるいは人種主義（レイシズム）という概念である。人間を皮膚の色や身体的特徴で識別することは古くから行われてきたものの、人種という概念それ自体は近代の産物であり、そこには次の3つの中心的な意味が込められてきた（Bulmer and Solomos 1999：7）。①人類は身体的特徴を共有する諸集団から成る、②それら諸集団は異なる起源をもつ、③人種の境界は文化的・社会的意義を有する。

　人種は、社会的事実として科学的調査の対象とされていたが、19世紀末から20世紀初頭までに、単なる差異を示すものではなく、不平等・差別を正当化する事由として、特別の政治的含意をもって使用されるものとなった。西洋による植民地支配はそうした人種概念の代表的な適用例である。黒人は知的に劣るのに対して、白人は自由、名誉その他あらゆる精神的価値を愛する優れた存在であるという「科学的人種差別」の考え方が植民地主義を支える言説として用いられた。第二次世界大戦期に起きたナチス・ドイツによるユダヤ人らの虐殺は、科学的人種差別の政治的利用が行き着いた終末的な着地点というべきものであり、ジークムント・バウマンはその過程を次のように描いている。

　「自己統制と自己管理を特徴とする近代世界において、統制・管理を徹底的に嫌悪し、努力や向上心と無縁である人種がいると訴えるのが人種差別である。医学的比喩を用いてみよう。体の『健康な』部分は鍛錬できるが、癌腫瘍は鍛錬できない。後者の改善には、破壊・除去しかない。したがって、人種差別は必然的に疎外戦術と結びつく。人種差別は不快な集団をそう感じている集

第Ⅰ部　なぜ平和研究か

団から除去することを要求する。それができなければ、人種差別は不快な集団の物理的抹殺を求める」（バウマン 2006：84）。ユダヤ人の抹殺も、こうした心理的機制のもとに正当化されるのであった。

　「人類の良心」を激しく揺さぶった第二次世界大戦期の惨劇の反省に立ち、国連教育科学文化機関（ユネスコ）は、戦後ほどなくして、人種概念の根本的な見直しに取りかかった。ユネスコ憲章は前文で次のように謳う。「戦争は人の心の中で生まれるものであるから、人の心の中に平和のとりでを築かなければならない。……ここに終わりを告げた恐るべき大戦争は、人間の尊厳・平等・相互の尊重という民主主義の原理を否認し、これらの原理の代りに、無知と偏見を通じて人種の不平等という教養を広めることによって可能にされた戦争であった。」

　人種差別が平和の破壊をもたらしたとの認識を踏まえ、ユネスコは世界の有力な社会科学者たちに人種概念の検討を要請した。これに応えて1950年に発表された「社会科学者による人種に関する声明 Statement on Race by Social Scientists」は、次のようなものとなった。「『人種』は生物学的な現象というよりは、社会的な神話である。『人種』という神話は、甚大な人的、社会的損害をもたらしてきた。近年も、多数の人命を奪い、計り知れない苦痛を引き起こした。……エスニック集団間の生物学的差異は、社会的受容と社会的行動の観点から無視されるべきである。生物学的および社会的観点からは、人類の一体性こそが主要なことである。」

　ユネスコはその後も断続的に専門的な知見を公にし、人種による差異には科学的根拠がないと断言し、差別を正当化する人種概念の非科学性を強調した。同様に、1965年に国連総会で採択された人種差別撤廃条約も、前文で次のことを明言している。「人種的相違に基づく優越性のいかなる理論も科学的に誤りであり、道徳的に非難されるべきであり及び社会的に不正かつ危険であること並びに理論上又は実際上、いかなる場所においても、人種差別を正当化することはできないこと」、「人種、皮膚の色又は種族的出身を理由とする人間の差別が諸国間の友好的かつ平和的な関係に対する障害となること並びに諸国民の間の平和及び安全並びに同一の国家内に共存している人々の調和をも害するおそ

60

論点 4 差別と排除 差別・排除の克服は平和の礎となるか

れがあること」、「人種に基づく障壁の存在がいかなる人間社会の理想にも反すること」。

このように、人間集団を分断して優劣をつけ、支配・抑圧の構造を正当化する人種概念は徹底的に論難され、いまでは、その非科学性が国際社会の公的合意を形成するに至っている。生物学的決定論としての人種概念は失効したということである。しかし、それにもかかわらず、人種差別の情景は依然として世界に頑強なまでに蔓延している。

人種差別が引き続くのは、いまだに人種概念に科学的根拠があると信じる向きが少なくないからなのでもあろうが、それ以上に見過ごしてならないのは人種主義をめぐる言説の変容である。人種主義 racism という概念は人種 race という概念よりも新しく、学術的に用いられるようになったのは1930年代になってからである。その具体的な意味内容は時代と場所によって異なり一様ではないものの、この概念は、総じて、社会集団を「私たち」と「彼ら／他者」に分断し、支配的立場にある集団（私たち）が他者性を付与された集団（彼ら）を排除する政治的機能を有している。

第二次世界大戦前は生物学的特徴による分断が公然と正当化されていたが、その無根拠性が明らかにされて以降は、宗教や言語、伝統的実践などを含む文化的な差異に分断の根拠がおかれることが一般的になった。ムスリムや朝鮮の人々を標的にして、欧米諸国や日本で広がっている排外的な言動を見ても、その主たる動力となっているのは文化的な差異にほかならない。現代の人種主義は、従来型の人種概念から切り離されて、「人種なき人種主義 racism without race」と評されるようになってもいる。

「私たち」と、「かれら（他者）」との間に横たわる文化的差異を生み、拡充するために動員されることがあるのは教育である。支配的集団の文化的同質性を刻印し、その一方で、他者性を与えられた社会集団（かれら）との文化的差異を意識させる場として国民教育が果たす役割はきわだって大きい。この意味において、日本の公立学校における日の丸掲揚と君が代斉唱の強制も、文化の差異を基軸に据えた人種主義の思潮を後背に据えて、社会的排除や排外主義の効果を浸透させずにはいない。

61

第 I 部　なぜ平和研究か

　人種主義は、政策決定者や法曹、マスコミ、高等教育機関などに従事するエリート層のみならず、日常の生活実践の中で産出され、再生産されるとともに、制度的人種主義 institutional racism あるいは政治的に組織化された人種主義 politically organized racism として発現するものでもある（Valk 2003）。制度の規則や手続きが特定の社会集団を周縁化し排除する効果を生じさせるのが制度的人種主義であり、たとえば、就学支援にかかる法令の適用から朝鮮学校のみを除外することなどがその一例である。政治的に組織化された人種主義については、移民排斥や排外主義的言辞を重ねる極右政党の実践にその典型を見ることができる。

　興味深いことに、極右政党の主張には平等の原理が本質を違えた形で侵入している。酒井直樹は、ヨーロッパの極右政党と日本の在特会（在日特権を許さない市民の会）を引き合いに、次のようにいう。「差別と排除を旨とするはずの人種主義にも、じつは、人びとの平等への希求が表現されている。在特会のような運動のなかにも、一種の普遍主義の契機を看過するわけにはゆかない。……彼らの排外主義には、資格のない者が国民社会の有資格者であるかのように平等の権限を享受してしまっている、という告発が含まれている。在特会の人種主義は、この点で、移民排斥の運動やヨーロッパ極右の論理と共通するものをもっている。現在の人種主義は、ますます「自他の別」を強調し、国民のなかに入って来る者に対する排外主義の性格を強めてきている」（酒井 2012：40-41）。

　酒井も指摘するように、政治的に組織化された人種主義が求める平等は、閉ざされた境界を所与の前提とした、排除の論理として使用されている。国民と同一の資格がなければ排除されるのは当然だ、という理屈である。たしかに平等原理は、等しからざる者の選別を通し、人間の排除を正当化する効能を有していることは否めない。ただ、そうではあっても、種々の差別撤廃の歴史的経験が映し出すように、平等の理念は、それ以上に、多様な人間集団の社会的包摂を求める運動の動力となってきた。人権概念の根幹をなす平等は、漸進的にではあれ、社会の有資格集団を押し広げる現実をもたらしてきたのであって、その逆ではない。有資格性を画する境界は所与の前提などではなく、人間の平

62

等を求める理念によって絶えざる変容と拡幅の力学の下におかれてきたことが確認できる。

2　人間や文化の多様性は、社会に亀裂をもたらし、平和を脅かすか

答えは、ノーである。平和を脅かすのは多様性そのものではない。社会的亀裂を生み、さらに大きな暴力的状況へと進んでいく危険性があるのは、多様性が不当に押しつぶされるときである。

国際社会にあって、人間個々人は、伝統的に一つの国民国家に没入することを求められてきたところがある。しかし、変容する世界の実情を反映し、いまでは、個人の帰属先として、国家以外に非国家集団（少数者、先住民族など）や地域機構さらには国際共同体といった種々の可能性がありうることが明瞭に承認されている。帰属する国家が一つでなければならないこともない。個人は複数のアイデンティティをもち、多様な文化の影響を受けうる存在であることが広く認められるようになっている。

もっとも、個人のアイデンティティが多元化し、社会が多文化性によって覆われるようになると、社会的統合が崩れてしまい、そのあげく人々を過激な行動に走らせてしまうのではないか、と懸念する向きもあろう。ヨーロッパや日本において顕在化する排外主義的言動も、そうした懸念に由来しているといってよい。人間や文化が多様であることが社会的混乱をもたらす元になっているようにも思われるかもしれない。

だが仔細に見ると、過激な人種主義的行動の背景には、往々にして強い社会的排除の圧力が働いていることがわかる。人間や文化の多様性を促す思潮が暴力の温床になっているというよりも、多様性を抑圧し、単一文化の幻想を強める力学こそが社会の亀裂と不安定化をあおっているのがむしろ実態である。自文化（支配的文化）を優越的で絶対的なものとみなす心性が、他者（少数者／文化）を敵視し、排除する攻撃的な姿勢につながってしまっている。

人種主義的態度は、個々人が属する文化的境界があらかじめ定まっており、しかも固定されたままにあるという認識に支えられがちである。集団間の相互

第Ⅰ部　なぜ平和研究か

交流による文化の変容や個々人のアイデンティティの多元化が否定され、自集団・自文化の純潔性があおられることで、他集団の排除がいっそう促されていく。こうした差別・排除のメカニズムが社会の亀裂をもたらし、平和への脅威となっていることは、21世紀に入って深刻化するヨーロッパの「イスラム恐怖症 Islamophobia」の現実が如実に指し示すとおりである。

　人種主義は自らが属する集団（自民族）の文化に排他的な価値をおくため、多様な民族あるいは文化の対等な社会的共存を求める思潮に強く反発する。その象徴的な表出として、2011年7月に、32歳（当時）のノルウェー人男性が、同国の政府庁舎を爆破した後、労働党青年部の集会で銃を乱射し、総計77人を殺戮する凄惨な事件を引き起こしたことが想い起こされる。その男性は、ノルウェーの多文化主義を非難し、日本や韓国のような単一文化主義の国が理想だという考えを公にしている。

　同国首相は「これほどの暴力であるからこそ、より人道的で民主主義的な回答を示さねばならない」という見識ある声明を直ちに公にしたが、欧米では、21世紀の深まりとともに、政治指導者たちが多文化主義への懐疑を奏でるようになっている。たとえば、英国首相は2011年2月、多文化主義政策によって社会が分裂し国家のアイデンティティが失われたためイスラムの若者が過激なテロに走ってしまったと述べ、長年の政策が失敗であったと公言するに及んでいる。ヨーロッパ諸国や米国、オーストラリアなどには、多文化社会の担い手たる移民が国家統合の障害になるとして、その存在に否定的な態度をとる向きがふえており、極右的な思潮が政治過程にあきらかな影響を与え始めている状況が見て取れる（Lentin and Titley 2011）。シリア難民らの大量流入がこれに拍車をかけることになった。日本社会にあっても、エリート層、日常生活、制度、政党いずれの局面においても同様の状況が広まりつつあるようにも見える。

　こうした人種主義の浸潤は、国際社会の法である国際法の観点から看過しえない事態でもある。15世紀末に始まる「新大陸」征服に端を発し、19世紀にその体系性を整えた国際法は、長く、西洋中心主義を体現し、戦争と植民地支配を正当化する機能を有していた。しかし、ユダヤ人のホロコーストを経験した第二次世界大戦後の国連憲章体制下にあって、戦争は明確に違法化され、さら

64

論点 4 | 差別と排除 | 差別・排除の克服は平和の礎となるか

に人権保障と平和の密接な関係性が確認された。1960年には国連総会で植民地独立付与宣言も採択され、植民地主義の継続が普遍的平和という国連の理想に反すること、および、あらゆる形態の植民地主義を速やかにかつ無条件に終わらせる必要があることが厳粛に宣言されるに及んだ。

人権保障と平和のつながりが認められ、植民地主義の是正が謳われたのは、国際法の基層を成す記憶の組み替えが行われたからである。他のすべての法と同じように、国際法もまた記憶の場 memorial site として構成されている。国際法にあっていかなる過去をどう想起するのかは、国際社会の現在と未来のあり方を指し示す根源的な問題にほかならない。ホロコーストや植民地の独立という事態の劇的な展開は、人種差別や植民地支配を正当化していたそれまでの国際法のあり方を根底から揺さぶり、支配の側ではなく被支配の側に寄り添った記憶を法制度に投射する重大な契機となって立ち現れた。こうして、西洋中心主義という国際法に公然と内蔵されていた人種主義的性格を乗り越えて行く営みが、陸続と重ねられていくことになる。

植民地独立付与宣言はその履行を監視する特別委員会によって実施状況を監督されることになり、これに続けて1962年にはアパルトヘイトの撲滅に向けた特別委員会も国連総会で設置された。差別的構造のなかで沈黙を余儀なくされていた人々の声や経験が国連の場に届け出られる回路が築かれたわけである。その一方で米国内でも黒人解放運動が高まり、1964年には公民権法が制定されるまでになった。ヨーロッパにおいても、ホロコーストの記憶が薄れ、鎮圧されたはずのナチズムが再び台頭する情景が広がったため、人種差別撤廃の潮流を強化する必要性が痛感されていた。

こうした社会政治情勢を背景に、1963年に国連総会で人種差別撤廃宣言が採択され、その2年後には人種差別撤廃条約が生み出されることになった。人種主義に抗するグローバルな規範的・制度的拠点が、ここに定礎されたといってよい（Burke 2010：59-91）。2017年2月の時点において、日本を含む世界179か国が同条約の締約国となって、次のような義務を法的に引き受けている。「人種差別を非難し、また、あらゆる形態の人種差別を撤廃する政策及びあらゆる人間間の理解を促進する政策をすべての適当な方法により遅滞なくとること」

65

第Ⅰ部　なぜ平和研究か

（2条）、「一の人種の優越性若しくは一の皮膚の色若しくは種族的出身の人の集団の優越性の思想若しくは理論に基づくあらゆる宣伝及び団体又は人種的憎悪及び人種差別（形態のいかんを問わない。）を正当化し若しくは助長することを企てるあらゆる宣伝及び団体を非難［すること］」（4条）、「人種差別につながる偏見と戦い、諸国民の間及び人種又は種族の集団の間の理解、寛容及び有効を促進…させるため、特に教授、教育、文化及び情報の分野において、迅速かつ効果的な措置をとること」（7条）。

人種差別禁止の規範的重要性はその後多くの機会に確認されて今日にいたるのだが、国連の主要な司法機関である国際司法裁判所も、1970年のバルセロナ・トラクション事件判決において、人種差別の禁止が国際社会全体に対して負う義務（obligation *erga omnes*）を構成すると明言した（*CIJ Recueil* 1970：32）。人種差別の禁止は国際社会全体を貫く共通の利益であることが、司法的にもはっきりと承認されたのである。

人種差別撤廃条約がその代表であるように、現代国際社会の法は、人種主義と正面から対峙する姿勢を鮮明にしている。人種主義を排して、多文化主義multiculturalism を志向しているといってもよい。むろん、多文化主義の概念は様々に理解されており、この概念の採用には今日では批判も少なくないが、ここでは、異なるエスニック集団が自己の言語や文化的伝統を国内で維持することを支える規範的対応（あるいは政策）であって、それら諸集団の公的承認と、国の歴史・アイデンティティの見直し、さらに、あらゆる差別を排した多元的な人権文化の構築といった諸要素を含み持つものと理解して論述を進めることにする（Xanthaki 2010：23, 24）。

文化は固定されたものではなく絶えざる変容を遂げるものであることはいうまでもないが、社会的存在である人間にとって、自らの思考や言語、生活形態などを規定する文化の役割は決定的なまでに重要である。現に、2001年の「文化の多様性に関するユネスコ宣言」は自然にとっての生物多様性と同じように文化多様性の重要性を確認し、人間の尊厳を尊重するために文化の多様性は欠かせぬものであると謳いあげている。ユネスコは2005年にも、グローバル化過程が文化の多様性に負の影響を与えているとの認識も踏まえて文化的表現多様

性条約を採択し、「すべての文化（少数者および先住民族に属する人々の文化を含む。）の平等な尊厳および尊重の承認」とその保護を締約国に義務づけている。また、文化への権利は社会権規約（経済的、社会的及び文化的権利に関する国際規約）や自由権規約（市民的及び政治的権利に関する国際規約）、子どもの権利条約など人権諸条約においても承認されているが、ユネスコ条約がそうであるように、この権利は少数者との関係において格別の意義を帯びている。

　一般に、自由主義思想にあって国家は中立的であることを求められる。国家は特定の宗教や文化を優先してはならず、中立を保たなくてはならない、ということである。だが、政策決定過程は実際には価値中立ではありえない。現実世界を見れば歴然としているように、国家は支配的集団の価値を濃厚に背負って現われ出ている。その国家が「中立」でいることは、支配的集団の文化的選好をそのまま是認し維持するにも等しい。その結果、少数者集団に属する人々は自らの文化を公的な場で享受することがとても難しくなってしまう。

　だからこそ諸条約は、文化への権利を承認する一方で、その意義をとりわけ少数者との関係で強調してきているわけである。各国は、少数者の存在に特別の配慮を払い、その権利を積極的に擁護するよう求められている。そうでなくては、少数者の文化は多数者のそれにかんたんに飲み込まれてしまいかねない。社会の多様性を真に意味ある形で実現するためには、社会的諸集団が本来的に非対称な力関係の下におかれていることに十分に留意することが大切である。

3　少数者は「社会的弱者」として保護されなくてはならないか

　この問いへの答えもノーである。少数者は、パターナリスティックな保護の対象ではなく、社会の対等なパートナーとして処遇されるべき存在である。

　現代国際法の基本スタンスは、少数者とその文化を公的に擁護することによって社会の安定と発展がもたらされる、というものである。自由権規約27条は、少数者に属する者が「その集団の他の構成員とともに自己の文化を享有し、自己の宗教を信仰しかつ実践し又は自己の言語を使用する権利を否定されな

第 I 部　なぜ平和研究か

い」と定めるが、この条項を解説した一般的意見 23（1994年採択）において、同規約委員会は次のようにいっている。「これらの権利の保護は、関係する少数者が文化的、宗教的および社会的アイデンティティを残し、継続的に発展させることで、社会構造全体を豊かにすることに向けられている」。

　また、2005年に国連総会で採択された世界サミット成果文書も、「民族的、種族的、宗教的または言語的少数者に属する者の権利の促進および保護が社会的安定と平和に寄与し、社会の文化的多様性と遺産を豊かにする」と明言している。多様である社会はそれだけ豊かであり、少数者の権利が積極的に擁護される社会はそれだけ安定する、ということである。人間集団の差別的分断・亀裂が社会を不安定にし、平和の破壊をもたらしてきたという、これまでの度重なる歴史的経験に依拠した認識がその基底に横たわっている。

　もちろん、それぞれの集団・文化は社会のなかで孤立してはならず、相互に影響しあう存在でなくてはならない。このために教育の果たすべき役割がことのほか大切になる。1992年に国連総会で採択された少数者の権利宣言（4条4項）は、各国に対して、少数者の歴史、伝統、言語、文化についての知識を奨励する措置を教育の分野でとり、少数者に属する者が社会全体についての知識を得る適切な機会を持つよう求めている。子どもの権利条約も29条1項（c）で、子どもの教育が、「文化的同一性、言語及び価値観、子どもの居住国及び出身国の国民的価値観並びに自己の文明と異なる文明に対する尊重を育成すること」を指向すべきことをあげている。先に、教育が人種主義を生み出す場として政治的に用いられる現実に触れたが、国際法は、むしろ、人種主義が引き起こした負の歴史的経験を踏まえ、多様な人間や文化が交流しつつ共に生きられる社会を築くための思潮こそを教育の場で浸透させるよう求めている。

　こうした法文書すべてにおいて、少数者は多数者からの保護を必要とする弱者ではなく、社会の発展に欠かすことができない対話のパートナーとして位置づけられている。少数者は、少数者として類型化される限り、社会的排除の力学を免れぬ存在として可視化され続けるのだが、なればこそ、支配的集団の周縁に装飾物のように配置される存在ではなく、多数者と対等に交流・対話をはかり、新しい価値観・歴史の見方を注入することで社会の変革に寄与する能動

的存在と意識的にみなされているところがある。支配的な集団から少数者を隔離して守る官製のパターナリスティックな多元主義ではなく、社会を動態的に変革していくために、少数者の文化を積極的に支援することが不可欠であるという認識である。

ところで、2015年9月に公表された「第5次出入国管理基本計画」を通して、日本政府は「受け入れた外国人との共生社会の実現に貢献していくこと」、「国際社会の一員として、適正かつ迅速な庇護の推進を図っていくこと」などを明らかにしている。日本社会には、すでに多くの外国人や外国にルーツを持つ人々が生活を営んでおり、今後とも、先進工業国の責務として、より多くの外国人・難民の受入れを推し進めていくことは必定である。そうとすれば、少数者を対話のパートナーと位置づける制度設計に力を尽くしていくべき必要性はいうまでもない。そのためにも、まずは強度の人種主義が日本社会にも蔓延していることをはっきりと認めることが重要になる。

とりわけ、朝鮮半島出身者（の子孫）に対する差別はあからさまというしかなく、人種差別撤廃委員会をはじめとする人権諸条約機関などからも何度となく是正勧告を受けるだけでなく（Concluding Observations 2014）、国内裁判所においても朝鮮学校に対する暴力的言動・行為が人種差別にあたることが明瞭に認められたほどである（京都地判 2013；大阪高判 2014）。2016年6月には差別的言動の解消に向けた法律が施行されるに至ったが、亀裂と緊張の危機を孕む不安定な社会を回避しようとするのなら、その前提として、眼前に広がる人種主義との正面からの取り組みを欠かせない。

出入国管理との関連で付言すると、グローバル化の過程でより多くの人間が国境を越えて移動するようになっていることから、人の移動の自由が国内だけでなく国際的にも謳歌されているかのような心象が広まっているかもしれない。しかし、現実は反対に、先進工業国の国境管理がきわめて厳格化している様を見せている。日本の第5次出入国管理計画を見ても、「厳格かつ適切な入国審査と不法滞在者等に対する対策を強化していくこと」が明記されている。「グローバル・サウスからの脅威に対してグローバル・ノースは国境警備を強化する形で再領域化の動きが強められている」のが実情である（土佐 2012：

第Ⅰ部　なぜ平和研究か

221)。

　経済学者の J. K. ガルブレイスは、移住を「貧困に抗する最も古くからの人間の行動である」と評していた（Juss 2006：1）。実際には最貧困層の人間が移住の手段に訴えることは容易でないだろうが、それにしても、不均衡な経済構造の下にある人間たちの生存と繁栄をかけた闘いが移住の歴史であったことは間違いない。換言すれば、移住は、人種主義的に構成された国際構造への直接的な異議申立てとしての意味をもってきたともいえる。だが、先進国の国境は、そうした人間たちの生存や繁栄とはほぼ無関係に管理されている。そこに不条理の淵源がある。

　グローバル化の過程は、経済を筆頭に様々な領域にわたって国家の主権的決定権限の幅を切り縮めている。国境管理は、そうした中にあって国家に残された数少ない裁量権行使の場とみなされているのだが、今日の規範的発展は、最後の主権的牙城というべきこの領域にも法的規制を及ぼすようになっている。実際に、人権の国際的保障は、在留資格にかかわりなくその国の管轄下にあるすべての者に及ぶものとなっており、たとえ国境管理の局面にあっても差別なき処遇が確保されるべきことは、人権諸条約機関が何度となく確認してきているところである。

　特定の人種・文化的集団が不当に不利益を被る人種差別は、主権国家の裁量がことのほか強い出入国管理の局面であっても、もはや許容されるものではなくなっている。「外国人の入国・在留は受け入れ国の全面的な自由裁量に委ねられている」というお決まりのように繰り返されるフレーズは、中国人や日本人が白人に与える脅威を意味した「黄禍論」が華やかなりし頃に定立された歴史的遺物というべき人種主義的法命題であり（Nafziger 1983）、平等・差別撤廃を基軸に据えた現代世界にあっては規範的な正統性を失いつつある。

　他方で、グローバル化が深まりゆく現下の時代は、自由主義が世界に広められている時でもある。自由主義思想は基本的人権と民主主義を根幹に置いている。ただ、これらはいずれも国境によって閉ざされた政治共同体の存在を前提としており、国際法や国際政治学もまた、そうした政治共同体（主権国家）からなる国際社会像を打ち立てることで自由主義の世界化プロジェクトを支える

役割を担ってきた。しかし、平等を基本理念とする人権の射程が絶えざる拡張の歴史を重ねてきたことは既に記したとおりである。人権が等しく適用されるべき人的・事項的範囲は、時の経過とともに確実に広がってきている。なかでも人種差別の禁止は現在では「強行規範 *jus cogens*」という最も強い規範的地位を与えられて、出入国管理のあり方だけでなく、国籍（市民権）付与のあり方についてまで差別がないよう求めるまでになっている（Spiro 2011）。閉ざされた政治共同体を前提にした自由主義のプロジェクトそのものが、政治共同体の閉鎖性を押し開く逆説的な力学を放射し続けていると言ってよい。

多数者による自文化中心主義は、社会の一つの作り方なのかもしれないが、人間や文化の多様性が差別・排除の対象になることで、深刻な亀裂や緊張が生じ、平和を脅かす事態が誘発されかねないところがある。その一方で、社会の多様性が正当に認知・評価され、平等を基本理念とする社会的基盤が国境管理等の領域も含めて拡充されていくのであれば、その多様性は社会の変革と豊かさに寄与する動力に転じていこう。こうした社会を作り出すことがけっして容易でないことは世界各地の実情が示すとおりだが、だからこそ、それはいっそう強い規範的要請となって現代国際社会に立ち現れているのでもある。

4 人種主義は植民地主義と密接につながっているか

答えはイエスである。人種主義の力学の下にあって、他者化される集団と、支配的な立場にある集団との間にある不均衡な関係性は、植民地主義と根源的な次元で連動している。欧米におけるムスリムあるいはアフリカ系の人々の位置づけや、日本における朝鮮人、琉球／沖縄人あるいはアイヌの処遇は、植民地主義が人種主義に連動して顕現している様を伝える典型例である。

人種主義と結びついて発現する植民地主義との対峙という点で画期を成したのは、2001年9月に南アフリカのダーバンで開催された「人種主義、人種差別、外国人排斥及び関連する不寛容に反対する世界会議」である。植民地支配の過去を正さないかぎり現下の不均衡な政治経済構造の根本的な変革は困難であり、社会集団間に支配・排除の関係をもたらす人種主義も克服しえない。20世

第Ⅰ部　なぜ平和研究か

紀が積み残した巨大な不正義である植民地支配に対する責任を明確化すること
を求めて、多くの人々が南アフリカのダーバンの地に集結した。

　平等な国際社会の構築と、植民地主義・人種主義の撤廃を要求する政治的意
思は、1993年の「賠償に関する第1回汎アフリカ会議」において明確にされて
いたが、世界会議に向けた2001年1月のアフリカ地域準備会合で採択された宣
言・行動計画も、全58パラグラフのうち実に15以上を奴隷制・植民地支配への
賠償に割くものとなった。同年2月に開催されたアジア地域準備会合でも賠償
責任の所在は確認されたものの、他方でこの問題は先進国の集うヨーロッパの
準備会合ではほとんど触れられることもなかった。

　ダーバン会議は国際社会における公共の記憶をめぐる激しい政治的闘いの場
となったが、最終的に採択された宣言は、植民地主義とその責任について大要
次のように言及するものとなった。①植民地主義が人種差別をもたらしている
ことを認める、②アフリカ人、アジア人、先住民族らが植民地主義の被害を受
け、その影響を現在も受け続けていることを認める、③植民地主義が社会的・
経済的不平等を促してきたことを遺憾とする。同宣言は、奴隷制と植民地主義
が引き起こした大規模な人間の苦痛に対して深甚なる遺憾の意を表明するとと
もに、過去の惨劇を包括的に伝える歴史教育の必要性を強調し、関係国に被害
者の記憶を尊ぶことも求めている。

　ダーバン会議は、このように、過去の不正義と現在に引き続く負の影響を明
瞭に認めてはいるものの、しかし、謝罪への言及は注意深く避けた。大規模な
人間の悲劇をもたらした張本人が誰だったのかについての言明もない。責任の
認諾をいささかでもうかがわせるような表現の使用は慎重に回避されたことが
わかる。人種主義の土台をなす植民地主義／植民地支配の過去を清算すること
なく多民族・多文化の真の共生は困難であり、ダーバン会議はそれを促す好個
の機会というべきものであったが、先進国政府は法的言質をとられまいとして
最後まで防御的な姿勢に終始した。その顛末を上村英明はこう表現している。
「地図の上から公式な「植民地」が次々と消え去っても、また、「自由と平等」
が世界の共通価値として声高に提唱されても、そうした足元で、植民地主義の
メンタリティや差別の社会構造は十分な力を温存させながら生き延びてきたと

72

論点 4 差別と排除 差別・排除の克服は平和の礎となるか

いうことが明らかになった。むしろ、西欧的価値によって生み出された「市民社会」こそが依然としてこうした差別と隣り合わせに存在する現実を見せつけられたといって過言でない」（上村 2002：43）。

植民地支配の過去は今日における人種差別撤廃の観点から欠かすことができない問題であることは世界共通の了解になったといってよいが、その一方で、この問題は国家間の政治的利害に吸収されて容易に外交問題化しやすいものでもある。ダーバン会議でもそうした様相が浮き彫りになったことは否定できないものの、にもかかわらず、この会議は植民地支配と、その負の遺産たる人種主義の問題性を公に認め、その是正に向けた取り組みに国際的正統性を付与するものになったことは紛れもない。現に、国連の中でも、その後、人権理事会に作業部会が設置されるなど、ダーバン宣言をフォローアップするためのメカニズムがいくつか立ち上げられた。

2009年には、ダーバンの成果を検証する会合が別途招集されることにもなったのだが、ダーバン会議そのものに折り重なるように勃発した9・11事件を機に米国が布告した「対テロ戦争」は、人種主義的装いをもった安全保障言説を世界大で押し広げ、植民地主義の是正を求める潮流に重い影を落とすことになってしまった。2009年に開催された検討会合も、ダーバン宣言を推進する勢いをつくり出すのではなく、極度に政治化された国家間の対立をあおる場と化してしまった感がある（Lennox 2009：223-233）。

とはいえ、国際法の規範的潮流が人種主義の撲滅を明確にめざすものとしてあることに変わりはなく、その淵源をなす植民地支配という重大な不正義への責任を問う声が今後も公共の場で反響していくことは避けられないところである。どれほどの政治的な困難が伴おうと、人種主義を真に撲滅しようとするのであれば──そして、各国はそれを法的義務として明瞭に引き受けているのだが──、植民地主義撲滅を求める声への応答を拒否し続けるわけにはいくまい。

人種主義の発現が植民地主義に連動している実情は、日本の場合であっても異ならない。典型的には先住民族であるアイヌや琉球／沖縄人、さらに韓国・朝鮮人といった少数者の処遇にそうした歴史的断層が随伴していることは改め

73

第Ⅰ部　なぜ平和研究か

て確認するまでもない。こうした問題への考究を深めるにあたり、2012年5月24日に同国大法院（最高裁）が、「日帝強占期の韓半島支配」の違法性を宣言するきわめて踏み込んだ内容の判決を下した意味を再確認しておいてもよいだろう。同判決は、日本の植民地支配を韓国憲法に照らして「不法な強占」と明言したうえで、「日本の国家権力が関与した反人道的不法行為や植民地支配に直結した不法行為による損害賠償請求権が、［1965年の日韓］請求権協定の適用対象に含まれたと見るのは難しい」と判示するものであった（金 2013：27-28）。

　衝撃をもって受けとめられたこの判決は、けっして孤絶した日韓間の法事象と見るべきものではない。ダーバン会議がそうであったように、21世紀を、戦争の世紀たる20世紀の次に訪れる平和の世紀にふさわしいものにするため、過去の不正義を根本的に是正しようとする潮流が世界のそこかしこで顕現している。植民地主義を克服せずして公正な世界はありえない、という思潮の広がりである。韓国大法院の判決は、いずれの国の裁判所であってもそれを避けえないようにナショナルな価値を背負っているとはいえ、そこに少しく映し出されているのは、新しい時代を切り拓くために必要とされる普遍的な法認識であり、願いにもほかならない。こうした司法判断を、日韓の歴史認識の亀裂としていたずらに政治化するのではなく、むしろ植民地主義・人種主義の克服に向けた根源的契機として積極的に評価する姿勢こそが強く求められる。

　日本にあっては、琉球／沖縄に向けられるまなざしも一貫して人種主義的であったのだが、ここにも正視されぬままに放置されてきた植民地支配の過去が大いにあずかっている。米軍基地の過度の集中に代表される構造差別をもたらした直接の起源は、「琉球処分」という言葉によって矮小化された1879年の琉球王国の強制併合にある。植民地としての領域編入である。20世紀から21世紀にかけての沖縄への差別的処遇の深まりは、内なる多様性を有する琉球／沖縄人を自決権（自己決定権）の主体である一個の「人民 people」として立ち上げる決定的な契機に転じていった。自決権とは、人民が政治的地位を自由に決定し、その経済的、社会的および文化的発展を自由に追求することを保障する権利を意味する。自決権は、外部からの支配や抑圧に抵抗するための法理としてその真価を発揮するものである。

74

この権利は国家によって与えられるのではなく国際法が直接に人民に保障するものであり、最終的な独立の可能性も含めて、その具体的な権利行使の方途を当事者たる人民が探ることは国際法に適合した正統な行為というべきものにほかならない（松島 2012：121-155）。ここでも重要なことは、自決権にかかる規範意識の高まりを、日本と沖縄の亀裂をあおるものとしてではなく、日本における植民地主義の実情を批判的に省察する契機としてとらえ直すことである。正統な権利の主張をいたずらに政治化したり、強引に封殺するのでは、平和への脅威ともなる亀裂をあおるだけで、植民地主義や人種主義と向き合う大切な機会を失うことになりかねない。差別・排除の淵源にある植民地支配の過去は、まさに現在の問題として日本につきつけられているのであり、それはまた、暴力なき平和な秩序を志向する21世紀の世界が正対すべき共通の課題でもある。

5　人種主義・植民地主義の克服は平和を保証するか

　必ずしもそうは言えない。平等という理念がもつ訴求力に照らしてみれば、差別・排除を撤廃しようとする規範的潮流は、少なからぬ揺らぎを見せながらも今後とも拡充の途をたどっていくに違いあるまい。もっとも、その道のりは、人間を平準化し、すべからく同一の扱いを要求するものではない。いずれかの人間集団あるいは文化モデルが同一性を測る場合の標準形になってしまうと、同一性という名の下に人間や文化の多様性はかえって押し殺されかねない。

　2006年に国連総会で採択された障害者権利条約は、健常者を標準モデルとする社会の設計の仕方を抜本的に変革するよう求めている。同様に、子どもの権利条約や女性差別撤廃条約なども、大人や男性中心の社会のあり方を大きく変更するよう働きかけるものである。人間の多様性を封殺することは社会の安定化にはつながらず、かえって不安定化をあおるだけであり、文化のあり様についてそれはなおいっそうあてはまる。

　人間・文化の多様性の深まりは、当然ながら社会全体のあり方にも影響を与

第Ⅰ部　なぜ平和研究か

えずにはいない。なにより、少数者を社会の対等のパートナーとして認知することは、多数者中心の社会のあり方を見直すことにほかならず、その帰結として、多数者中心の「正史」の見直しを促さずにはいない。こうして，人種主義を排した社会を真摯に追求しようとするのであれば、少数者蔑視・排除の歴史的誘因となってきた植民地主義との対峙は不可避となる。究極の暴力である戦争に連なる差別・排除の構造を根幹から揺り動かすには、人種主義の淵源たる過去の不正義の是正は不可欠の営為と言ってもよい。

　とはいえ、それがいかに政治的な難事であるかはダーバン検討会合が象徴的に示しているとおりである。加えて言えば、人種主義・植民地主義の縮減によって平和への脅威となる重大な要因の一つが減じられるにしても、それによってただちに確たる平和の礎が築かれるというわけではない。平和への脅威となる暴力は別の形でも存在し得るだろうし、なにより、人種主義等の除去が新たな差別・排除の契機に転じないとの保証もない。平和の礎を築く営みは、このゆえに、差別・排除の克服がそうであるように、未完のプロジェクトとして永続的に続けられていくべきものと言わなくてはならない。

〔参考文献〕

上村英明（2002）「ダーバンへの長い道のり、そして、差別撤廃の未来への視座」ダーバン 2001 編『反人種主義・差別撤廃世界会議と日本』解放出版社、33-72頁

大阪高等裁判所判決（2014）街頭宣伝等差止め請求控訴事件 LXDB25504350

京都地方裁判所判決（2013）街頭宣伝等差止め請求事件 LXDB25501815

金昌禄（2013）「日本軍『慰安婦』問題、今何をなすべきか」『季刊戦争責任研究』79号、22-29頁

ゴルヴィツァー，ハインツ（1999）『黄禍論とは何か』瀬野文教訳、草思社

酒井直樹（2012）「レイシズム・スタディーズへの視座」鵜飼哲ほか『レイシズム・スタディーズ序説』以文社、4-68頁

土佐弘之（2012）『野生のデモクラシー──不正義に抗する政治』青土社

波平恒男（2014）『近代アジア史の中の琉球併合　中華世界秩序から植民地帝国　日本へ』岩波書店

バウマン，ジークムント（2006）『近代とホロコースト』森田典正訳、大月書店

法務省（2015）『第 5 次出入国管理基本計画』

松島泰勝（2012）『琉球独立への道——植民地主義に抗う琉球ナショナリズム』法律文化社

Bulmer, Martin and Solomos, John (1999) *Racism*, Oxford: Oxford University Press.

Burke, Roland (2010) *Decolonization and the Evolution of International Human Rights*, Philadelphia: University of Pennsylvania Press.

CIJ Recueil (1970) Affaire de la Barcelona Traction, Light and Power Company, Limited (Second phase), Arret.

Concluding Observations on the Combined Seventh to Ninth Periodic Reports of Japan (2014) UN Doc. CERD/C/JPN/CO/7-9, 29 August 2014.

Juss, Satvinder Singh (2006) *International Migration and Global Justice*, London: Ashgate.

Lennox, Corinne (2009) "Reviewing Durban: Examining the Outputs and Review of the 2001 World Conference against Racism," *Netherlands Quarterly of Human Rights*, 27(2): 191-235.

Lentin, Alana and Gavan, Titley (2011) *The Crises of Multiculturalism: Racism in a Neo-liberal Age*, London: Zed Books.

Nafziger, James (1983) "General Admission of Aliens under International Law," *American Journal of International Law*, 77(4): 804-847.

Report of the World Conference against Racism, Racial Discrimination, Xenophobia and Related Intolerance, UN Doc. A/CONF.189/12,25 January 2002.

Spiro, Peter (2011) "A New International Law of Citizenship," American Journal of International Law, 105(4): 694-746.

Valk, Ineke van der (2003) "Racism, A Threat to Peace," *International Journal of Peace Studies*, Vol. 8, Number 2 (http://www.gmu.edu/programs/icar/ijps/vol8_2/valk.htm).

Xanthaki, Alexandra (2010) "Multiculturalism and International Law," *Human Rights Quarterly*, 32(1): 21-48.

論点 5　ジェンダー

ジェンダー平等は平和の基礎か

古沢希代子

「ジェンダー平等は平和の基礎か」という問いに答えるには、いくつかの段階を踏む必要がある。まず、ジェンダーが規範と権力の生成を読み解くきわめて政治的な概念であることを踏まえた上で、ジェンダーの視点で「平時」と呼ばれる状態を捉え直す必要がある。次に、戦争や武力紛争でジェンダーがどのように再定義され、暴力の経路となるのか明らかにしなければならない。これらは、「紛争後の平和構築」における「平和」とは、誰にとっての何のための「平和」なのかという問いにつながってくる。一方、階級、人種、民族、南北の対立構造の中で、男女平等を追求することの限界と陥穽が問われ続けてきた。ならば、フェミニズムの理論と運動が「平和」に提供すべき固有の貢献は何なのだろうか。そうした問いを重ねながら本命題に答えていく。

1　ジェンダーで見ると「平時」と「平和」は同じか

1960年代以降に台頭した第二波のフェミニズム運動は、ジェンダーをセックス（生物的身体的性別）と分けて、社会的文化的に構築された性別と規定し、「女/男らしさ」や性別役割に関する本質主義と闘った。さらに、80年代以降、セクシュアリティーへの探求が進むと、LGBTI（レズビアン、ゲイ、バイセクシャル、トランスジェンダー、インターセックス）が社会的に排除されてきた現実からセックスもまたジェンダー（社会的な構築物）であったことが看破された。90年代以降、このジュディス・バトラーの問題提起（バトラー 1999）やイヴ・セジウックらの「クイア（変態）」理論は、社会的に規定されたセックスのありようを

78

も解体していった。

　1980年代、ポスト構造主義フェミニズムの理論家であるクリスティーヌ・デルフィは、ジェンダーとは男女というふたつの項ではなく、「支配・被支配」や「優・劣」といったひとつのことの差異化であり、中間を許さない排他的で非対称的な差異を生み出す実践であり、権力や価値に関する序列的な分岐線であると定義した（デルフィ　1998：58）。こうしたジェンダー論の視点で見ると、「平時」の風景はどのように現れるのだろう。本項では、時空を越えるジェンダーのくびきから「平時」の非平和性を考える。

　家族や家庭は人が最も身近に経験する組織である。平和研究者のベティ・リアドンは、家長が権力をふるう家父長制というシステムを家庭、社会、国家に通底する権力関係を象徴するものと捉え、こう述べている。

　　「家父長制はまた、権威者が従属する者に自らの意志を強制するための力の行使を合法化した。当然ながらこうした押し付けは、権威者の意志は、優れた知識と英知から派生したものであるから、関係者全員の利益にもっとも適うものだとの仮定を基礎としている。従属者としての男性と女性はともに、権威者の意志の強制的押し付けを受け容れざるをえないのだが、男性の方は、権威の鎖を自分より下位にいる他者に対して、自己の意志を押し付ける能力の発展を認められるのに対して、女性の方は、強制を受け容れるだけではなく、これに完全に順応されるよう訓練されるのである」（リアドン　1988：68）。

　「家父長制」の本質は、物事を決める権力であり、暴力を正当化し、人間の意識をも支配しようとする。また権威の鎖は多重構造である。こうした力の行使は「家」というミクロの世界で始まり、国家の戦争遂行に応用されてきた。

　一方、経済学者のアマルティア・センは、「一億人以上の女たちの生命が喪われている」と題した1990年の論考を通じて、女性の生存権が否定される原因を家庭における女性の評価に遡った。センは世界には男女の人口比が逆転している国や地域が存在することに着目し、インドにおいて、胎児の性別診断で女の胎児が、出産後の遺棄で女の嬰児が、栄養と医療の不足で女児が、そして、ダウリ（持参金）がらみの殺人を含むドメスティック・バイオレンス（DV）で成人女性が、その生命を奪われている事実を指摘する。次に、その著しい女性

第Ⅰ部　なぜ平和研究か

蔑視の根本原因として、家庭には利害の対立が存在するにもかかわらず、「善意の独裁者」たる家長の下で構成員が「暗黙の合意に基づく行動」（協調と無感覚）を強いられており、その態度は「〈生産的な〉仕事をしているのは誰か、誰がどれくらい家族の繁栄のために〈貢献〉しているかを見分ける識別」にも影響していると指摘した。つまり、家長の支配の下、構成員の貢献を民主的かつ公正に評価する場はなく、よって母親の分け前は少なく、にもかかわらず、彼女は自らの剥奪状況を感知しない。大人の女性が無価値なものなら女の子どもは無用となる。センは、このように「社会的に形成され共有された認識（perception）」が性別に基づく不平等を支えており、程度の差はあれ、そうした認識は世界のどの地域でも見られると述べた（セン 1991：9-10）。

　センのこの見解は、1995年の第4回国連世界女性会議で焦点となるアンペイドワークをめぐる議論につながっていく。女性が担う「三重の役割」、つまり、「生産」、「再生産（家事、育児、介護など）」、「コミュニティー労働」の多くが無償で行われ、政治力や名誉に無縁で、よって男性は参入せず、統計もなく、必要な資源の割当もされないという問題である（UNDPI 1996：95-96）。

　センは、女性の待遇をてっとり早く変える方法として、女性が家の外で貨幣収入を得ることを推奨した。金銭は価値が明確で、いざという時の備えになるし、雇用形態によっては法的保護、保険、手当ても得られる（セン 1991：10）。だがそれは容易なことではない。世界中で女性は、そのジェンダー役割を理由に、教育と雇用の機会を制限され、待遇や昇進で差別を受けてきた。

　ここで、今日本で進行している「貧困の女性化」に目を転じてみる。「貧困の女性化」とは、いわば女性に振り分けられた役割とその不利益（経済的貧窮）が社会に拡大している現象である。例えば、非正規雇用で雇い止めになること、老親の介護で職を失い貧困化することである。世間は、ネオリベ的労働政策によって男性が「非正規」になり、公的サービスの不足で男性が介護で苦労するようになって初めて「非正規」や「介護」の問題に目を向けた（雨宮 2012：91）。父子家庭における仕事と育児の両立問題もしかりである。しかし、女性が「非正規」で先が見えなかった時、夫が妻に介護を押し付けていた時、女性が子育てのために残業や単身赴任を断り昇進をあきらめていた時、母子世帯の

80

子どもが満足に食べられない時、それらはどれほど問題にされただろうか。

　平和をガルトゥングの言う「直接的暴力」と「構造的暴力」の両方が存在しない状態と定義すれば、社会にジェンダーによる差別、暴力、剥奪によって生命や生活が脅かされる状況があるのなら、たとえ武力衝突がなくても、それは平和な状態とはいえない。実際、武力紛争が終結した多くの地域で、「復興」が紛争前の社会の単なる継続でよいのかとせめぎあいが起きている（竹中 2006：312-314）。1994年に国連開発計画『人間開発報告書』が提起した「人間の安全保障」概念には「個人の安全保障」の要素として「ジェンダー平等」が含まれている。

2　ジェンダーは戦争に利用されるのか

　Yes である。性、生殖機能、性別役割及びそれらをめぐる規範と秩序のすべてが戦争システムに動員され、女性の身体は戦場と化す。よって、戦時性暴力は平時における「女性に対する暴力」の延長線上にある。1993年に国連総会で採択された「女性に対する暴力撤廃宣言」は「女性に対する暴力」を、「身体的、性的、精神的に有害または苦痛となるジェンダーに基づくあらゆる暴力行為で、公的私的な場を問わず、脅迫、強制、自由の束縛を含む」と定義した。「ジェンダーに基づく」とは、女性に対する偏見、差別、搾取といった既存のジェンダー関係に根ざしていることを意味する（UNDPI 1996：75）。

　こうしたジェンダーに基づく暴力は、1990年代の旧ユーゴやルワンダでの紛争を経て、近年ではコンゴ内戦や IS（イスラム国）によって軍事戦略として利用されている。振り返れば、旧ユーゴでは民族浄化策の一環として、ルワンダではジェノサイドの一環として女性が性暴力の標的とされた。旧ユーゴ国際戦犯法廷で顧問を務めたベヴェリー・アレンは、レイプが軍事戦略の一環として利用されてきたことを次のように明らかにした。

　民族浄化策としてのレイプにはふたつの手順があった。まず、チェトニックなどのセルビア人民兵組織がボスニアやクロアチアの村に入り、様々な年齢の女性を家から引きだし、衆人環視の下でレイプし、立ち去る。この出来事が村

第Ⅰ部　なぜ平和研究か

中に伝わる。数日後に正規の軍隊が到着し、怯える住民を永久に帰還しないという条件で退去させるという方法である。同時に、ボスニアやクロアチアの女性たちを連行し、拘禁して一定期間レイプし続ける。それは殺害の前の拷問であるか、強制的に妊娠させる拷問となる。レイプは中絶が不可能な段階まで続けられ、その時点で釈放された（アレン2001：96-97）。

　犯罪の計画性と組織性を裏付ける証拠として「ラム計画」と「ブラナ計画」に関する文書が発見された。ラム計画は「民族浄化」策を軍事戦略とした公的文書であり、1991年8月末に旧ユーゴ連邦軍の将軍たちと心理学者や心理戦の専門家によって作成された。彼らはムスリム社会における人々の意識を分析した結果、女性の純潔や貞操を犯すことで男性の名誉を貶め士気を挫くことができ、また恐怖とパニックを発生させ戦闘地域から撤退させることができると考えた。後に追加されたブラナ計画は、女性を標的にする特別の作戦であり、ムスリム住民を堰とめ、他の地域に追放し、セルビアが占領したい土地から追い出すことを目的とした。ブラナ計画の指揮は、陸軍のゼリコ・ラズンジャトヴィッチ大佐とボスニア駐留セルビア軍のラトコ・ムラデッチが執り、ヴォジスラブ・シェシェリ率いるセルビア人準軍組織ホワイト・イーグルやラズシャトヴィッチ率いるタイガースが実行部隊となった（アレン　2001：87-90）。女性への性暴力には民族浄化の長期的な効果が見込まれた。性暴力は性病への感染や出産された子どもという直接的な痕跡を残す。また、戦闘が終息した後も、心身ともに傷を負った被害者、そして深い屈辱感を味わった被害者の男性親族が抱く帰郷願望を打ち砕くことができると考えられた（江口　2004：89-90）。

　国際人権団体、ヒューマンライツ・ウォッチらが1996年に発表した調査報告書、「打ち砕かれた生：ルワンダ虐殺における性的暴力とその後遺症」は、ルワンダの虐殺を生き延びた女性たちが経験する様々な辛苦を浮き彫りにした。ルワンダでは虐殺と並行して大規模な性暴力が発生した。その形態は、レイプ、集団レイプ、尖った棒や銃身を使用してのレイプ、性奴隷化、性器を切除する・熱湯や酸で焼くなどの行為に及んだ。加害者は、インテラハムウェなどフツ族民兵、ルワンダ政府軍、大統領警備隊、一般住民にわたり、殺害同様、中央政府及び地方における行政、軍、政党、民兵組織の指導者による指導と煽

論点 5 | ジェンダー | ジェンダー平等は平和の基礎か

動が存在した。フツ族強硬派はツチ族女性のセクシュアリティーへの憎悪を煽り、「ツチの女性はフツの男性を性的に惑わせ、結婚させ、フツの中に潜り込んだ」と宣伝した。この暴力は、ツチであることへの拷問であり、産む性である女性への攻撃を通してツチという民族を絶滅する手段として実施されたという意味で Genocidal Rape と呼ばれる（Human Rights Watch/Africa 1996）。

　レイプは、多くの場合、殺害前の拷問として行われたが、殺害を逃れたある被害者は加害者から「一生苦しみ続けろ、あまりの辛さに死を願うようになれ」と言われた。AVEGA-AGAHOZO は、自身もレイプ被害者だった女性精神科医が虐殺の翌年に立ち上げ、レイプをはじめ虐殺の後遺症に苦しむ女性や孤児を支援してきた団体である。代表のウルムンギ・アサンプタは「虐殺の時レイプは武器として使われた。レイプの実行グループが民兵の中に組織された。そこには HIV 感染者が数多く含まれていた。目的は女性たちに感染をひろげることだ。それは人殺しに他ならない。ただゆっくりと時間をかけて殺すつもりなのだ」と語った（後藤 2008：28）。生き残った被害者は、あらゆる暴行を受けており、様々な身体的傷と精神的傷を抱えている。レイプによる妊娠と出産も多く発生したが、堕胎は非合法であるため、闇の堕胎、嬰児の殺害や遺棄が行われた。たとえ本人が育てると決意しても家族の反対にあう場合もある（Human Rights Watch/Africa 1996）。さらに HIV/AIDS など性病感染も深刻である。AVEGA の診療所によると、2〜10年の HIV の潜伏期間を経て虐殺時のレイプで HIV に感染した女性たちが次々と発症している。

　一方、敵対する集団の女性に徹底的なスティグマを与えることで、大量虐殺への道を開いたのが1965年のインドネシアにおける 9・30 事件（インドネシア共産党のクーデター未遂とその後の共産党関係者の大量虐殺）である。共産党と連携して活発な女性解放運動を展開していたゲルワニ（インドネシア女性運動）は、9・30 事件において、誘拐された将校を陵辱し、殺害したとされた。また、共産党系青年組織の青年たちと連日連夜フリーセックスの饗宴にふけっていたとの中傷もなされた。こうした攻撃によってゲルワニは「淫らで残忍」な女たちの組織というイメージが国民の間に定着し、共産党及びそれと関係があったとされる女性たちに対する殺害、拷問、虐待、性奴隷化といったあらゆるジェン

83

第Ⅰ部　なぜ平和研究か

ダー暴力を容認する社会的雰囲気が醸成された（松野 2006：98）。

　この反ゲルワニキャンペーンは将校たちの殺害から一週間というスピードで開始された。その宣伝を担ったのは軍系とイスラム系の新聞であった。その内容は、「将軍たちは目をほじくり出され、性器を切り取られた」（陸軍系のブリタ・ユダ紙、1965年10月11日）、「（ゲルワニの女性たちは）将軍たちの性器にさわり、自分たちの性器をあらわにして見せた。……ゲルワニは犠牲者の前で裸で踊った」（イスラム系のドゥタ・マシャラカット紙、1965年10月11日）という煽情的なものである。1987年に米コーネル大学のベネディクト・アンダーソンが同大学の資料コレクションから当時の将軍たちの死体検案書を発見し、ペニスや眼球への外傷がないことや拷問の跡がないことを明らかにするまで、事実は一切伏せられていた（松野 2006：106-107）。

　ゲルワニは、オランダとの独立戦争の過程で1950年に設立されたゲルウィス（意識あるインドネシア女性運動）を母体とし、多くの女性団体を傘下におさめて全国的な組織になった。共産党との関係を深めながら、男女の権利の平等、一夫多妻制への反対、性的暴力に対する刑罰の強化を訴え、託児所設置、助産婦育成、識字教室などに力を入れた。ゲルワニ弾圧について研究したサスキア・ウリィンハは、ゲルワニへの憎悪をかきたてることは、女性の進歩的アクティビズムをつぶすことであり、State Ibulism（国家に奉仕する母性主義）と呼ばれるスハルト新体制におけるジェンダー秩序構築の露払いだったと分析した。ゲルワニメンバーの拘禁は裁判なしで長期に及び、親と引き離され差別の中で成長した子どもとの紐帯や信頼は戻らなかった（スカルティニンシ 2006：117-155）。

　男たちが計画し遂行する戦争の中で、女性への暴力は男たち（＝権力者）によって記号化され、正当化される。男たちは戦利品として敵対勢力の女性を陵辱し、戦闘員を引き寄せる餌とし、「妻（＝奴隷）」にして「子ども（＝次代の兵士）」を生ませ、または奴隷として売って戦闘資金を得る。レイプによって「女性の純潔と貞操」という共通の価値を攻撃しあう。女性の生殖機能への脅威から殺害時に乳房、子宮、性器を破壊する。敵対勢力の女性をレイプして子どもを生ませると自民族を増やせた、あるいは敵の血統を汚せたと解釈する。

　さらに、ジェンダーは原理主義的な宗教集団にとって関心事項である。世界

観の普及を信条とする彼らにとって「女性のありよう」は重要な規範の一コマ
である。彼らは聖典を根拠に、その規範から逸脱する行為を粛正の対象とし
た。例えばこれまで、アルジェリア、アフガニスタン、パキスタン、そしてナ
イジェリアなどでイスラムを標榜する武装集団によって女学校が焼かれ、女子
生徒が攻撃され、誘拐されている。また、誘拐したヤジディ教徒の少女や女性
に凄惨な性暴力をふるい奴隷市場で売買している IS（イスラム国）は、冊子や
機関誌を通じて奴隷制の正当性を主張している（The Huffington Post 2015）。マ
リエム・ルカスは、男性主導の原理主義は彼らに捏造されたダブルスタンダー
ドであると指摘する。例えば、レイプによる姦淫の罪を免れるため、ムジャヒ
ディン（イスラム自由戦士）はイスラム教シーア派の慣習である「ムトア婚（一
時婚）」を利用した（ルカス 1998：28）。「ムトア婚」は、現在、困窮するシリア
難民女性を標的とした児童婚や買春の正当化に利用されている（NHK BS
2017）。

　国際政治学者のシンシア・エンローは、戦争を家父長制にもとづく巨大な人
的資源動員の体系と捉え、そこにはジェンダーによる人心操作がちりばめられ
ているとした（エンロー 1999：57）。人権活動家の江口昌樹は、その例として、
旧ユーゴスラビア領域の民族主義はそれぞれが家父長制による女性支配を基盤
としており、戦争に市民を動員するために「ジェンダー役割の再分割」を行っ
たと指摘する。その結果、戦争に赴くことは「母なる国と我々の弱い女性を守
る」という「男らしい男」の義務とされた。女性は「産む性」として「ネイショ
ン」の「血統」の守り手であり、「母」として尊敬された。だが、兵士生産の
ために「母性」は管理されねばならない。民族主義の高揚とともにクロアチア、
セルビア、ボスニアでは「純粋な血統者の」出生率引上げを目指す運動が起
こった。それは「民族浄化」の車輪のひとつであった（エンロー 1999：257-258）。
反対に、子どもを産まない女性や、他民族との間に子どもをもうける女性は民
族の潜在的な敵、非国民、ネイション滅亡への協力者とみなされた（江口 2004：
88-89）。旧ユーゴのフェミニストたちは、この状況下において、同性愛者など
セクシュアルマイノリティーが社会から排除されていくことに目を向けたので
ある（古沢 2008：5）。

第Ⅰ部　なぜ平和研究か

3　平和構築は女性の方を向いているのか

　せめぎあっている。そもそも、戦争終結が、敵地に置き去りにされた、ある
いは帰還途中の、あるいは進駐軍と対峙する女性にとって、新たな性暴力の始
まりでしかなく、かつ経済的困窮から性搾取の罠に陥ることもある。また、紛
争後の体制では治安維持と政治的安定が優先され、その中心テーマは権力分有
と恩赦（不処罰）である。武器を持たず、武器を取りそうもない女性は交渉相
手とみなされない。紛争後のジェンダー課題としては、生活の再建と経済的自
立、心身の健康の回復、紛争期の犯罪の処罰、政治参加、DV や宗教的保守反
動への対応があがる。しかし、ひとつとして容易に実現できるものはない。
　例えば、生活の再建といっても、生き残った女性には様々なハードルがある。
そのひとつが夫の資産（土地、家屋）の相続に対する障害である。ルワンダの
場合、妻や娘が夫や父の土地、家屋、銀行口座など財産を相続する権利が成文
化されておらず、生前に夫が指示した場合を除いては、妻の相続が認められて
いなかった。亡き夫や父の年金を受け取る際にも同じ困難が発生した。また、
フツ族女性がツチ族の亡き夫の財産を相続することにツチ族親族が反発した。
1994年の虐殺後、寡婦世帯が３割以上になったという状況に鑑み、1999年の法
制度改革によって女性の遺産相続権は認められた。しかし、現場での適用は別
問題である。その他にも、家屋の再建、収入の確保、職業訓練、子どもの就学
など課題は様々である（Human Rights Watch/Africa 1996）。
　生活の再建には心身が健康であることが必要だが、暴力のトラウマと身体的
損傷と HIV 感染/AIDS 発症は大きな障害となる。そのため、過酷な体験を分
かちあうことや心理療法が必要となるが、実働は民間団体の取り組みに負うと
ころが多い。そこでのアプローチは縦割りではなく統合的である。ルワンダで
は上述の団体、AVEGA が女性や子どものカウンセリングから活動を開始し
て、HIV の検査と治療をも実施するに至っている。クロアチアの「女性戦争
被害者救援センター（CWWV）」は、国籍や民族を問わず暴力の被害者を保護
するシェルター、ローザハウスを開設し、被害者の心身をケアするとともに、

86

論点 5 ジェンダー ジェンダー平等は平和の基礎か

その後の自立支援のために技能訓練を提供した。CWWV では被害者をサバイバーと呼び、彼女たちが難民キャンプに赴き性暴力被害者を支援する行動も生まれた。

　性暴力被害者への支援は多様な分野からのアプローチが必要だが、被害者の名誉回復と再犯防止のため、犯罪が立証され、裁かれるという司法的措置が柱のひとつである。しかし、加害者が国外に逃亡している場合、関係諸国・国際社会に協力体制がなければ、訴追にこぎつけても身柄の拘束と裁判は困難となる。また、政治的判断で紛争中の犯罪行為の処罰が断念されることもある。

　旧ユーゴやルワンダの紛争に関してはアドホックの国際刑事裁判所が設立され、性暴力が犯罪規定され、有罪が下された。しかし、東ティモールでは、国際紛争であるにもかかわらず国際法廷は設置されなかった。東ティモールを24年間軍事占領したインドネシアは自ら設置した特別人権法廷で自国の軍関係者を裁き、全員を無罪にした。この法廷ではレイプでの起訴は一件もなかった。一方、UNTAET（国連東ティモール暫定行政機構）が東ティモールに設置した重大犯罪法廷はインドネシアに逃げた者を裁くことはできなかった。そして独立後東ティモール政府はインドネシアとの関係に配慮して一切の追及を放棄した（古沢 2005：55-57）。一方、アフガニスタンでは、紛争中の戦争犯罪や人道に対する罪を捜査し処罰する枠組自体が構築されなかった。2006年、アフガン政府は、「平和・和解・正義のための行動計画」を発表し、過去の犯罪の真相究明、その文書化、犯罪者の公職追放を掲げたが、カルザイ大統領は1978年〜2001年の重大な人権侵害に関する人権委員会の調査報告書の公表を阻止した。また、2007年、有力な軍閥政治家とその支持者たちは、2007年に国家安定和解法を議会で通過させ、2001年以前の重大人権侵害を犯した個人に恩赦の道を開いた（ヒューマン・ライツ・ウォッチ 2013）。

　不処罰が横行する一方で、紛争下の性暴力によって生まれた子どもの市民権は顧みられない。東ティモールでは、独立後に新たな国民登録制度が発足したが、子どもの登録には父親と母親の結婚証明書が必要である。そのため、インドネシア支配期に駐留したインドネシア軍人の庶子は登録ができず就学もできないという問題が発生した。東ティモールでは市民団体がこの問題を政府に陳

第Ⅰ部　なぜ平和研究か

情し、政府に特別の証明書を発行させるに至った（古沢 2005：57）。

　DV のポストコンフリクト的特徴は、紛争のトラウマや体制の変化によって地位や仕事を失った男性が身近な人間を憤懣のはけ口にすることであり、難民キャンプでも発生する。DV の背景には社会に根をはった女性蔑視があり、紛争後に反 DV 法の議論が始まると強い反発がわき起こる。多くの男性が妻だけは自分が好きに扱える存在だと考えているからである。DV の本質は権力の行使であり、インセストによる暴力（血縁者による性的暴行）を含み、女性の自由を否定する意思である。2009年にアフガニスタンで制定された「女性に対する暴力根絶法」は、殴打、負傷や障害を負わせる行為、強制売春、性暴力、児童婚（法廷婚姻年齢未満の婚姻）、婚姻の強制、バアド（他の家族との紛争を解決するために女児を相手の家に差し出す慣習。婚姻の形をとる）、教育・就業・医療サービスへのアクセス妨害を含む 22 の形態の女性への暴力を禁止し、処罰規定を盛り込んだ画期的法律である。だが、保守的な政治家は同法を「外国由来の反イスラム的法」として強く廃止を求めている（清末 2014：6）。

　紛争後の保守化には様々な背景が潜んでいる。例えば、インドネシアのアチェ紛争では、改革派のワヒド大統領（当時）が保守派の反対によりアチェの独立を問う住民投票実施を断念し、その代わりに、地元から要求されてもいないシャリアの適用を一方的に認めた（遠藤 2007：126-143）。アチェで独立運動を担ってきた GAM（自由アチェ運動）は、2004年のスマトラ沖地震後の和平プロセスに参加し、その後の地方選挙で大勝したが、以後急速に保守化した。アチェではシャリアで人々の行動を取り締まる宗教警察が設置された。宗教警察は明らかに女性を標的としており、服装、バイクの乗り方、夜間通行などを規制し、女性の行動をしばっている（Jakarta Post 6/9/2013）。また、アフガニスタンでは、米英の進駐の過程で、タリバン掃討のために、「敵の敵は味方」とばかりに保守派の軍閥に武器と権力をもたせたという経緯がある。その結果、国連機関と女性団体による女性の人権を伸張する取り組みは、体制と反体制のふたつの保守勢力に挟撃される形になった。

　国連や西欧諸国が支援した平和構築では民主主義の基礎として選挙の実施が重視される。だがクオータ制の採否をめぐっては、公平性や候補者の資質が問

われ反対の声があがる。一方、紛争国の女性団体は概してクオータ制を支持してきた。理由は、政治の世界に新しいプレーヤーを登場させること、参加こそが訓練と成長の機会であると考えるからである（田中 2012：25-29）。そのひとつの成果が各国で女性団体との共闘により成立した「反 DV 法」といえる。

　最後に、「平和構築」の矛盾として、終戦後、あるいは、安全保障の名の下、駐留を続ける外国軍隊による女性の性的搾取及び性暴力の問題を指摘する。歴史家の平井和子は、自国の軍隊用に植民地と占領地の全域で「慰安所」を設置した日本が、敗戦後、本土占領を開始する連合軍に性的慰安施設を提供し、その後も基地周辺等での管理売春を容認したと述べている。米軍による管理売春は占領下の韓国でも実施され、朝鮮戦争が勃発すると、韓国政府は国連軍「慰安所」を設け、韓国軍向けに「軍慰安隊」を組織し、その後も韓国に駐留する米軍専用の売買春地区（「基地村」）をつくった。「基地・軍隊を許さない行動する女たちの会」は、日本の米軍基地の4分の3が集中する沖縄で米兵によるレイプ事件が1945年4月から2010年8月まで少なくとも332件発生し、うち何らかの処罰がされたものは36件のみであることを示している（平井 2014：2-6）。このように、駐留地での兵士の性は容認され続け、女性の性が搾取されている。

　2008年の安保理決議1820は、安全保障問題にジェンダーの視点を反映させるべく採択された2000年の安保理決議1325を継承しつつ、同決議の履行が不十分であり紛争下の性暴力が深刻化している事態を受け、軍事戦略としての性暴力の利用、ジェノサイド罪との関連、性暴力による平和の阻害、そして国連平和維持軍による性的搾取・性暴力問題に踏み込んだ。だが、各国での履行は草の根のアクティビズムにかかっている。紛争終結後に再燃したナショナリズムと闘い、民族を越えて被害者の支援を続けた旧ユーゴの女性活動家たちは、先行開催された「日本軍性奴隷制を裁く女性国際戦犯法廷（2000年）」等40以上の女性による民衆法廷やコンゴ内戦下の性暴力（朝日新聞 2015）に対するキャンペーンに触発されて、2015年5月、セルビアにおいて、紛争下の性暴力を裁く民衆法廷を開いた。その後、「法廷」の勧告を手に被害者救済のための政策実現に奔走し、クロアチア、ボスニア、コソボで紛争による性暴力被害者を救済する法律が成立した。法律制定後の1年間に被害が認定され、雇用を含む

第Ⅰ部　なぜ平和研究か

様々な支援や補償を受けた女性は110名にのぼったという。この法律の画期的な点は、被害者に被害の証明を課すことなく、専門家委員会での証言による認定に委ねたことである（ボリッチ 2016）。

4　ジェンダー平等に落とし穴はあるのか

　Yes である。女性だからといって直面する状況が一様でないことは自明である。女性は人種、民族、階級、宗教、南北関係などに係わる階層秩序の中で生きている。フェミニズムの当初の目標は、各国で女性が男性と同等の政治的権利（参政権）を獲得することであった。その過程においても、中産階級と労働者階級の対立、共産主義との距離、植民地支配への立場、そして、体制が遂行する戦争への協力の是非において女性運動は一枚岩ではなかった。戦後の第二派フェミニズムは改めてその問いと向きあうことになった。

　冷戦下の1975年にメキシコで開催された第1回国連世界女性会議では資本主義国、社会主義国、発展途上国の対立が鮮明となり、テーマの「平等、開発、平和」は、それぞれの陣営の関心を並べたものとなった。フェミニストたちは各陣営・各国代表のポリティックスに巻き込まれ、対立させられた。第三世界のフェミニストは植民地支配の歴史と現代の南北問題に無自覚な先進諸国のフェミニストを攻撃し、第二世界の女性たちは米国の覇権主義と軍拡を非難した。しかし、その経験から、伝統的形態の家父長制のみを非難するのではなく、家父長制は現代では軍事主義や新植民地主義の中に体現されているという認識が生まれた。そして、フェミニズムは、「平等」「開発」「平和」を単体ではなく、その連関を捉え、ジェンダーによる抑圧と南北の経済格差や多国籍企業の行動や抑圧的体制や大国の軍事的支配（代理戦争と独裁政権の容認）の共謀関係に切込むという新たな挑戦に乗り出した（リアドン 1988：106-108）。

　1980年代になると、ポストコロニアリズム批評やサバルタン・スタディーズが植民地主義と性差別の親和性を照射した。岡真理は「伝統や因習の犠牲となる女性への共感の中には植民地主義の論理が見られる」と警告を発している。岡は、FGM（女性性器切除）廃絶を目指すアフリカの女性たちが、FGM 廃絶

90

を唱道する西欧の女性たちに向けて発した非難に注目した。

　「性器切除を無知、反啓蒙主義、搾取、貧困等のコンテクストに位置づけることなく、また、このような状況を永続化させる構造的、社会的関係を問うことなく、性器切除と闘うことは、〈白昼に太陽を見まいとする〉に等しい。これは、しかしながら、多くの西洋人がとっているアプローチであり、極めて疑わしいものである。なぜなら、西洋の者たちが、アフリカの人々、女性たちの搾取から直接的、間接的に、利益を得ているからである。（AAWORD［研究と発展のためのアフリカ女性協会1980年］がコペンハーゲンで開催された国連世界女性会議へ発出した声明）」（岡　2000：166）

　9・11後、タリバンによる女性の抑圧に反対する米国のフェミニストたちが一般市民を巻き添えにするアフガン攻撃をめぐって立場が分かれたように、このバトルはいまだに続いている。一方、途上国の債務危機の原因と IMF による構造調整政策の社会的影響を解明する過程で、グローバルな金融体制が女性に与える影響への研究も始まった。

　ジェンダーを非対称で序列的な分岐線と規定したクリスチーヌ・デルフィは、ジェンダー平等の陥穽について以下のように語った。「ジェンダーの問題提起の中で、男性を定義するなら、男性は、まずなによりも支配者である。彼らに似ることは支配者になることだ」と（デルフィ　1998：59）。女性（を含めてマイノリティー）が自己の状況を改善しようと動くとき、機会の拡大や地位の向上と引き換えに体制や権力側から忠誠を要求されることが多々ある。その結果、戦争や紛争においてエスニックやナショナルなアイデンティティに従って戦争の遂行や暴力行為に積極的に加担したり、「男性なみの企業戦士」となったり、「男性なみに軍隊に参加する」ことを選択したりするのである。

　ジェノサイド後に多くのジェンダー課題を抱えたルワンダでは2003年に女性議員クオータ制が憲法に導入され、女性の飛躍的政治進出が実現した。しかし、女性の国会議員はすべて与党ルワンダ愛国戦線（RPF）から推薦を受けた者であり、同じ女性でも現政権の批判者は弾圧を受けている。例えば、野党 FDU 党のインガビレ党首は2010年の大統領選挙に出馬するために亡命先のオランダから帰国すると「ジェノサイド・イデオロギー法」違反とテロ共謀容疑によって長期間拘留された。彼女の主張は、ツチとフツの両方を虐殺の被害者

第Ⅰ部　なぜ平和研究か

として認めること、真実を語ることによる和解、そして多党制の導入である。ルワンダでは他の野党メンバー、ジャーナリスト、人権活動家や NGO も RPF を批判すると標的にされる。600万〜1000万人の犠牲者を出した2回のコンゴ戦争は、ルワンダ軍の侵攻で始まった。その目的は、当初はコンゴに逃亡した虐殺の首謀者から国土を防衛することだったが、途中でコンゴの天然資源を奪うことに変質した。この戦争への批判もタブーである（米川 2012：30-33）。

　インドの零細経済部門で働く女性たちを組織した SEWA（自営女性協会）の創始者であるイラ・バットは、参画の意味について「私たちはただパイの一切れが欲しいのではなく、その味も選びたいし、その作り方も知りたい」と語った（Rose 1993）。社会学者の上野千鶴子は、「フェミニズムはたんに国家が占有し国民に恣意的に与えてきた市民的諸権利（義務を含む）の分配平等を要求する思想ではない」と強調する（上野 2006：70）。では、フェミニストはどんなパイをどんな方法で作りたいのか。フェミニズムは何を目指すのか。

5　フェミニズムが切り拓く平和は存在するのか

　Yes である。ジュディス・バトラーは、『生のあやうさ——哀悼と暴力の政治学』（2007）において、主体性の占有を放棄し、否応なく対峙させられる他者の「顔」をみつめ、他者へ「応答する責任」について語っている。フェミニズムの真骨頂は、家庭やコミュニティーや職場で、また、戦争や軍隊や民族解放闘争で、あるいは学生運動で、そして研究において、営々と繰り返されてきた自己と他者への洞察であり、境界を越えて応答しようとする努力である。そこはオーラル・ヒストリーの宝庫であり、人間の知性と共感が息づいている。

　松野明久は「〈語り〉を聞くということは、過去の出来事をそれとして〈知る〉ことではなく、それとともに生きている人のそのときの姿を受けとめることである」と語っている。「受けとめる」とは、究極的には聞き手の生き方も変わってしまうかもしれないということである（松野 2006：193）。最後に、無数の応答関係から数例を紹介する。

　最初は、前述した9・30事件の例である。インドネシア人女性研究者、スカ

論点 5 ジェンダー　ジェンダー平等は平和の基礎か

ルティニンシは、まずサスキア・ウィリンハ等のゲルワニに関する先行研究に触れる。しかし、そうした研究書では「自分に染みついたイメージをぬぐい去ることはできなかった」と述べている。そして、「おそるおそる始めたサバイバーからの聞き取り」によって自分がどう変わったかを語っている。彼女による聞き取りの記録は圧巻である。彼女はゲルワニのサバイバーたちと接することでスハルト体制がねじ曲げてきたゲルワニメンバーの実像に触れることになる。彼女たちのインドネシア独立闘争への貢献、新しい国で男女平等を目指して伸びやかに取り組まれた活動、投獄生活での辛苦、体制によって洗脳された子どもたちから疎まれるつらさ、そして老いてなお正義を求める情熱が聞き手にしみ込んでいく。そうして「魔女」は「人」となり、「聞き手」はともに闘う仲間になっていった（スカルティニンシ 2006：117-155）。

　次の例は、1981年に那覇市の自治会館で開催された「戦争を許さない女たちの集い」で沖縄に連れてこられた朝鮮人慰安婦について発言した久貝吉子の経験である。久貝は日本軍の敗色が濃くなった1944年、宮古の高等女学校を卒業して師団司令部に軍属として勤めることになった。彼女は自分も軍で働きたいと職業訓練所に手紙を書くほどの軍国少女であった。しかし、彼女が抱いていた軍隊のイメージはすぐに覆された。まず、上官と下士官の食べものが極端に違うことを知った。地主である父は村人の食糧を確保するために工夫して作物を植えさせたが、軍は戦車壕を掘るため田畑を破壊した。抗議した父に部隊長は軍刀を抜いた。勤めた陸軍の野戦病院では重傷の患者を生きているうちに庭に放り出していた。

　叔母の疎開先に身を寄せると、向かい側に大きな平屋があり「慰安所」として使われていた。そこで働く女性は「朝鮮ピー」と呼ばれていた。彼女たちは叔母の家に遊びにくるようになり、叔母も彼女たちに食事をふるまったりして、次第に親しくなっていった。片言の日本語で話すうちに彼女たちがだまされて連れてこられたことがわかった。彼女たちが相手にするのは一般の兵士で、将校は日本人の女性が相手をした。久貝に朝鮮風のブラウスをくれたきれいなお姉さんたちは、気がふれてしまったり、自殺を試みたり、自殺を遂げたりで、一人、二人と消えていった。久貝は彼女たちが自分たちの防波堤になっ

93

第 I 部　なぜ平和研究か

てくれたのだと思っている。なぜなら、久貝自身が部隊長の愛人になれと迫られたことがあったからである。彼女はその部隊長から逃れるために最初の縁談に飛びついて叔母のもとを去った。そのため、朝鮮から来た女性たちの行く末を見届けることができなかった。久貝は、自分たちが被害者だけでなく加害者でもあったことを伝えていきたいと思っている（川名 1982：106-214）。

　三つ目は、つながれなかった女たちの話である。呼びかけられたのは蓮見喜久子元外務省事務官、1972年の沖縄返還交渉密約漏洩事件の当事者である。呼びかけたのは、須賀晶子（松井やよりの仮名）、谷民子、増田れい子、五島昌子など「蓮見さんのことを考える女性の会」のメンバーである。蓮見は、主体的に内部告発を選び取った人ではないとされている。国家公務員法違反を問われた起訴状の中で取材記者との性的関係を暴露され、その後の裁判では体制側から協力を強要され、情報源秘匿を反古にされた被害者として取材記者と対峙していった。本件を題材にした山崎豊子の小説『運命の人』が2012年にドラマ化された際には、「女性の会」は蓮見の真情をつかめない哀れな存在として描かれた。しかし、当時の会報からは、右からも左からも叩かれた蓮見のことを自分自身の問題として応答し、彼女への非難に反論し、そのことによって攻撃されながらも、彼女の人権を守ろうとした誠意が伝わってくる。「女性たちの会」は蓮見の人権を訴えながら、重大な国家的隠蔽を個人的スキャンダルにすり替えようとする体制の暴力に抗議し続けた（蓮見さんのことを考える女性の会 1972）。しかし、蓮見が彼女たちに対し語ることはついになかった。

　境界を越えようとする闘いは様々な戦線に対峙し、様々な戦略を試みてきた。「女性は生来的に平和的な存在か」という問いは無意味である。女性も男性なみに残酷で暴力的になれることは様々な状況ですでに証明されてきた。だが、女性たちは「母性」や共通のニーズを押し立てて、圧政や核軍事化や環境破壊に対抗する戦略に打って出てきた。それはイデオロギーや階級を超えて女性が団結し、そのメッセージを広く社会に浸透させる可能性を拓く。また、原理主義勢力が猛威をふるう地域では「安全策」として採用されることもある（ブディアンタ 2001：111）。しかし、逆に母性主義がエスニックナショナリズムに絡め取られれば、女性たちは敵を倒すために息子を戦場に送り、慰問袋を作

94

論点5 ジェンダー ｜ ジェンダー平等は平和の基礎か

る。旧ユーゴのウィメン・イン・ブラックはそうした女性たちと袂を分かち、レズビアンたちと連帯するという決断を下したのである。

一方、ジェンダーという分岐線のむこう側にいる者の解明も取り組まれている。むこう側にあるのは「主流派」の「男性的」世界である。1990年代になると「男性学」が登場し、「女性学を経由した男性の自己省察（上野千鶴子）」が始まった。男性にとってのジェンダーの縛りは、女性を抑圧する際にも、自らのありようを規定する際にも作用する。例えば、国連暫定行政下の東ティモールでは「暴力に反対する男性たちの会」が組織され、DV に関するピアカウンセリングや村の男性への啓発が始まった。きっかけは、急激な体制変化に適応を迫られた男性たちがその心的揺らぎを仲間内で語りあったことだった。

また、学際的研究による男性の性暴力行動の掘り下げも行われている。かつて、橋下徹元大阪市長は沖縄で多発する米軍性犯罪に対して風俗店の活用を提案したが、歴史家の田中利幸は反対に、沖縄で風俗店を利用する米軍兵士や「慰安所」を利用した日本軍兵士に関して、日常的に買春を行っている男性は、女性に対して差別的・暴力的になると主張する。理由は、買春では、金を払うという行為によって、買った商品をどう扱おうと買った方の自由であり、商品がどのように調達されたかは買った方の責任ではなく知る必要もない、という意識にさせるからである。日本の男たちは朝鮮人売春婦を「朝鮮ピー」と呼び、進駐軍の兵士は日本人売春婦たちを「共同便所」と呼んではばからなかった（田中 2008：98-101）。

同様に、開発協力の領域では「開発と女性（Women in Development）」から「ジェンダーと開発」へパラダイムシフトが起こった。ジェンダーに焦点をあてることは、「女」という範疇だけでなく、男との関係で女を見ることであり、これらの範疇間の社会関係が作られるその作られ方をも見ていくことである（モーザ 1996：2-3）。その結果、具体的な方法論としては男女共同参画のための男性への啓発、男性との対話が取り組まれている。そこで浮かび上がってきたのは大多数の男性もまた情報と意思決定から排除されていたという事実である。女性の参画を推進していく過程で、不利な立場に置かれた男性たちのニーズも認識された。キャロライン・モーザはフェミニズムのエンパワーメント概

第Ⅰ部　なぜ平和研究か

念で提唱された「力」とは、他者に対する支配ではなく、自立や内なる力を高めるための能力を意味すると述べている（モーザ 1996：110)。

6　おわりに

　フェミニズムを、絶えざる自己省察と自己変革の道程、あらゆる境界線に橋をかける投機であると捉えるなら、ジェンダー平等とその基盤になるフェミニズムの思想及び実践は平和の基礎であると結論する。上野千鶴子はジェンダーフリーとは差異のない社会ではなく、多様な差異が抑圧的な意味づけをともなわずに共存できるあり方と提示した（上野 2002：6)。

　平和があらゆる暴力を廃絶していく道のりであるならば、人が耳を塞ぎ、心を閉ざし、背を向け合うポストトゥルースの今こそ、私たちはフェミストの心を持ってあらゆる分断と闘わねばならない。リアドンは、かつてベトナム反戦運動において平和運動が女性運動に連帯を求めた際、女性運動は「それがベトナム女性への性暴力と買春の問題を扱うのなら」と要求して一蹴されたと言う（リアドン 1988：122-123)。「大義」「正義」の占有は平和の対極にある行為である。

〔参考文献〕
朝日新聞（2015, 11, 19)「無差別性暴力 内戦の闇 コンゴ民主共和国 救済進まず」
雨宮処凜（2012)「余白にひそむ女性の貧困」『現代思想』2012年11月号、91-97頁
アレン，ベヴェリー（2001)『ユーゴスラヴィア民族浄化のためのレイプ』鳥居千代
　　香訳、柘植書房新社
上野千鶴子（2002)「ジェンダー研究への誘い」『ジェンダーがわかる』AERA Mook、
　　朝日新聞社、4-8頁
──（2006)『生き延びるための思想──ジェンダー平等の罠』岩波書店
江口昌樹（2004)『ナショナリズムを越えて──旧ユーゴスラビア紛争下におけるフェ
　　ミニスト NGO の経験から』現代書館
NHK BS1 スペシャル（2017)「偽りの結婚──追いつめられるシリア難民女性」（2017
　　年 6 月11日）
遠藤聡（2007)「インドネシアにおけるアチェ和平プロセス──アチェ統治法を中心

に」『外国の立法』232号、126-143頁

エンロー，シンシア（1999）『戦争の翌朝——ポスト冷戦時代をジェンダーで読む』池田悦子訳、緑風出版

岡真理（2000）『彼女の「正しい」名前とは何か』青土社

川名紀美（1982）『女も戦争を担った』冬樹社

清末愛砂（2014）「女性に対する暴力根絶法のその後」『Zindabad Democracy（民主主義）』19号（RAWA と連帯する会）、6-7頁

後藤健二（2008）『ルワンダの祈り——内戦を生きのびた家族の物語』汐文社

スカルティニンシ，ジョセファ（2006）「女が政治囚になったとき」大阪外国語大学グローバル・ダイアログ研究会『痛みと怒り——圧政を生き抜いた女性たちのオーラル・ヒストリー』明石書店、117-153頁

セン，アマルティア（1991）「一億人以上の女たちの生命が喪われている」川本隆史訳、『みすず』1991年10月号、2-19頁

竹中千春（2006）「平和構築とジェンダー」大芝亮・藤原帰一・山田哲也編『平和政策』有斐閣、305-332頁

田中利幸（2008）「国家と戦時性暴力と男性性——「慰安婦制度」を手がかりに」宮地尚子編著『性的支配と歴史——植民地主義から民族浄化まで』大月書店

田中雅子（2012）「草の根の女性を議会に送り出したネパール民主化の20年」『女たちの21世紀』70号（アジア女性資料センター）、25-29頁

デルフィ，クリスティーヌ（1998）「ジェンダーについて考える——何が問題なのか」棚沢直子編『女たちのフランス思想』頸草書房

蓮見さんのことを考える女性の会（1972）『記録　蓮見さんをなぜ裁くのか——沖縄密約電報事件をめぐって』（松井やより氏を偲ぶ会にて谷民子氏よりご提供）

バトラー，ジュディス（1999）『ジェンダー・トラブル〜フェミニズムとアイデンティティの撹乱』竹村和子訳、青土社

——（2007）『生のあやうさ——哀悼と暴力の政治学』本橋哲也訳、以文社

ヒューマン・ライツ・ウォッチ（2013年12月1日）「アフガニスタン：ICC 検察官が戦争犯罪・人道に対する罪を認定」（https://www.hrw.org/ja/news/2013/12/01/252006, last visited 19 September 2016）

平井和子（2014）『日本占領とジェンダー——米軍・売買春と日本女性たち』有志舎

ブディアンタ，メラニ（2001）「〈暴力の文化〉と〈文化の暴力〉——変革の主体としての女性」古沢希代子訳『恵泉女学園大学大学院開設記念国際シンポジウム　アジアにおけるジェンダー研究の最前線』、113-116頁

古沢希代子（2005）「東ティモール——平和構築下で崩壊するジェンダージャスティス」『女たちの21世紀』61号（アジア女性資料センター）、55-57頁

――（2008）「日本平和学会2008年度春季研究大会 開催校企画報告：ジェノサイドとセクシズム――ジェノサイドにおけるジェンダー性の究明」『日本平和学会ニューズレター』18巻2号、3-5頁

ホリッチ・ラダ氏（CWWV 創設者, European Women's Lobby 副代表）の講演（2016年8月14日「日本軍「慰安婦」メモリアル・デー：「慰安婦」被害者が切りひらいた地平〜旧ユーゴの活動家を招いて」主催：戦時性暴力問題連絡協議会、日本軍「慰安婦」問題解決全国行動）（https://www.youtube.com/watch?v=JL0RxyKgRpA, last visited 28 May 2018）

松野明久（2006）「淫らで残忍な女たち――インドネシア新秩序の反ゲルワニ・プロパガンダ」大阪外国語大学グローバル・ダイアログ研究会『痛みと怒り――圧政を生き抜いた女性たちのオーラル・ヒストリー』明石書店、97-116頁

モーザ, キャロライン（1996）『ジェンダー・開発・NGO――私たち自身のエンパワーメント』久保田賢一・久保田真弓訳、新評論

米川正子（2012）「ルワンダは女性の参画のサクセスストーリーか？」『女たちの21世紀』70号（アジア女性資料センター）、30-34頁

リアドン, ベティ（1988）『性差別主義と戦争システム』山下史訳、勁草書房

ルカス, マリエム・エリー（1998）「原理主義と女性殺害」『「戦争と女性への暴力」国際会議資料集 第2巻』アジア女性資料センター編集・発行、21-32頁

Human Rights Watch/Africa, Human Rights Watch Women's Rights Project, International Federation of Leagues of Human Rights (1996) *Shattered Lives – Sexual Violence during the Rwandan Genocide and its Aftermath.*

Is 'Talibanization' Taking Root in Aceh?, Jakarta Post, June 9, 2013.

Rose, Kalima （1993） *Where Women are Leaders, The Sewa Movement in India,* Atlantic Highlands, N. J.: Zed Books.

The Huffington Post（2015, 6, 11）「IS（イスラム国）の凄惨な性暴力の実態 少女をタバコ1箱の値段で性奴隷に」（https://www.huffingtonpost.jp/2015/06/11/isis-sex-slaves-un_n_7565910.html, last visited 20 November 2015）

UNDPI （1996） Fourth World conference on Women, Beijing, China, 4-15 September 1995, *Platform for Action and the Beijing Declaration.*

第 II 部
平和創造の主体と手法

論点 6 　国 　連

国連は普遍的平和を目指せるか

山田　哲也

　国際連合（国連）は、2015年に創設70周年を迎えた。「国際の平和と安全を維持すること」（国連憲章1条1項）を最大の使命とする国連が、この70年の間、この目的を達成してきたといえるだろうか。「国連の存在理由はグローバル・ガバナンスにおいて重要な役割を果たすこと」（内田 2002：11）という言明も安易だが、かといって「国連は、現在までのところは徒労に終わっているが、時代のニーズに応える政治的なレゾンデートルを求めている」（マゾワー 2015b：29）と切り捨ててしまってもよいのだろうか。国連の使命とその達成度をどのように評価するかは、極めて難しい問題である。本章では、限られた紙幅の中で、国連の存在意義を考えるにあたっての重要な論点に絞って、検討することにしたい。

1　国連と平和は1つずつか？

　そもそも国連とは何なのだろうか。「国連は平和を実現しているか」という問いを考える上で、そもそも国連とは何か、その国連が目指す平和とは何か、ということを考えておきたい。
　まず国連は集団安全保障システムとして、加盟国に広範な武力不行使義務を課し（2条4項）、それに対する違反などが発生した場合には、安全保障理事会（安保理）が非軍事的・軍事的措置をとることを決定し（39、41、42条など）、それを全加盟国が義務として実施する（25条）。もし、安保理の決定に基づく義務と、加盟国が条約などを通じて負う義務が衝突する場合は、国連憲章に基づ

第Ⅱ部　平和創造の主体と手法

く義務が優先する（103条）ほど、国連には強い権限が与えられている。

　その一方で、（渡辺・土山 2001：182）に示されるように、国連が達成しよう
とする平和は、平和学（平和研究）の術語にいう、消極的平和（戦争の不在）の
みならず、国民福祉の増進や個人の尊厳の確保といった積極的平和も含まれ、
その内実は時代を追うにつれて拡大している。近年の流行語である「人間の安
全保障」や2015年8月に策定された「持続可能な開発目標（SDGs）」の実現も
国連の目標であると考えるのが妥当だろう。

　仮に集団安全保障システムとしての国連が、十分な消極的平和を達成してい
ないとしても、積極的平和の分野で顕著な成功を収めているとするなら、国連
は世界平和を達成していると一応は結論できるといえよう。しかし、積極的平
和についても十分ではない、ということになれば、まさにマゾワーのいうよう
に国連はその存在意義を疑われることになる。この国連の捉え難さはどこから
来るのだろうか。

（1）国連はどのように平和の達成を目指したか

　定義上、集団安全保障システムは戦争を抑止し、戦争違法化というルールに
違反した国に集団で制裁を科すものであるから、国連は平和の達成を目指して
いる。ただし、国連は第二次世界大戦のさなか——しかも、アメリカの参戦前
——から設立に向けて構想されていたことは想起されてよい。（細谷 2011）な
どが明らかにするように、国連には、第二次世界大戦における連合国の枠組み
を通じて、アメリカの参戦を促し、日本などの枢軸国陣営に勝利し、さらに戦
後世界の覇権をいかに確保するか、という極めて現実的な発想が根底にある。
1945年2月にクリミアのヤルタで開催されたアメリカ、イギリスおよびソビエ
ト連邦（ソ連）のヤルタ会談では、安保理における常任理事国のいわゆる「拒
否権」について3カ国の合意が達成された、国連設立史上、重要な会談であっ
たが、同時にソ連の対日参戦や北方領土問題について密約が交わされた場でも
あった。

　国連憲章前文は、「われら連合国の人民は、われらの一生のうちに二度まで
言語に絶する悲哀を人類に与えた戦争の惨害から将来の世代を救い」で始ま

論点6｜国　連｜国連は普遍的平和を目指せるか

る。ここからも明らかなように、国連は三度目の世界規模での大戦を回避することが最大の目的であり、それを米英ソと、中国とフランスを加えた五カ国が中心となって達成しようとする体制を本質としていた。世界大戦の戦勝国が中心となった平和構想は、国際連盟とその理事会と系譜的につながるものであるが、国際連盟理事会との違いは、①理事会の決定が多数決で行われること、②その中でも常任理事国のみに「拒否権」を認めることにより、非常任理事国に対し優越的な地位を与えたこと、③安保理の決定が全加盟国を法的に拘束し、その遵守を義務付けたこと、さらに④いわゆる「（憲章上の）国連軍」を編制し、安保理が自身の決定を軍事的に自ら実現することを目指したこと、という意味で、より強力あるいは強制的に平和を実現しようとしたのであり、国連は安保理を中核に安全保障機能を中心に構築された制度という側面を持っているのである（最上 2006：69-70）。

（2）消極的平和だけが国連の目指す平和か

　国連憲章1条2項は「人民の同権及び自決の原則の尊重に基礎をおく諸国間の友好関係を発展させること並びに世界平和を強化するために他の適当な措置をとること」、また、同3項は「経済的、社会的、文化的または人道的性質を有する国際問題を解決することについて、並びに人種、性、言語または宗教による差別なくすべての者のために人権及び基本的自由を尊重するように助長奨励することについて、国際協力を達成すること」を国連の目的として規定している。そして4項は「これらの共通の目的の達成に当って諸国の行動を調和するための中心になること」と述べている。これらからも明らかなように、国連は集団安全保障システムとして消極的平和を目指すのみならず、積極的平和の実現をも目的として掲げていることは疑いがない。その意味で、国連が目指す平和はもともと複数、あるいは、多様に存在する、ということになる。

　しかし、たとえば、これらの条文の解釈上、自決が本当にすべての植民地の独立を意味するのか、とか、具体的な人権・基本的自由の中身は何かについて詳細な内容は明らかではない。冒頭にも記したとおり、国連は積極的平和の分野でも活動することを期待されてはいたが、その具体的内容は国連設立後の実

103

第Ⅱ部　平和創造の主体と手法

行の蓄積に委ねられることになった。

　そもそも国際機構を通じた積極的平和の追求は、国連で始まったことではない。19世紀以降の行政面（交通通信、保健衛生、産業・科学、反奴隷貿易など限定された分野の人権）での国際協力の進展を通じ、第一次世界大戦後に設立された国際連盟は、国際連盟規約23条で人道的、社会的および経済的な分野での国際協力を進展させることが期待された。国際連盟を通じた集団安全保障が不十分なものであったことは周知の事実であるが（篠原 2010：104-116）、国際連盟事務局を通じて戦争の防止という国際連盟の理念を各国の国民に啓蒙することを目的とした広報活動や、アヘンの取締りを含む保健衛生分野などでは一定の成果が見られた（篠原 2010：237-250；安田 2014）。特に、1939年には「経済社会中央委員会」の設置を提案するブルース委員会報告が採択され、積極的平和分野での国際連盟の強化が目指された。しかし不運なことに、1939年とはイギリスとフランスがドイツに宣戦布告を行った、つまり第二次世界大戦が始まった年であって、報告書の採択は「時すでに遅し」というものであった。したがって、具体的な内容はともかく、第二次世界大戦後の国際社会が、国連を中心として積極的平和の実現を目指そうとしたことは紛れもない事実であり、国連の設立交渉と並行して、あるいは、初期の国連の会議を通じて経済社会分野での国際協力を目指す国際機構が相次いで設立され、国連ファミリーとか国連システムと呼ばれる国際協力体制が築き上げられていったのである。

　国連が消極的平和のみならず積極的平和の実現を目指して設立されたということは、国連の目指す平和が単数形ではないということである。ただ、国際連盟で実現できなかったものを、国連システムで実現しようとした、とだけ記すことは、歴史をやや単純化するとともに、国連システムの評価に進歩主義史観を導入してしまうことになろう。前述した文献や（スガナミ 1994：146-151）などが明らかにするように、第二次世界大戦後の秩序構想は、大国の政治的思惑と、国際連盟事務局に関わっていた国際的官僚、さらには各種の政策提言とが相互に影響を及ぼしながら形成されていったものである。これらを丹念に跡付けることは、今日の国連に対する評価軸を設定する上でも重要な研究課題なのである。

論点 6 国 連 国連は普遍的平和を目指せるか

（3）「国連は（が）」という語りは正しいか

　国連には、憲章上、総会、安全保障理事会、経済社会理事会、事務局、国際司法裁判所に加え、1994年以降は活動を休止している信託統治理事会という6つの主要機関（principal organs）が存在する。そして、総会には各種委員会に加え、日本でも比較的有名なものとして、国連難民高等弁務官事務所（UNHCR）、国連開発計画（UNDP）や国連大学（UNU）といった補助機関が存在する。また、安保理にも安全保障関連の下部委員会や平和維持活動（PKO）があるし、経済社会理事会にも各種の委員会があり、その一部は地域経済委員会として各大陸に点在している。事務局が国際的な官僚組織としてさまざまな部局が設けられていることはいうまでもない（なお、国連の組織図については各種の『条約集』に収められているが、インターネットから入手できるものとして国連広報局のウェブサイト〔http://www.un.org/en/aboutun/structure/pdfs/UN_System_Chart_30June2015.pdf, last visited 9 February 2018〕がある）。

　これらからも明らかなように、国連は多様で多面的なのであり、本章のタイトルのように国連を総体として捉え、その意義を問うこともできれば、国連内部の特定の組織の活動に限定して検討することも可能である。その意味で、国連は捉え難い。また、「国連が決めた」という場合でも、決めた主体が加盟国によって構成される安保理なのか、総会なのか、加盟国から独立した国際公務員から構成される事務局なのか、さらには、UNHCRなどの補助機関が活動現場で何かを決定したのか、によっても全く意味合いは異なってくる。さらに、安保理や総会の場合、決定した（decides）のか勧告した（recommends）のかによっても、その重み（特に、法的に加盟国を拘束するのか否か）は大きく異なる。

　したがって、「国連は（が）」という語りでは、それが、どこを、誰を、何について語っているのかを見極めることが必要である。その意味で、国連が目指す平和も、平和を目指す国連も多様であり、複数であるということを心に留めなければならないのである。その関連で、オクスフォード大学で国際法教授を務めたJ. L. ブライアリーが、1946年に行った「〔国際連盟〕規約と〔国連〕憲章（The Covenant and the Charter）」という講演に出てくるエピソードに触れておきたい。ブライアリーは、初期の国際連盟の会議に出席した国会議員が

105

第Ⅱ部　平和創造の主体と手法

「国際連盟は『それ（it）』ではなく『彼ら（they）』だ」と感じたことに「まったく同感である」と述べ、「国際連盟が組織体として為し得ることはほとんどなかった」と評した（Brierly 1947 : 7）。国連については、憲章は国連が組織体だという前提で規定され、総会や安保理などの会議体は多数決制を採用しており、全会一致制であった国際連盟の総会や理事会に比べれば、it としての性格が強い。

　この「それ」と「彼ら」をめぐる問題は、国際連盟と国連の理念の差の問題だけではない。国際連盟規約においては７条４項において「聯盟国代表者及聯盟職員ハ、聯盟ノ事務ニ従事スル間、外交官ノ特権及免除ヲ享有ス」と規定したのに対し、国連憲章では105条２項で「国際連合加盟国の代表者及びこの機構の職員は、この機構に関連する自己の任務を独立に遂行するために必要な特権及び免除を享有する」と規定するとともに、「国際連合の特権及び免除に関する条約（国連特権免除条約）」を作成し、「加盟国の代表者」については第４条で具体的な内容を規定している。すなわち、国連の会議に参加する加盟国の代表者は、出身国を代表する外交使節ではなく、国連の目的を達成するための国連の構成要素として振る舞うことを（少なくとも特権免除に関する限り）期待されているという意味で、国際連盟時代以上に「それ」としての立場を期待されているのである。

　それでもなお、常任理事国に与えられた「拒否権」は、五大国に「彼ら（they）」として振る舞うことを許容しているといわざるを得ない。また、国連加盟国には、地域ごと、あるいは、利害ごとにさまざまなグループが公式・非公式に形成されている（たとえば、安保理改革を目指す日本を含む「G4」とそれに後ろ向きないわゆる「コーヒー・グループ」はその代表例であろう）。そのように考えれば、国連は理念を共有する「それ（it）」であると同時に、さまざまな「彼ら（they）」を抱えた多面的な組織体である。上述した内部機関の多様性とあわせて考えても、単純に「国連は（が）」と語ることは、国連の実像を過度に単純化させるものであって、冒頭にも記したような単純な楽観主義か悲観主義に陥ることにつながるのである。

106

論点6 | 国　連 | 国連は普遍的平和を目指せるか

2　国連の存在は「正しい」か

　前節では、第二次世界大戦前後の大国間関係を中心に国連設立史を略述した
上で、国連と国連の目指す平和の多面性、あるいは国連の捉え難さを検討した。
では、そもそも国連が存在すること、より一般的には国際機構を通じて複数形
の平和の達成を目指すことは「正しい」のだろうか。このことは、国連に限ら
ず、今日の国際社会に多数の国際機構が存在することの意義にも関わる論点で
ある。

（1）平和のためには「連邦」を目指すべきではないのか

　国連は、憲章2条1項にある通り、「すべての加盟国の主権平等の原則に基
礎」を置いており、主権国家体制に基づいている、というより、国家が主権を
有していることを前提とした体制である。前述した国連の安全保障体制の下、
安保理の決定が全加盟国にとって法的拘束力を有するとはいえ、それは、主権
国家が国連の加盟にあたって、そのような安保理の権限を自らの主権的な判断
で認めたものであって、根本において国家の主権性に変更が加えられたわけで
はない。歴史を振り返っても、国家が主権の発動によって戦争を起こす（平和
を乱す）というのであるから、主権を否定することで戦争は回避される（平和
は確保される）、という論理に立った平和構想が繰り返し主張されてきた。そこ
から考えても、国家主権をそのままにしたままでは、いかに安保理に強力な権
限を与えようと、国連そのものが軍事力を行使する体制を整えようと、平和は
達成されないのではないか。そして、現にいわゆる「国連軍」の編制には失敗
したではないか。

　このような考えに立つと、戦争を回避するための手段としては、世界規模あ
るいは地域のレベルにおける「連邦（federation）」や「国家連合（union）」の形
成が処方箋になるということになる。このような考え方の歴史は、近代主権国
家体制の形成史とともに存在し続けている。ここでは詳細には立ち入らない
が、17世紀末から18世紀末にかけて、アッベ・ドゥ・サン・ピエールからイマ

第Ⅱ部　平和創造の主体と手法

ニュエル・カントにかけての平和構想がそれにあたる（最上 2016：23-25）。そ
れぞれの構想が、どの程度の強度で主権を制限しようとしたかには差異がある
が、いずれの構想も、「ヨーロッパ世界を統合することによって平和的秩序を
もたらそうとするものであり、各君主国が維持されることを前提にし、君主た
ちに自覚を促して連盟組織をつくることで平和が達成されるとするものであっ
た。諸国家内部の構造より、諸国家によって構成されるヨーロッパ世界の統合
こそが平和の条件とされたのである」（小林 2002：26）。しかし、この時期のヨー
ロッパに出現したのは、大国を中心とした「会議における外交協議によって国
家間の紛争を解決しようとする新しい外交方法」（細谷 2007：71）としての
「ヨーロッパ協調（Concert of Europe）であり、それが19世紀後半までの秩序維
持方式であった。

　一方で、連邦主義的平和構想は、20世紀初頭のアメリカやヨーロッパでも改
めて盛んになる。たとえば、1910年には「世界連邦連盟（World Federation Lea-
gue)」の結成へと連なる運動がアメリカ国内で展開されるし（三牧 2014：
68-74)、ヨーロッパにおいては、クーデンホーフ・カレルギやブリアンを中心
にヨーロッパ連邦（合衆国）の構想が相次いで発表された（遠藤 2008a：66-69ほ
か）。これらの構想の一部は、第二次世界大戦後のヨーロッパ統合で部分的に
実現した点もあるが、世界規模で登場したのは、主権国家平等を基礎にした国
連とその専門機関（政府間の協定によって設けられた、経済的、社会的、文化的、教
育的及び保健的分野などで広い国際的責任を有する国際機構で、国連憲章63条の規定に
従って国連と連携協定を結んでいるものの総称）などの国際機構であって、それら
は連邦的なものではない。

　では、なぜ連邦構想は実現しなかったのだろうか。単純な答えとしては、主
権国家が自らの主権を連邦政府に移譲することを望まなかったからだ、という
ことがある。このように記してしまうと、主権国家の傲慢さが連邦を構想した
知識人の叡智を蹴散らしたように見えるが、逆に同時代の知識人の中にも連邦
構想に懐疑的であった層が存在し、異なった視角や手法での平和の確保を模索
していたことを指摘しなければならない（予め断わっておくが、彼らが「傲慢な主
権国家」の擁護者だったわけではない）。

論点 6 国 連 国連は普遍的平和を目指せるか

その一例が、ハンガリー生まれのユダヤ人だったデイヴィド・ミトラニーである。彼は1943年に *A Working Peace System* という小冊子を刊行し、その中で、地域的な連邦は他地域のそれと対抗関係に立つので、連邦を作ることが平和につながることにはつながらないとして、（主としてヨーロッパを単位とした）連邦構想に否定的見解を示したのである（Mitrany 1943：12）。連邦主義に替えてミトラニーが提唱した思考は、一般的に「機能主義（functionalism）」と呼ばれる。これは、政策分野（機能）ごとの協力のための国際組織を形成し、そこに権限を委譲することで国際的な問題の解決を目指すという発想であり（城山 2013：25-27；遠藤 2008a：58）、戦争の防止（集団安全保障）よりも行政的技術的国際機構（特に国連の専門機関）の設立と親和的な議論であるが、これはミトラニーが連邦構想はもとより、（連邦構想が出現するに至った契機としての）国際連盟体制に対しても、「連盟の失敗は、国際問題を学ぶ者が『平和的変更』と呼ぶ継続的な調整と解決の過程を進めることができなかった」（Mitrany 1943：5-6）と批判的であったからである。

いずれにせよ、種々の連邦構想が提案されてはきたし、主権国家体制を乗り越える手段として連邦主義を構想することは理論的には正しいが、実現には至っていないのが歴史の現実である。したがって、国連の「正しさ」の引照基準として連邦（主義）を置くことは経験的に誤りなのである。

（2）国連の「正しさ」の基準はどこに求められるべきか？

すでに述べたように、国連憲章は国連が達成すべき目的を掲げているし、その内容が正しいものであることは疑いようがないであろう。しかし掲げた目標が正しい、ということが、直ちに国連の正しさや国連が正しい国際社会を形成してきたことを証明することにはならない。

グローバル・ガバナンス論は近年流行の議論であり、本章冒頭でも紹介したように、国連研究の文脈で国連の「正しさ」と結び付けて用いられることがあるが、本来、グローバル・ガバナンスは「国際政治が国益の衝突だけにとどまるのではなく、問題の共同処理が多様な態様で広がりつつある」（最上 2016：325）ことを説明するものに過ぎない。詳述すれば、「世界は、単一国家の下に

第Ⅱ部　平和創造の主体と手法

はなく、一元的な法体系、暴力装置、アイデンティティが存在するわけでもない。世界秩序の基本には、200ほどの主権国家が織りなす非常に分権的なつくり（主権国家システム）がある。どの国家も命令を貫徹できず、法を科すことができないような無政府状態の中で、越境する問題に対して、政府、企業、業界団体、市民運動、国際組織など、実に多彩なアクターが協力して関与し、対処するとイメージされる」（遠藤 2010：5）ものであって、このようなグローバル・ガバナンスの説明の下では、国連もグローバル・ガバナンスの一翼を担い得る、とはいえても、国連こそがグローバル・ガバナンスの担い手だということにはならない。むしろ、国連をグローバル・ガバナンス現象の中心に据える議論は、それがたとえ無意識的なものであれ、主権国家システムの存在という厳然たる事実を度外視し、国連をむしろ「政府的」なイメージでとらえるものであって、グローバル・ガバナンス論の前提と矛盾する。

　むしろ、国連の存在としての「正しさ」は、それが多国間主義に基づいている、という意味での正統性とでもいうべきものである。もちろん、多国間主義が常に正しいとは限らないし、その正しさは単独主義や二国間主義との比較における、相対的な正しさに留まる。しかし、多国間主義が構成員の「普遍性」や「代表制」を確保し、組織としての意思決定に至る過程での「正しさ」（インプット・レジティマシー）が存在する限りにおいて、多国間主義は正しいとみなされ得る（岩田 2013：33、36）。しかし、同論文が指摘するように（岩田 2013：36）、組織の目的達成に関する意思決定の内容の正しさ（アウトプット・レジティマシー）が存在するかどうかは、別次元の問題であり、個々の意思決定の内容やそれが国際社会に及ぼす影響によって判断されることになる。

　国連は、前述したように国家の主権平等を前提としているが、仮に国家が主権的存在であることを批判する立場からは、国連の正しさは導かれない。また、国連加盟国の一部が専制的であるとか、国内において抑圧的な（人権侵害的な）体制を敷いている場合も国連の正しさは損なわれ得る。すると国連の正しさは、国連が設立された、あるいは、単に国連が存在することによってではなく、国連に関与する諸アクターが国連の目的達成のために正しく参加し、正しい意思決定を行い、それが国際社会に正しい影響を及ぼしている場合にのみ

論点6 国　連　国連は普遍的平和を目指せるか

認められるということになる。

3　国連は正しく活動しているか

　本章の主題である、国連が普遍的な平和を目指せるか、という問いを考えるにあたっては、これまでにも指摘したように、多様な顔を持つ国連が、多様な平和を普遍的に実現しているか、という形で問われなければならない。ここでは、平和の性質ごとに検討しておきたい。

(1)消極的平和をめぐって

　前述の通り、国連憲章前文は、「二度まで言語に絶する悲哀を人類に与えた戦争の惨害から将来の世代を救い」で始まる。もし国連が達成しようという消極的平和が世界大戦レベルの戦争であるというなら、国連は国際連盟には達成できなかった平和を70年にわたって実現している。しかし、このような皮相な評価にあまり意味はないだろう。今問題となっているのは、（1990年代に比べて減少したとはいえ）国内での武力紛争であり、さらには、「国家」を名乗るほどの実力を持つに至ったテロリスト集団である。また、2014年に起きたクリミアのウクライナからの一方的独立とロシアへの編入は、本来なら国際秩序の維持を主導すべき五大国のうちの1つが関わっているという意味で、国際連盟には成し遂げられなかった「平和的変更」の確保を改めて図ろうとする国連体制そのものへの公然たる挑戦である。2018年7月現在、14のPKOが展開している（国連のウェブサイト https://peacekeeping.un.org/en/where-we-operate, last visited 9 July 2018）が、このことは「国連が活躍している」と見ることができると同時に、「達成されていない平和が最低14も存在する」と解釈することもできる。このように考えると、国際の平和および安全の確保という国連の最大の使命が達成されているとはいえない。

　とはいえ、冷戦の終結が国連の安全保障機能を活性化したことも疑いがないだろう。安保理決議の数だけを見ても、1988年末までの43年間に採択された決議が626本（1年あたり約14.6本）であるのに対し、その後の30年間で1773本（同

約59.1本）にのぼる。決議の数が増えたということは、対処すべき案件が増加した一方で、同一の案件について繰り返し決議を採択する必要がある（たとえば、PKOの任期延長）、など、国連を通じた平和の達成には直結しない点はある。しかし、さまざまな案件が安保理に持ち込まれ、討議され、五大国の協調が多くの案件で達成されるようになったのは事実である。また、非軍事的措置（経済制裁）の実施にあたっては、加盟国の履行を監視する委員会を設けるなど、制度的な改善も試みられている。

　他方、クリミアをめぐる問題も、ロシアが絡む以上、安保理を通じた問題の解決は、国連憲章の構造上、不可能である。五大国とその同盟国を当事国・利害関係国とする紛争に対して国連が無力であるのは、設立当初から明白なことであった。その一方で、ロシアといえども、安保理や総会といった公開の場で自らの正当性について説明責任を負っているという点を見逃すわけにはいかない。クリミア問題をめぐって安保理では具体的な措置が取れず、総会決議の形ではあるもののクリミアの現状維持を求める決議が採択された（国連総会決議68/262、2014年3月27日）ことに見られるように、制度的限界は当然内包されているものの、一定の存在感は保っているともいえるだろう。とはいえ、集団安全保障が大国間協調を前提とする以上、国連が果たす役割を増大させるには大国間協調を安定させることが先決であって、国連そのものの改革を必要とするわけでない（ただし、常任理事国の「拒否権」行使に一定の制限を課すことを考えるのであれば、国連憲章の改正が必要となる）。

（2）積極的平和をめぐって

　国連が積極的平和の分野での役割を強めていったのは、冷戦構造の固定化と植民地独立とそれに伴う新興独立諸国の国連加盟という1950年以降の国際社会の構造と無縁ではない。本来、1945年当時の大国（しかも戦勝国）を中心とした国際機構である国連に、旧植民地諸国が加盟していったのは、欧米中心の国際社会が世界大へのそれへと拡大したという問題とも密接に関わる（小林2002：35）。国連加盟が独立過程の究極的な「仕上げ」として象徴的な意味を持ったともいえるだろうし、外交の手段として利用しようという実利的な側面

もあったであろう。いずれにせよ、1960年代以降、国連、とりわけ総会における旧植民地諸国の存在感が高まり、それと共に「規範構想的な国連」（最上 2016：105）が登場することになったとされる。

　国連総会を通じた新たな規範形成という意味では、1948年の「世界人権宣言」が憲章1条3項の抽象的内容を補完するものとして採択されている。これが1960年以降になると、「植民地独立付与宣言」（1960年）など、いわゆる「法原則宣言決議」（佐藤 2005：215-221）が国連総会決議として採択されるようになる。これらが直ちに国際社会の規範として受け入れられたわけではないし、総会で多数派となった旧植民地諸国群の一方的な主張に過ぎないものもあり、前述したアウトプット・レジティマシーという観点からは疑問がある。当時の旧植民地諸国群の過大な要求は、国連そのものではないものの国連教育科学文化機関（UNESCO）からのアメリカやイギリスの脱退（1985年）を招くなどの問題も引き起こした。

　他方で、節目の年に出される総会決議や事務総長報告書が、人権・開発・環境・ジェンダーなどの分野で新たな主張を取り入れることで、国際社会の世論を喚起することもある（近年でいえば、2000年9月8日に採択された『ミレニアム宣言』〔国連総会決議55/2〕がそれにあたる）。総会決議そのものに法的拘束力があるわけではないが、決議採択を契機としてその実施・履行状況を監視するメカニズムが設けられ、本来非拘束的なものであるはずの総会決議が、あたかも達成すべき目標として取り扱われることもある。2000年に採択された「ミレニアム開発目標（MDGs）」やその後継であるSDGsはその好例であろうし、また、むしろ消極的平和の問題に属する軍縮についても、「国連通常兵器移転登録制度」が1992年から総会決議に基づいて国連事務局を通じて運用されている。

　積極的平和を完全に達成することは不可能であり、しかも、目標を設定したからといっても漸進的にしか状況は改善されず、改善のためには常に国際社会から注目を浴びるとは限らない地道な作業を必要とする。とはいえ、総会や事務局を中心とした国連が積極的平和を推進するために、課題の発見、規範の設定から実施、さらにそのフォローアップのための活動を行っているという事実を見逃すわけにはいかない。

第Ⅱ部　平和創造の主体と手法

4　日本にとって国連は重要か

　1931年の満州事変をきっかけに、日本は国際連盟を脱退して国際的孤立を深め、第二次世界大戦に突入していった。そのこともあってか、敗戦直後から国際法学者を中心として、国連に対する関心は高かった（横田 1947；田岡 1949）。日本が国際社会への復帰のシンボルとしての国連加盟を熱望し、国連加盟後には「国連中心主義」を唱え、「東西の架け橋」を目指したのも、国際連盟脱退から第二次世界大戦に至る歴史への反省という色彩が濃い（星野 2004：219-220）。では、日本にとって国連は引き続き重要な存在なのだろうか。

（1）日本の平和に国連は必要か

　敗戦とともに武装解除された日本にとって、国連の（憲章上の）集団安全保障体制は親和的であった。日本が他国を侵略する可能性はなく、逆に他国から侵略を受けた場合には国連を通じて日本の安全が確保されることになるからである。たとえば、1950年9月に平和問題談話会の「三たび平和について」における、「国連が警察力をもつことによってはじめて、国際秩序の維持が可能であることを考え、とくにそれができるだけ加盟国各自の軍隊から独立し、またそれらの侵略的行為があらかじめ阻止されることによって、世界平和が促進される」（平和問題談話会 1950：46-48）という認識も、そのような系譜に連なる。

　しかしこのようなことは、実現しなかった。むしろ、1950年の朝鮮戦争や翌年に署名されたサンフランシスコ平和条約と日米安全保障条約を通じて、日本はアメリカを盟主とする西側陣営に組み込まれる。それ以降、日本の安全保障をめぐる議論は、自衛隊への評価も含めた憲法9条をめぐる問題と日米安全保障体制の評価をめぐる問題として取り扱われ、国連を通じた集団安全保障への期待は当然のことながらしぼむことになった。そのような議論構造の中で、1959年に坂本義和が著した「中立日本の防衛構想」は、日米安全保障条約体制を否定しつつ、中立的な諸国によって構成される国連警察軍を駐留させて日本を含む諸国の安全を保障することを提唱した（坂本 2004：117-120）。冷戦期に

おける日本の安全保障上の脅威はソ連であり、それは日本が西側陣営に属する限り不可避の事態であった。したがって、そのような脅威認識の下では、日米安保体制に与するか、そこから抜け出て独自の安全保障を図るかしか選択肢はなく、理想論としての非武装中立が叫ばれたこともあった。それに対して坂本は、冷戦構造下では「国連軍」の編制は不可能であることを認識しつつ、1956年に初の本格的 PKO である第一次国連緊急軍（UNEF I）が国連の新たな役割を示したことに着想を得て、日本の中立化と軽武装で中立的な PKO を通じた安全保障を組み合わせることで、非武装中立論の非現実性を乗り越えようとしたのである。

　しかし、冷戦構造が解消された今日、日本を取り巻く安全保障環境は大きく変化した。日本が直面する領土・核開発・ミサイル開発といった脅威に対して、国連が効果的に対応することを強くは期待できない。その中で北朝鮮の問題をめぐる一連の安保理決議は、国連憲章 7 章に基づいて関係国に経済制裁を科した、例外的な事例である。その理由はいうまでもなく、中国が安保理常任理事国であり、中国が受け入れない制裁は決して実施されないからである。それを考えれば、敗戦直後はともかく、国連が日本の安全保障を高める、と考えることは、この70年間、現実的な判断ではなかったといわざるを得ない。このことを前提とした上で、日本の安全保障のあり方を議論する必要がある（山田2014）。

　以上は、日本の消極的平和をめぐる問題であるが、積極的平和の分野に目を転じると、2011年 3 月11日の東日本大震災の際に、国連人道問題調整官事務所（OCHA）をはじめとした国連・関連機関が日本に対して緊急援助を行ったことは想起される必要がある。日本の現状を考えれば、日本が社会・開発援助の対象国として日常的な支援を受ける立場にないことは明らかであるが、自然災害については日本も受益国となることがあることを、東日本大震災は示した。それも含めて考えると、日本では、「国連が何をしてくれるか」ではなく、「国連に何をするか」の方が重要な課題であることがわかる。

第Ⅱ部　平和創造の主体と手法

（2）国連を通じた平和に日本はいかに貢献すべきか

　日本の経済規模、あるいは、それに伴う国連分担金比率（2016～18年の場合、9.680％で第2位）といったことや、日本が安保理での地位向上を目指すのであれば、日本は国連に対して積極的な貢献を続ける必要があることはいうまでもない。また、国連システム全体が取り組むさまざまな社会・経済・人道面での活動についても、財政的のみならず、人的な支援を惜しむべきではない。またそれらを日本国内にフィードバックし、学問的分析の対象としたり、さらなる人材育成のための材料としたりすることも、これまで以上に必要になるだろう。

　それより問題になるのは、国連を通じた消極的平和の実現とそれに対する日本の関与──集団安全保障とPKOへの参加──をどのように考えるか、ということであり、このことは上述した「国連を通じた日本の平和の確保」という文脈とともに過去70年にわたって、さまざまな議論を呼んだ点である。

　「三たび平和について」の時代には、半ば当然のことながら日本が国連の集団安全保障に参加することは想定されていなかった。当時は、朝鮮国連軍が結成・派遣されていた時代にあたるが、警察予備隊はあくまでも日本国内の治安維持を任務としていたし、国連加盟前でもあるから、警察予備隊が国外に派遣される可能性は皆無であった（もっとも、海上保安庁の掃海艇が韓国沿岸で掃海活動を行ってはいたのであるが）。したがって、敗戦から1950年前後に至る時期において、国連は日本に平和を与えるもの以上ではなかったのである。

　しかし、国連加盟が現実のものになるにつれ、日本の国連に対する人的貢献の問題も政府部内で議論となり、結局、1952年6月16日付の加盟申請の際の付属文書では、「わが国の有するあらゆる手段をもってこの義務〔山田注：国連憲章上の義務〕を遵守することを約束する」として、軍事的な協力については間接的な表現でそれを回避することを選んだ（香西 1991：476）。その後も、PKOへの要員派遣の可否が検討されたことはあったが、「護憲」という立場、すなわち国内的な事情が優先されて実現しないままであった（山田 2014：210-211）。他方で、前述した坂本の「国連警察軍」構想においては、自衛隊を警察予備隊程度の規模に縮小した上で、それに参加させるという提案を行って

いたことは、自衛隊をめぐる当時の議論状況から考えれば、ユニークなもので
あった（坂本 2004：117-120）。

　日本の国連への貢献をめぐる冷戦終結直後の時期の迷走については、（山田
2014）である程度詳細に紹介したが、要は冷戦期における「親米（日米安保支持）」
と「反米（同不支持）」の対立構造の下で、国連は本来の集団安全保障ではなく
PKO を範型とする形で「中立・不偏」のイメージで見られるようになった。
しかし、そのような国連像が虚像でしかなかったことが、1990-91年の湾岸戦
争や、その後の PKO 参加問題を通じて露呈する。いみじくも坂本義和が、「日
本では、戦後期を通じて、市民や市民運動の間に国連への期待と支持がやや過
剰なほど強かっただけに、PKO 論議を通じて国連への疑問・批判・幻滅など
が市民の側に浸透してきた」（坂本 2005：221）と言ったほど、国連は誤解され
ていたのである。

　繰り返し指摘してきた点であるが、国連の本質は集団安全保障であり、大国
協調を前提とする体制である。その国連に対して、日本としていかなる貢献を
行うかは、憲法 9 条の問題であると同時に、国際協調主義にいかなる内実を伴
わせるか、という問題でもある。近年の安全保障法制をめぐる議論を見る限
り、PKO への参加については、1990年代初頭に比べて理解が進んだように思
われる。しかし、国際法的に見れば PKO といえども武力行使が認められる場
合もあり、決して「PKO であるから憲法上問題ない」ということが自動的に
確保されているわけではない、ということは指摘しておく必要があろう。

5　いま国連を問う意義はあるか

　本章ではあえて、国連の存在と役割について、やや相対主義ともいえる立場
から検討してきた。というより、国連と平和の多様性を考えれば、相対主義に
ならざるを得ない。消極的平和については普遍的な実現からはほど遠く、かと
いって、積極的平和については一定の成果を上げている分野もあるからであ
る。また、「もし国連なかりせば」という反実仮想にもさして意味があるとは
考えられない。別稿でも指摘したことだが、国連を含め国際組織は、設立時点

第Ⅱ部　平和創造の主体と手法

での国際秩序を前提として活動目的が設定され、その後の国際環境に対応して変化を続ける。国連は、活動目的も幅広く、加盟国は地球上のほぼすべての国だという普遍性を有している。そうである以上、国際社会のささいな変化にも国連は敏感に反応する（山田 2012：159）。そのような国連について、唯一絶対の評価を下すことは極めて困難であり、だからこそ国連を研究対象とする意義が生まれるのである。

　第二次世界大戦以降、国連をはじめとした普遍的な国際機構が多数設立され、消極的平和と積極的平和の双方の実現を図る努力が続けられている。その一方、それらが所期の目的を達成していない、「一種の飽和状態」（最上 2007：210）にあるともいえる。本章のタイトルや冒頭に引用したこととの関係でいえば、国連は普遍的な平和を実現していない。グローバル・ガバナンスにおいて一定の役割を果たすことが期待されているが、国連が重要であるかどうかは不明である。その意味で国連の政治的なレゾンデートルは常に問われ続ける運命にあるものの、国際社会になにがしかの貢献はしてきたはずである。貢献した分野を見極めること、貢献しきれていない分野の改善策を考えること、それは現実（リアル）の国連を前提とした上で平和研究にも課されている大きな課題である。では、国連を強化することが平和への近道なのだろうか。そもそも国連を強化する、とはどういうことなのか。いわゆる「国連軍」を創設することなのだろうか。人権侵害を強制的にやめさせる仕組みを創ることなのだろうか。開発援助の予算をとてつもない規模に拡充することなのだろうか。これらの問いは、結局のところ主権国家システムそのものをどう捉えるかという問題に直結する。グローバル・ガバナンス論が想定するように、今日の国際社会は多様なアクターによって構成されている。平和を創る側も破壊する側も主体は多様化している（清水 2011）。国家間紛争に焦点をあて、批判的な観点から平和の諸条件を探る、という伝統的な平和研究の手法を超える方法論と発想が求められている。

　［付記］本稿は JSPS 科研費補助金（課題番号 26285040 および 17K03603）と2017年度南山大学パッヘ研究奨励金の成果の一部である。なお、本稿には、広島市立大学

論点6 国 連　国連は普遍的平和を目指せるか

広島平和研究所が2015年9月に開催した「ヒロシマ70平和セミナー『平和の創造とは：平和研究の過去・現在・未来』」の参加者向けテキストとして執筆した山田哲也「国連の平和」に加筆・修正した箇所がある。

〔参考文献〕

岩田将幸（2013）「多国間主義における正当性の問題」『国際政治』171号

内田孟男（2002）「序論──グローバル・ガバナンスにおける国連事務局の役割と課題」日本国際連合学会編『グローバル・アクターとしての国連事務局（国連研究第3号）』国際書院

遠藤乾編（2008a）『ヨーロッパ統合史』名古屋大学出版会

──（2008b）『原典ヨーロッパ統合史』名古屋大学出版会

──（2010）『グローバル・ガバナンスの歴史と思想』有斐閣

香西茂（1991）『国連の平和維持活動』有斐閣

小林啓治（2002）『国際秩序の形成と近代日本』吉川弘文館

坂本義和（2004）「中立日本の防衛構想」『坂本義和集3　戦後外交の原点』岩波書店（初出は『世界』1959年8月号）

──（2005）「市民のための国連改革」『坂本義和集6　世界秩序と市民社会』岩波書店

佐藤哲夫（2005）『国際組織法』有斐閣

篠原初枝（2010）『国際連盟──世界平和への夢と挫折』中央公論新社

清水奈名子（2011）『冷戦後国連安全保障体制と文民の保護──多主体間主義による規範的秩序の模索』日本経済評論社

城山英明（2013）『国際行政論』有斐閣

スガナミ，H.（1994）『国際社会論──国内類推と世界秩序構想』臼杵英一訳、信山社

田岡良一（1949）『國際連合憲章の研究』有斐閣

納家政嗣（2003）『国際紛争と予防外交』有斐閣

平和問題談話会（1950）「三たび平和について」『世界』12月号

星野俊也（2004）「日本の安全保障と国連」赤根谷達雄・落合浩太郎編『日本の安全保障』有斐閣

細谷雄一（2007）『外交──多文明時代の対話と交渉』有斐閣

──（2011）「国際連合創設への設計図──チャールズ・ウェブスターと世界秩序の構造、1942-43年」『法学研究』84巻1号

マゾワー，マーク（2015a）『国際協調の先駆者たち──理想と現実の200年』依田卓

119

巳訳、NTT 出版

―― (2015b)『国連と帝国――世界秩序をめぐる攻防の20世紀』池田年穂訳、NTT
出版

三牧聖子（2014）『戦争違法化運動の時代――「危機の20年」のアメリカ国際関係思想』
名古屋大学出版会

最上敏樹（2006）『国際機構論〔第2版〕』東京大学出版会

―― (2007)『国際立憲主義の時代』岩波書店

―― (2016)『国際機構論講義』岩波書店

安田佳代（2014）『国際政治のなかの国際保健事業――国際連盟保健機関から世界保
健機関、ユニセフへ』ミネルヴァ書房

山田哲也（2010）『国連が創る秩序――領域管理と国際組織法』東京大学出版会

―― (2012)「新興国にとっての国連の意義と国連改革」日本国際問題研究所『新興国
の台頭とグローバル・ガバナンスの将来』

―― (2014)「不可視化される国連」遠藤誠治・遠藤乾編『安全保障とは何か（シリー
ズ日本の安全保障1）』岩波書店

横田喜三郎（1947）『國際聯合の研究』銀座出版社

渡辺昭夫・土山實男編（2001）『グローバル・ガヴァナンス――政府なき秩序の模索』
東京大学出版会

Brierly, J. L. (1947) *The Covenant and the Charter*, Cambridge: Cambridge Universi-
ty Press.

Mitrany, David(1943)*A Working Peace System: An Argument for the Functional De-
velopment of International Organization*, Oxford: Oxford University Press.

論点 7 市民社会

市民や NGO による国境を越えた連帯は国際平和に貢献しているか

毛利　聡子

　今日、非政府組織（Non-Governmental Organizations, 以下 NGO）が国際関係における主要なアクターの 1 つであるということは言をまたない。しかし、近年、戦争や内戦、貧困、環境破壊、感染症の脅威など、平和を阻害する問題は複雑に絡み合い、これらの問題に関わるアクターの多様化も進んでいる。本章では、平和の概念を「正義」の概念と結び付けて考えたい。ガルトゥングの「積極的平和」には社会正義の実現が含まれているものの、先進国が主導して構築してきた政治・経済・社会システムは、依然として不正義を生み続けているからだ。オックスファムが発表したレポートには、最富裕層 9 人が下層の36億人分に相当する富を握っているという極端に歪な社会が描かれている（OXFAM 2017）。このような不正義の是正に市民や NGO による国境を越えた連帯は、どこまで貢献してきたのか、命題への答えを考えてみたい。

1　市民や NGO は国境を越えて連帯してきたのか

　答えは留保付きのイエスである。確かに、市民や NGO はさまざまな問題に対処するために国境を越えて協力し、活動を展開してきた。ただし、それは多くの場合、「連帯」というよりは、「連携」と呼んだ方が適切である。なぜなら、連帯（solidarity）は、主体間のつながりや団結に力点を置く一方、連携（linkage, cooperation）は、ある目的を達成するための主体間の一時的な関係性という意味合いが強いからである。したがって、連携は NGO 間だけでなく、NGO と国際機関、NGO と企業、NGO と科学者組織など、異なるアクター間でも生

121

第Ⅱ部　平和創造の主体と手法

じる。しかし、NGO と国家の連帯、NGO と企業との連帯とは言わない。

　NGO 間の連携の形態、内容、分野は、時代とともに徐々に変化してきた。第二次世界大戦終結後は、ほとんどの NGO が自国内で活動しており、国境を越えて他国で活動するのは、その多くが国際ネットワークを有する NGO であった。例えば、第二次世界大戦で被災したヨーロッパの人々の救援活動を発端として誕生したイギリスのオックスファムやアメリカのケアなどが挙げられる。こうした国際 NGO は、1960年代に入ると途上国の開発問題に取り組むようになった。80年代に入って開発活動に取り組む人材が増え、NGO が発展するに伴い、途上国 NGO もメンバーに入れることで、オックスファム・インターナショナル、ケア・インターナショナルとして拡大・進展していった。70年代、80年代は、反核、人権、女性、環境保護などの問題領域で、それまで個別に活動していた NGO とローカルなコミュニティ団体との連携が進んだ。必ずしも最初から国境を越えて連携していたわけではなく、国内の問題（例えば、インドのナルマダ・ダム建設プロジェクトなど）への対応として始まった運動が、国内外の NGO によって国境を越えたキャンペーンへと拡がっていく事例も多く見られた。

　1980年代末に冷戦が終結し、東西両陣営のイデオロギー対立が薄れると、特定の地球的課題に取り組むアドボカシー（政策提言）型ネットワークの存在に注目が集まった。政策提言に取り組む NGO は、人権概念の伸張や普遍化に貢献するなど、顕著な活躍を見せたからである。汚職問題や対人地雷、人権、持続可能な開発の分野の事例を分析したフロリーニら（Frolini ed. 2000）は、国際的な政策アジェンダに関心をもつアドボカシー・ネットワークが出現したと指摘し、「トランスナショナル市民社会（Transnational civil society）」と呼んだ。グローバル化に伴う情報通信技術の進展が、こうしたネットワークのメンバー間の情報共有や活動調整を促し、連携を深めることに貢献したことは言うまでもない。

　規範の構築とその制度化に成功したと言われるトランスナショナル・アドボカシー・ネットワークには、いくつかの共通した特徴がある。その主な3点を挙げてみよう。1つは、特定の政策課題に関心をもつ運動体が、分野を超えて

論点 7 市民社会 市民や NGO による国境を越えた連帯は国際平和に貢献しているか

連携するイシュー・ネットワークを形作っていることである。2つ目は、具体的な目的の達成を期限付きで立て、運動の求心力を高める方法をとることである。例えば、ジュビリー 2000 による債務帳消しキャンペーンがこれにあたる。政策実現の目途がある程度立つと、イシュー・ネットワークの活動は一旦、終わる。ただし、完全に終結する訳ではなく、条約制定後のモニタリング活動など、形を変えて継続する場合も多い。3つ目は、トランスナショナル・アドボカシー・ネットワークが高い専門性をもつことである。個別の問題に特化して活動する NGO が、ネットワークを通じてその専門性を他の NGO と共有することによって、全体のロビー力や政策提言力を高めることができる。

　一方、このようなトランスナショナル・アドボカシー・ネットワークと大きく性格を異にするのは、1999年の世界貿易機構（WTO）第5回閣僚会議（シアトル）で表出した街頭での抗議運動である。メディアはこぞって「反グローバリゼーション運動」と呼び、世銀/IMF（国際通貨基金）、G7/8 サミット開催地周辺での一部のグループの暴徒化した様相を強調した。しかし、街頭抗議運動が起きた大きな要因の1つは、国連と違って WTO も G7/8 サミットも NGO やその他の市民の団体との間に協議資格制度を有していなかったことにある。前述のアドボカシー・ネットワークは、国連経済社会理事会などの協議資格制度を通して政策形成過程に公式に関与することができたのに対し、協議資格制度を持たない WTO、世銀/IMF、G7/8 サミットは、その非民主的な政策形成プロセスゆえに、数万もの人々による抗議行動へとつながったのである。

　「反グローバリゼーション運動」には、労働、人権、環境など異分野で活動する社会運動が参集し、異議申し立てを行った。グローバリゼーション反対派から、改良主義派、急進派、オルタナティブ派まで、その目指すところも多種多様で（毛利 2011：187-195）、トランスナショナル・アドボカシー・ネットワークと比べると、方法論やアプローチも異なり、具体的な政策提言も活動調整もほとんど見られない。根本にあるのは、搾取している一握りの者に抗う搾取されている者としての連帯感であるが、この点については、後に詳しく取り上げる。

第Ⅱ部　平和創造の主体と手法

2　国境を越えた連帯は、地球市民社会で形成されるのか

（1）NGO は市民社会で活動するのか

　必ずしもそうではない。NGO は、市民社会を主たる活動の場とするが、市民社会のみで活動している訳ではない。NGO と並んで、「市民社会」という概念も多義性があるので、ここで簡単に整理をしておきたい。市民社会という概念は、19世紀、20世紀を通じ、国民国家を形成することを目的として、領土規定的に論じられてきた。とくに冷戦期は、その構造的な制約を受け、また、市民社会の概念が民主主義との親和性が高いこともあって、主に西側先進諸国内で発展、理論化が進んだ。

　3項モデル──国内社会、経済社会、市民社会──を提示するコーヘン（2001）は、市民社会を「経済と国家から区別された社会的相互作用の領域」と位置づける。この3項モデルにおいて市民社会は、理論上、国家権力および市場競争から独立している。エレンベルク（2001：318）も、「市民社会は、一面では政治体や国家的権威から形式的に区別され、他面では私的利害の直接的追及や市場の強制から区別される領域である」と説く。しかし、実際には市民社会を活動の主な場とする NGO も、公的機関から補助金や寄付金を受け、労働市場から人材を調達する一方で、独自の収入を確保するために市場で物品を販売する。つまり、依存と自立という矛盾する2つの力が市民社会で交錯することから、市民社会を国内社会と経済社会から完全に独立した非国家的領域、あるいは非市場的領域とみなすのは現実的ではない。むしろ、市民社会は経済社会や国内社会から影響を受け、逆に経済社会や国内社会に影響を及ぼすなど、領域間では活発な相互作用が生じている。

　国内社会という領域では国家、経済社会では企業、市民社会では NGO が主なアクターであるが、固定されたものではなく、各アクターは領域を越えて関係性を構築している。例えば、「官民パートナーシップ」は、政府が民間企業あるいは NGO と連携することを指し、企業の社会的責任（CSR）の分野では NGO と企業の協働活動が進んでいる。逆に、特定の企業の活動（劣悪な労働環

論点 7 | 市民社会 | 市民や NGO による国境を越えた連帯は国際平和に貢献しているか

境や児童労働など）の改善を求めて、NGO が消費者に働きかけてその企業の商品の不買運動を呼び掛けることもある。ある国の中で生じた人権侵害を止めるために、人権 NGO が当該政府に圧力をかけるよう他国の政府や国際機関に働きかけることもある。このように NGO の連携と言う場合、NGO 間の連携だけでなく、異なるアクターとの相互関係も視野に入れる必要がある。

（2）地球市民社会は現実に存在するのか

いいえ。地球市民社会は、実在する現象というより、グローバル・ガバナンス論から演繹的に構築された言説だと考えることができる。というのも、しばらく使われていなかった「市民社会」という用語が1990年代になって再登場したのは、新自由主義の進展と関係があるとの指摘がなされているからだ。例えば、新自由主義の興隆と市民社会の復活が同時に起きている点に注目するシンハ（Sinha 2005：163）は、新自由主義政策を正当化するための諸言説や装置（apparatus）に市民社会が統合されてきた点を指摘している。この論に立てば、新自由主義の興隆を正当化するための諸言説が1990年代に登場した「グローバル・ガバナンス」であり、「市民社会」の復活だと考えられる。そして「装置」とは、グローバル・ガバナンス論に基づいて導入されたさまざまな制度やしくみのことで、市民社会の政策形成過程への参画を積極的に促す。民主的な装いを纏うことができるからだ。つまり、新自由主義政策を世界大で実施するにあたり、市民社会、ひいては地球市民社会という概念が必要とされたのである。

3 グローバル・ガバナンス論は地球市民社会の形成を後押ししたか

良くも悪くも後押しした。この点について、とくにグローバル・ガバナンス論と地球市民社会という言説が、新自由主義とどのような関係にあるのか検討してみよう。

（1）共振するグローバル・ガバナンス論と地球市民社会

ネオ・リベラルな市民社会論を国際政治学・国際関係学の観点から理論的に

構築したのは、グローバル・ガバナンス論である。1992年にブラント元西ドイツ首相の呼び掛けで設置されたグローバル・ガバナンス委員会によると、ガバナンスとは、「個人と機関、私と公が共通の問題に取り組む多くの方法の集まりであり」、「変化を続ける状況に対して、常に発展し反応する広範でダイナミックで複雑な相互作用による意思決定のプロセス」と定義される（Ramphal and Carlsson 1995：28-31）。多発する紛争、深刻化する貧困や環境問題など、地球的課題の解決には、国家だけでなく多様な非国家アクターによる取り組みが必要とされた。ここに国家以外のアクターが政策形成過程に入りこむ上での公式な回路が開かれた。グローバル・ガバナンス論が登場した背景には、冷戦の終結をもたらした東欧の市民革命や1992年に開催された国連環境開発会議（地球サミット）を皮切りに、一連の世界会議における NGO の台頭があった（毛利 2011：6-10）。

　このグローバル・ガバナンス論にもとづき、国連は NGO をはじめとする非国家アクターが、国際的な政策形成過程に関与するための制度づくりを進めた。国連システムに参加する際に常に正統性の問題が疑問視されていた NGO は、グローバル・ガバナンス論を拠り所として、国連システムでの参加の制度化を好意的に評価し、政策形成過程に積極的に参画した。地球サミットのフォローアップとして国連持続可能な開発委員会（CSD）に導入された「マルチステークホルダー・ダイアログ（多様な利害関係者による対話）」セッションは、新しい参加型モデルとして注目を集めた。また、世界銀行も1998年に政策形成過程を開かれたものとするために NGO を含む「マルチステークホルダー」が政策協議に参加する「世界ダム委員会」を設置した。とくに、地球環境ガバナンスの分野で非国家アクターの関与は目覚ましく、トランスナショナルな環境運動や NGO、認識共同体、多国籍企業が地球環境交渉に果たした役割に研究者の注目が集まった。国連や国際機関の側も、市民社会のアクターの参加を制度化することによって、自らの透明性、公開性を高め、いわゆる「民主主義の赤字」が補えることになる。つまり双方にとってウィン・ウィンの関係にあった。

　NGO の政策形成過程への関与の制度化が進むのに伴い、国境を越えた NGO ネットワークは国家との連携を深め、活動する政治的領域はさらに拡大

論点 7 | 市民社会 | 市民や NGO による国境を越えた連帯は国際平和に貢献しているか

していった。対人地雷全面禁止条約（1997年）や国際刑事裁判所設置に関する
ローマ規程（1998年）、クラスター弾に関する条約（2010年）などの策定は、い
ずれも市民社会のアクターが中堅国家とともに新しい規範の形成を国際社会に
呼び掛け、行き詰まりを見せていた国家間交渉を前進させた成功例である。構
成主義の観点から規範の形成過程に着目したフィネモアとシキンク（Finne-
more and Sikkink 1998）は、規範の形成を働きかけるアクターを「規範起業家」
と呼んだ。規範起業家には国家や国際機関、認識共同体、個人など多様なアク
ターが成り得るが、とりわけ NGO の果たした役割が評価された。なぜなら、
NGO は有志国家や国際機関と連携することで規範を戦略的に形成する推進力
となったからである。それぞれのトランスナショナル・ネットワークは単一の
問題領域を争点としているが、このようなグローバルな規範構築を促進するイ
シュー・ネットワークが連続的に生まれることをもって、「地球市民社会」と
いう言説が生まれたのである。

（2）親和性に隠された2つの罠

　グローバル・ガバナンス論と地球市民社会には親和性があり、市民社会のア
クターも、その多くが政策形成過程への参画が拡大・深化することを好意的に
受け入れた。実際、参加の制度化により、国際 NGO の政策形成過程への関与
は強まった。さまざまな国際 NGO が国際交渉の場で連携し、ロビー活動やア
ドボカシー活動に積極的に取り組んだ。なぜなら、国家や国際機関など、公式
の政策形成過程に直接関わる機会が増えることにより、政策形成に影響を及ぼ
す道が開かれたからである。また、グローバル・ガバナンス論が NGO の参加
を促したことによって、NGO はその正統性をめぐる批判に正面から答えるこ
とができるようになった。選挙という洗礼を受けていない NGO が、なぜ政策
形成過程に関与できるのかと批判されていたからだ。しかし、グローバル・ガ
バナンス論と地球市民社会の親和性には、市民社会のアクターにとって2つの
深刻な罠が隠されていた。

　（i）産業界も市民社会？　　1つ目の罠は、グローバル・ガバナンス論が後押
しした政策形成過程への関与の機会は、NGO だけでなく産業界にも開かれて

いたことである。前述のグローバル・ガバナンス委員会報告書 *Our Global Neighborhood*（Ramphal and Carlsson 1995：253-256）は、「地球市民社会」の中に NGO と産業界の両方を入れ、同列に扱っている。同報告書は、企業（とくに多国籍企業）のみならず、企業系の財団、財界をグローバル・ビジネス・セクターと呼び、「グローバル・ガバナンスにおいて、より明確に認知されるアクター」と位置づけた。つまり、同報告書の「地球市民社会」概念は、NGO と産業界を含み、ともに地球市民社会の一員として政策形成過程に関与することを促したのである。

　また、2004年にコフィー・アナン国連事務総長に提出された報告書 *We the peoples: Civil Society, the United Nations and Global Governance* も、営利目的の企業と非営利の NGO とを一括りに「市民社会」として扱い、21世紀の国連の活路を市民社会とのパートナーシップに見出している。しかし、NGO と産業界を同じ土俵に置くということは、結果として NGO を後景に退けることを意味した。というのも、ともに市民社会の一員として位置づけられたため、NGO はグローバル制度に参加するために企業と競争する状況に置かれてしまったからである。資金力、人脈、ロビー力で NGO をはるかに凌ぐ産業界の国連でのプレゼンスは大幅に高まり、発言力を強めていった。

　国連と産業界の関係は、いつから変化したのだろうか。1970年代、企業は経済成長を牽引するアクターではあったが、同時に環境汚染や人権侵害、資源搾取、違法伐採、強制立ち退きなどさまざまな社会的・環境的問題を引き起こした。それゆえ企業活動は政府によって公的に規制され、NGO による批判・監視の対象となってきた。80年代に入ると新自由主義の影響が強まり、90年代には規制緩和と民営化が進み、企業が地球的課題解決のパートナーとして登場したのである。

　このように国連における企業の位置づけが大きく変容した理由として、少なくとも以下の3点が考えられる。1つは、多国籍企業のもつ経済的パワーが国家より巨大になったことにより、企業を規制するのではなく、むしろ企業がもつ資金力、技術力を活用したいという動機づけが国連や国際機関に働いたことである。とくに国連は深刻な財政難にあり、自力で問題解決に当たるのが難し

論点 7 | 市民社会 | 市民や NGO による国境を越えた連帯は国際平和に貢献しているか

い状況にあった。このため、国連は資金力のある多国籍企業に依存せざるを得なくなったのである。マイクロソフト会長夫妻によって2000年に創設されたビル＆メリンダ・ゲイツ財団（以下、ゲイツ財団）が、世界エイズ・結核・マラリア対策基金の民間最大ドナーであることはよく知られている。他にも CNN の創設者によるターナー財団などに見られるように、巨大企業は自らが拠出する基金や財団を通じて直接、国連諸機関へ資金を提供している。財政難で主体的な活動が思うようにできずにいた国連が、豊富な資金と知識・技術力で圧倒する多国籍企業に傾倒するようになったのも不思議ではない。1999年にアナン事務総長（当時）が、1000 もの主な財界メンバーが集まる世界経済フォーラム（ダボス会議）において、企業に国連活動への参加を呼び掛けたのは、国連と企業が従来とは異なる密接な関係に入ったことを印象づけた。今では、持続可能な開発目標（SDGs）を達成するための新たな投資手法として、「ブレンド・ファイナンス（Blended Finance）」が、OECD や UNCTAD によってダボス会議で呼びかけられている。SDGs 達成のためには巨額な資金を調達する必要があることから、国連や各国政府の公的資金のみならず、年金基金、慈善基金を含む民間資金と組み合わせ、複数のステークホルダーの協働を促そうというものである。

　２つ目は、地球サミットの準備プロセスにおいて産業界は強力なロビー活動を展開し、企業活動がしやすいフレームの構築に成功したことである。1992年に産業界は、ロビー団体である「持続可能な開発のための世界経済人会議（WBCSD）」を設立し、環境破壊と企業活動との関わりについて地球サミットが触れないよう各国政府に積極的に働きかけた。そして、「持続可能な開発」概念（フレーム）が構築され、環境管理をしながら経済成長を追求すると解釈する余地を残すことに成功したのである。つまり、産業界はその強力なロビー力で、「持続可能な開発」概念の本来もつ意味、すなわち資本主義システムの変更という大枠を不問にしてしまった（Ford 2010：36-37）。実際、WBCSD の働きかけの結果、地球サミットで採択されたグローバルな行動目標である『アジェンダ21』から、企業の規制に関する記述はなくなった。企業の姿は、環境の汚染者から環境問題の救済者へと大きく変容したのである。

第Ⅱ部　平和創造の主体と手法

　3つ目の理由は、国際レベルの政策形成過程に積極的に参画することによって、グローバル市場が機能しやすい制度的なベースをつくるという企業側の戦略が功を奏したことである。言い換えると、企業行動が制限されるようなグローバルな規制が決定されないよう、先手を打つというものである（毛利2011：175-178）。法的拘束力を伴う規制導入の試みは、国際商工会議所（ICC）等の強い抵抗もあって進まない一方、CSR や国際標準化機構（ISO）など、企業の自主的な行動規範は次々と作られた。2000年代に入るとグローバル・コンパクトをはじめとする官民連携が、さまざまな分野に広がっていった。ポスト京都をめぐる気候ガバナンスの交渉でも、各国政府が自国に厳しい温室効果ガスの排出削減目標を課す枠組みに代わり、COP21 では、自主的な排出削減公約に基づくパリ協定が採択された。企業の国連での影響力の拡大は、結果として、国連の哲学に新自由主義的考え方が急速に組み込まれていくこととなった。

　このような国連への産業界の接近は、市民社会のアクターにとって最も警戒すべきことであった。NGO からグローバル・ガバナンス論が企業を問題発生の当事者から問題の解決者へと転換させたことを疑問視し、批判する声が上がった。例えば、Alliance for a Corporate-Free UN は、国連と企業の連携は、かつて強制労働や環境破壊の実態のある企業が国連の青い旗のもとで企業イメージを取り繕う「ブルーウォッシュ」に他ならないと批判した（Bruno 2005）。さらに、これまで NGO が国連と共に構築してきた労働や環境、人権分野における諸規制や国際的合意が、企業の自発的イニシアチブや自主規制にことごとく置き換えられてしまう恐れもある。

（ⅱ）NGO はグローバル・ガバナンス論と地球市民社会論で懐柔されたのか？　グローバル・ガバナンス論と地球市民社会の親和性に隠された2つ目の深刻な罠は、「官民パートナーシップ」と「マルチ・ステークホルダー・イニシアチブ」が、グローバル・ガバナンス論と地球市民社会論を理論的背景に強力に推し進められたことである。とくに2000年以降、国連や国連専門機関は、パートナーシップ・アプローチのもとで官と民がそれぞれの能力や資源を生かし、責任とリスクを共有して地球的課題に取り組むよう呼び掛けた。2002年の持続可能な

論点 7 | 市民社会 | 市民や NGO による国境を越えた連帯は国際平和に貢献しているか

開発に関する世界首脳会議（ヨハネスブルグ・サミット）では、NGO や地方自治体、企業が政府や国際機関と連携してさまざまなプロジェクトを提案し、開発や環境問題に取り組む最先端のモデルケースのように扱った。

こうした流れを受けて、市民社会の中でもとくにネオ・リベラルな勢力は、積極的に企業とのパートナーシップを構築した。NGO と企業とが対立関係にあったおよそ30年前には考えられなかったことだが、今や NGO と企業、中でも多国籍企業とのパートナーシップは、目新しいケースではなくなっている。企業にとっても NGO とのパートナーシップは、当該企業の信頼や正統性を高めることから、アムネスティや WWF など知名度があり、一般の人々の評価が高い「ブランド力」のある大規模 NGO との連携を模索する企業は多い（Dauvergne and LeBaron 2014：108）。

このような NGO と企業との連携関係の深化は、1980年代以降、国家と市場と社会の関係が構造的に変化したことの論理的反応だと考えられる（Utting and Zammit 2008：42）。また、NGO が企業批判をしたり、制裁を加えたりする対峙型アプローチから、政策や制度改革のプロセスに建設的に関わる協働型アプローチに移行したという指摘もなされている（Beloe and Elkington 2003）。確かに、NGO が企業と現在のようなパートナーシップ関係に至るまでには、長い年月がかかっており、NGO は企業活動の監視や提言、ときには不買運動や訴訟など、さまざまな形で企業活動をより責任のあるものにするための働きかけを行ってきた。したがって、パートナーシップは、これまでの活動の成果であり、企業と NGO が新たな関係に入ったと考えることもできよう。

一方、NGO が企業との連携を深めることで、その組織スタイルが企業化してしまったという批判もある。その結果、NGO が現実的で可能なことにしか手をださなくなった、計測可能ですぐに結果がでるプロジェクトしか実施しない、企業やドナーを批判するような戦略を避けるようになったという指摘もある（Dauvergne and LeBaron 2014：109-133）。

このような官民パートナーシップに伴う企業と NGO との接近について、市場に市民社会が侵食されたと見るのか、言い換えると新自由主義的政策への NGO の取り込みが図られたと捉えるか、逆に NGO が市場に影響を与えてい

第Ⅱ部　平和創造の主体と手法

ると評価するのかは難しい。個別の事例ごとに NGO と企業の力関係は異なり、パートナーシップが実際にどのような影響を及ぼしたのかを精査しなければ、その是非は判断できない。したがって、マルチ・ステークホルダー・イニシアチブに関与している市民社会アクターは、その協働のイニシアチブが現地のコミュニティに対して、どのような影響や副作用をもつのかを慎重に評価した上で、自らの関与の継続を再考すべきであろう。

4　懐柔された市民社会は、分裂、解体していくのか

　ネオ・リベラリズムに対抗していたはずの市民社会は、グローバル・ガバナンス論と市民社会論が共振することで、逆にネオ・リベラリズムを補完する勢力になってしまった。とすると、市民社会は既存のシステムに対する根本的な改革を問わず、むしろその負の影響を緩和しつつ、システムの永続化に手を貸しているのではないかという批判が出てくるだろう。果たして、市民社会は本来もっているはずの争議性を失い補完勢力と化すことによって、解体していくのであろうか。いや、市民社会のアクターは極めて多様である。ヘゲモニーの一翼を担わされることから距離を置いているアクターも多い。となると、市民社会は、権力に懐柔されるアクターとそれに抵抗するアクターとに分裂していくのであろうか。1990年代後半から、市民社会を徐々に切り崩そうとする力に対し、抵抗の自立した領域として市民社会を再編する動きが台頭している。本項では、再編の中核となる「トランスナショナルな社会運動」に注目したい。

（1）再編が進む市民社会

　1999年の「シアトルでの闘い」に表象される「反グローバリゼーション運動」は、1980年代に強まった IMF と世銀による構造調整政策に対する反対運動、債務帳消し運動、反 NAFTA 運動の延長線上にある。権力をもつ主体が、政府によって可視化されていた国家から、非民主的な国際機関（IMF, WB, WTO）さらに民主的な規制が及ばない巨大な多国籍企業へと移行するにしたがい、NGO が参画する公式なインサイド・アプローチとは異なる方法での異議申し

132

| 論点 7 | 市民社会 | 市民や NGO による国境を越えた連帯は国際平和に貢献しているか

立てが市民社会から表出した。それが、「トランスナショナルな社会運動（TSM）」と呼ばれる動きで、企業主導のグローバリゼーションを制御できない国家とネオ・リベラリズムに従属する市民社会（主として、取り込まれた先進国のアドボカシー NGO）に対して批判的な運動体が、この運動の中心となっている。主に「反グローバリゼーション運動」を牽引しているのは、ATTAC をはじめとする資本主義経済のグローバル化による不公正、格差拡大に異議申し立てを行う社会運動体である。こうした社会運動体の多くは、政策形成過程に関与することを通して市民社会の代弁者となった NGO との違いを強調し、一線を画す傾向が強い。

TSM に関わる社会運動体の多くは、特定の問題に取り組むローカルな草の根のグループである。もともと公式な制度化のプロセスから周縁化されていたというのもあるが、制度化されることを意識的に拒んできた運動体も多い。こうした運動体の中には、グローバル・ガバナンスのパワーに取り込まれた NGO に対し非常に批判的なものもある。したがって、TSM の多くは、NGO のように政策形成過程に関与するインサイド・アプローチよりも、政策形成過程の外側から直接行動、デモ、占拠といったアウトサイド・アプローチ戦略をとる。

TSM が圧倒的な数でもって人々の前に表出したのは、1999年の WTO 閣僚会議である。労働運動、環境運動、人権運動、消費者運動など、それまで共に行動することのなかった運動体がシアトルで合流した。その後も、新自由主義政策を立案・推進する世銀/IMF の年次総会やG 8/G 20、EU サミットの開催地で、数万もの人々による街頭抗議行動が繰り広げられた。米英軍によるイラク攻撃に対しても、TSM は戦争がネオ・リベラリズムと密接に結びついていることを指弾し、2003年 2 月15日には世界各地で1000万人以上がイラク戦争反対を訴えた。この後も、反イラク戦争「グローバル行動デー」は、ワシントンやロンドンなど 100 を超える都市で繰り返し開催された。ドライゼク（Dryzek 2006：105）は、「シアトルに始まった企業主導のグローバリゼーションに対する反対運動は、グローバリゼーション——もはや全ての政府、全ての人々が従わなくてはならない唯一の処方箋ではない——について熟議するスペースを開

第Ⅱ部　平和創造の主体と手法

く効果があった」と指摘している。そして、世界会議の開催地を転戦して街頭で抗議行動に参加してきた人々は、資本主義グローバリゼーションに反対するだけでなく、具体的なオルタナティブの模索を始めた。

　このような TSM の台頭を見ると、2000年を機にグローバル公正運動の本質、戦略、アイデンティティ、行動のレパートリーに構造的なスケールシフトが起こったと考えられる（Pianta and Marchetti 2007：39）。このシフトを具現化しているのが、2001年にブラジルのポルトアレグレで始まった「世界社会フォーラム（WSF）」である。WSF は、新自由主義グローバリゼーションを牽引する財界のリーダーが集まる「世界経済フォーラム（ダボス会議）」への民衆による対抗フォーラムとして始まった。さまざまなグループや運動体による自由な討議を可能にするため、WSF は多様性、多元性を尊重し、統一見解を出さない。さらに、非中心性、非階層的、水平性など、従来のヒエラルキー型組織形態とは大きく異なる行動原則を掲げる。また、政権の奪取を目的としない、フォーラムへの政党の代表や政治家の参加は認めない、資本による支配を排除するという原則も含まれており、政府や民間企業との間に明確な一線を引いている。実際には、主義主張の異なる人々が参加するため、フォーラムは一貫性がなく雑多で、主張している内容に矛盾も多く見られる。しかし、こうした新しい運動形態とオルタナティブを模索するグローバルな討議のための空間は、人々の関心を大いに引き付けている。2001年の開始以来、継続して数万もの人々が参加しているのはその証左であり、社会運動体による市民社会再編の動きと捉えることもできるだろう。

（2）WSF は地球市民社会なのか

　WSF には労働運動、環境運動、農民運動、先住民組織から民族主義運動や原理主義運動まで、さまざまな社会運動体が世界中から参集する。WSF 憲章第1項で WSF は、「新自由主義や資本主義、あらゆる形態の帝国主義に反対する市民社会の運動体やグループが、有効な行動について提案し、経験を交換し、行動を結びつけるために討議する開かれた集いの場」と位置づけている。そして参加者は、オルタナティブを志向する共通のアイデンティティを有し、

論点 7 市民社会 市民や NGO による国境を越えた連帯は国際平和に貢献しているか

連帯のグローバル化を目指している。地球市民社会の定義を、多様なアクター間で行動や思考の相互作用が連続的に起こる領域、政府や市場から独立して活動する自立したグループやアソシエーションによる領域とするならば、WSFは地球市民社会の要素をもち、それを具現化しているとも言えよう。

　しかし、同時に WSF 憲章第 5 項は次のように明記している。「WSF は世界のすべての国から市民社会の団体や運動体が集い、つながり合うものだが、世界（world）市民社会を代表する組織体（body）になることは意図していない。」世界市民社会を地球市民社会に置き換えて考えると、WSF 自体は地球市民社会の構築をその目的とはしていないのである。このことは、WSF がいわゆる西欧中心的な市民社会の概念では捉えきれない特徴を有することからも言える。その特徴を 3 つ、挙げてみよう。第 1 は、WSF が多国籍企業や政府、国際機構主導のグローバル化に反対する立場を明確に打ち出している点である。コンウェイは、カルドーらの研究が構築する地球市民社会言説は、地球市民社会を新自由主義と親和性の高いものとみなすが、そのような伝統的かつ西欧的な見方で WSF を見ると、その本質を見誤ってしまうと指摘する（Conway 2013：69）。確かに、WSF は「（新自由主義以外）他にオルタナティブはない」という言説に対抗する「もう 1 つの世界は可能だ」をスローガンに掲げ、参加者の間では、資本主義グローバリゼーションがもたらす経済的・社会的不公正や差別、環境破壊に対する不満や怒り・反感が共有されている。ただし、実際に提示されるオルタナティブの中身は、WSF が開催される地域の文化や歴史、そして主体的に参加する運動体の指向性等によって大きく異なり、決して一様ではない。連帯のグローバル化を目指しつつも、多元的で多様、異質性を内包している点も WSF の特徴と言えよう。

　2 つ目の特徴は、WSF が西欧的な範疇では市民に非ざる人々——「非市民（incivil）」と分類される人々——の参加を排除していない点である。WSF では、失業者、移民、路上生活者、スラム居住者、性的マイノリティーの人々など、存在そのものを認められていなかったり、周縁化され、排除されている人々が回を重ねるごとに多く表出してきている。2003年の WSF では「持たざる者」の社会運動体が NOVOX ネットワークの創設を呼び掛け、2004年の

第Ⅱ部　平和創造の主体と手法

WSF ではインドの「ダリット」（カーストの最下層に位置づけられ、社会的差別を
受け続けている人々）が人権を訴え、ムンバイのフォーラム会場まで 1 カ月かけ
て行進を行った。西欧の民主主義のシステムでは、その声が代弁されてこな
かったり、ましてやその存在そのものを否定されたりしてきた人々の参加は、
WSF が既存の「市民」という範囲（境界）を越えた空間であることを具現化
している。

　第 3 の特徴は、WSF でグローバルな抵抗運動の主体として台頭している先
住民運動や農民運動は、そもそも自らを特定の領土に規定された「市民」とは
位置づけていない点である。これは、市民という概念自体が西欧的なものとい
うことの反転であろう。農民運動も先住民運動も、近年の情報通信技術を駆使
し、国境を越えてネットワークを形成しているが、彼らの主張の多くは、食料
主権、土地主権など、自らの生活基盤である土地やコミュニティに根差してい
る。彼らはまた、権力の奪取も目指していない。例えば、小作人や中小規模農
民・土地なき農民らによる国際運動「ビア・カンペシーナ」は、市場の力や国
家権力が自分たちの築いてきたコミュニティに侵食するのを防ぐと同時に、自
治を要求している。グローバルレベルの均質化、単一化に向かう流れとは反対
に、ローカル化を志向し、コミュニティの公共性を守ろうとしている。先住民
運動が提示する「良き生き方（Buen vivir）」も、西欧的な概念とは異なる人間
と地球・自然との関係性を提示している。

　しかし、このような WSF の先駆的とも、既存の地球市民社会論を超えると
も言える特徴に対し、厳しい批判も向けられている。例えば、チョスドフス
キー（Chossudovsky 2010）は、フォード財団や政府、国連機関から開催費用の
援助を受けている WSF が、どこまで実際に批判的になれるのかとその政治
的・経済的中立性の主張に疑問を投げかけている。また、あらゆる人々に開か
れているという理念とは裏腹に、フォーラム内では包摂と排除が同時進行し、
掬いあげられない声があるという批判もなされている。実際、2007年にナイロ
ビで開催された WSF では、スラム居住者の入場が排除されたことから、
WSF 会場の外で持たざる者による対抗フォーラムが開催されるなど、WSF
内の対立も顕在化した（毛利 2008：8）。

論点 7 | 市民社会 | 市民や NGO による国境を越えた連帯は国際平和に貢献しているか

　このように考えると、地球市民社会のヘゲモニー言説が拠って立つ規範性や公共性から見ると、WSF は地球市民社会的要素をもっているものの、むしろ、その枠には収まらないことがわかる。同時に、WSF は地球市民社会なのか、という見方そのものが西欧的な外からの視点であることに気づかされる。つまり、WSF は地球市民社会なのかを議論すること自体が、市民社会概念を脱構築、脱植民地化することに貢献していると言えよう。

5　市民社会における連帯は、国際平和に貢献するのか

　本章では、平和を社会正義の問題として捉え、市民や NGO による国境を越えた連帯が、果たしてどこまで不正義の是正に貢献してきたのかを考察した。本章の冒頭で「市民や NGO による国境を越えた連帯は、国際平和に貢献している」という問いへの答えに留保を付けたが、それは、「連帯」を「連携」と区別して考える必要があったからである。すでに述べたように、トランスナショナルな NGO の連携活動は、国際社会の不正義を正す上で一定の評価を得、その結果、国際レベルで NGO の政策形成過程への関与の機会を拡大することにつながった。しかし、NGO に開かれたと思われた討議の機会は、実は政策形成過程への NGO の影響力を必ずしも保障するものではなく、逆に批判勢力としての NGO を懐柔する場として利用された側面がある。

　このような市民社会を徐々に切り崩し、弱体化を図る力に対して、市民社会が批判的市民社会であり続けるためには、抵抗のための自立した領域として再編していかなくてはならない。1990年代以降、国境を越えた社会運動の復活が見られるが、搾取される者、差別される者を主体とする社会運動を相互につないでいるのは、社会的不正義に抗う連帯感である。今後、NGO と社会運動との連帯を強めることによって、市民社会は本来もつ対抗性と争議性を取り戻さなくてはならない。それが可能になってはじめて、市民社会と NGO は国際平和に貢献し得ると言えるのではないだろうか。

第Ⅱ部　平和創造の主体と手法

〔参考文献〕

エレンベルク, ジョン（2001）『市民社会論——歴史的・批判的考察』青木書店

コーヘン, ジーン（2001）「市民社会概念の解釈」ウォルツァー, マイケル編『グローバルな市民社会へ向かって』石田淳ほか訳、日本経済評論社、44-47頁

ハーヴェイ, デヴィッド（2013）『反乱する都市——資本のアーバナイゼーションと都市の再創造』森田成也ほか訳、作品社

ベック, ウルリヒ（1998）『危険社会——新しい近代への道』伊藤美登里訳、法政大学出版社

毛利聡子（2011）『NGO から見る国際関係——グローバル市民社会への視座』法律文化社

——（2008）「オルタ・グローバリゼーション運動の行方——転機を迎えた世界社会フォーラム」『アジア太平洋レビュー』5 号、2-14頁

Beloe, Seb and Elkington, John（2003）*The 21st Century NGO: In the Market for Change*, London: SustainAbility.

Bruno, Kenny（2005）*New Internationalist* No. 375, Jan/Feb 2005.

Chossudovsky, Michel（2010）"Manufacturing Dissent: The Anti-globalization movement is Funded by the Corporate Elites," *Global Research*, September 20, 2010（http://www.globalresearch. ca/manufacturing-dissent-the-anti-globalization-movement- is-funded-by-the-corporate-elites/21110, last visited 30 June 2014）.

Conway, Janet M.（2011）"Cosmopolitan or Colonial？ World Social Forum as "contact zone"," *Third World Quarterly*, 32（2）: 217-236.

——（2013）*Edges of Global Justice: The World Social Forum and its 'others'*, London and New York: Routledge.

Dauvergne, Peter and LeBaron, Genevieve（2014）*Protest Inc: The Corporatization of Activism*, Cambridge: Polity Press.

Dryzek, John S.（2006）*Deliberative Global Politics: Discourse and Democracy in a Divided World*, Cambridge: Polity Press.

Finnemore, Martha and Sikkink, Kathryn（1998）"International Norm Dynamics and Political Change," *International Organization*, 52（4）: 887-917.

Florini, Ann M. ed.（2000）*The Third Force: The Rise of Transnational Civil Society*, Washington, D.C.: Carnegie Endowment for International Peace.

Ford, Lucy（2010）"Transnational actors in environmental politics," in Kutting, Gabriela ed., *Global Environmental Politics: Concepts, Theories and Case studies*, London and New York: Routledge pp. 27-41.

OXFAM（2017）"An Economy for the 99%," 16 January 2017, Oxford.

論点 7 | 市民社会 | 市民や NGO による国境を越えた連帯は国際平和に貢献しているか

Pianta, Mario and Marchetti, Raffaele (2007) "The Global Justice Movements: The Transnational Dimensions," in Porta, Donatella della ed., *The Global Justice Movement: Cross-National and Transnational Perspectives*, Boulder, CO: Paradigm Publishers, pp. 29-51.

Ramphal, Shiridath and Carlsson, Ingvar (1995) *Our Global Neighborhood: The Report of the Commission on Global Governance*, New York: Oxford University Press.

Sinha, Subir (2005) "Neoliberalism and Civil Society: Project and Possibilities," in Saad-Filho, Alfredo and Johnston, Deborah eds., *NEOLIBERALISM A Critical Reader*, London: Pluto Press, pp. 163-169.

United Nations (2004) *We the Peoples: Civil Society, the United Nations and Global Governance: Report of the Panel of Eminent Persons on the United Nations-Civil Society Relations* (A/58/817) New York: United Nations, 11 June 2004.

Utting, Peter and Zammit, Ann (2008) "United Nations-Business Partnerships: Good Intentions and Contradictory Agenda," *Journal of Business Ethics*, 90, pp. 39-56.

論点 8　主権と人権

人道的介入は正当か

清水奈名子

　人権が保障されている状態が世界平和の基礎となる、という認識は、第二次世界大戦後に初めて国際的に共有され始めた、比較的新しい考え方である。国際連合の目的に人権の尊重が掲げられ、その後も国際人権法や国際刑事法が漸進的に発展してきた背景には、甚だしい人権侵害が各国の国内法上合法かつ組織的に実施された第二次世界大戦中の無数の被害があった。特に、今まさに深刻な迫害が進行している状況を前にして、個別国家は国際法上違法である武力を行使してでも、犠牲者保護のために介入するべきか、という、「人道的介入（humanitarian intervention）」をめぐる問題は、法学、政治学、倫理学をはじめとして、多くの分野において活発に議論されてきた。平和研究はこの問いにいかに向き合うべきかについて考えるのが、本章の目的である。

1　人道的介入は平和研究にとってはたして重要な論点なのか

　まずこの問いに「然り」と答える理由を説明することから、議論を始める必要があるだろう。なぜなら人道的介入をめぐる議論は、平和研究にとっての最大の難問となりうる「武力行使なしに平和は達成可能か」という問いを突き付けるからである（最上 2001：i-x）。

（1）平和研究にとっての難問

　暴力の極小化を目指す平和研究にとって、大規模かつ組織的な人権侵害からの犠牲者の保護が重要な課題となることは、言を俟たない。さらに現代の平和

にとって不可欠な構成要素として人権が重視されるべきだと主張してきたのは、まさに平和研究者達であったことを想起すれば、犠牲者の保護はごく当然に重要な論点となるだろう。

問題は、誰がどのような方法を用いて保護するのかという、主体と方法に関わる論点である。人道的介入をめぐる議論では、犠牲者保護のための最終的な手段としての武力行使を排除していない。むしろこれまで展開されてきた議論の多くは、武力行使の是非を論じるものであった。そして近年では、武力を行使するべきか否かではなく、いかなる場合に実効的に武力を行使するかという論点へと問題関心は移行しつつある。

その結果、武力はどんな場合であっても行使しないとする絶対平和主義の立場からすれば、武力行使は時に必要であり、また犠牲者保護に貢献しうるとする人道的介入の議論の前提自体が、批判されこそすれ、積極的に称揚すべき概念ではない、ということになるだろう。または最終的な手段としての武力行使を認める立場であったとしても、武力介入を正当化することが、暴力による世界秩序形成の肯定につながるのではないかと懸念する傾向は、特に平和研究の分野では強いことが予想される。さらに、介入する側は常に軍事大国たる北の先進国であり、介入される側は南の途上国であるという、介入主体をめぐる階層性が、世界の構造的な理解を進めてきた平和研究からはとりわけ批判されるであろう。にもかかわらず、平和研究にとって人道的介入が提起する問題は、重要な論点となりうるのであろうか。

（2）概念と用語の整理

具体的な議論に入る前に、ここでいったん概念の整理をしておきたい。まず人道的介入の定義であるが、一般的には個別国家（群）が甚だしい人権侵害の犠牲者を保護する目的で、被介入国の同意を得ることなく武力を用いて介入することを指している（最上 2001：10, 50）。国際法学では、英語の intervention は通常「干渉」と訳され、interference に当たる「介入」とは区別されるため、「人道的干渉」という訳語が用いられることが多い。この訳語の違いは些細な技術的問題ではなく、人道的介入がはらむ本質的な問題を理解するうえで重要

第Ⅱ部　平和創造の主体と手法

である。というのも、国際法上の「干渉」とは、各国の自由な処理に任されている問題（国内管轄事項）について、他の国が武力の行使や威嚇によって自らの意思に従わせようとする強制的・命令的な措置を指す用語である。すなわち「干渉」とは、主権侵害を伴う違法な行為を意味する言葉なのだ。他方で「介入」は、「干渉」とまでは言えない政治的・経済的圧力を含めて他の国の国内管轄事項に関与する行為を指すより広い概念であり、違法性が前提となっていない。

　最も狭義の意味での人道的介入とは、「干渉」としての違法な個別国家による武力介入であり、多くの議論を呼んできたのはこの類型に属する国家行為である。少なくとも国際法学者が重視してきた論点は、この武力を用いた違法行為が、人道的な目的のために行われる場合には、正当化され、合法化されるべきか否か、という点であった（Chesterman 2001：1-4）。したがって、たとえば2011年3月以降に実施されたリビア空爆の事例は、この狭義の人道的介入には当てはまらないことになる。なぜなら、この事例は安保理決議によって武力行使の授権を受けた時点で、国連憲章第7章にもとづく「強制措置」となり、個別国家による武力行使とは区別された、合法な武力行使となるためである。

　本章では「人道的干渉」ではなく、国際政治学等で用いられている「人道的介入」の用語を使用するが、それには二つの理由がある。第一に、「干渉」は上述したように違法な行為を指すが、人道的介入をめぐる議論はその違法性を問い直す議論であるから、行為の違法性を前提とした用語ではなく、合法・違法どちらの行為をも含みうる「介入」を用いる必要があると考えるためである。第二に、人道的介入に関する近年の議論では、違法となる個別国家による武力介入（狭義の人道的介入）だけではなく、国連安保理の授権を受けた多国籍軍や平和維持活動、武力を用いない市民や NGO による、被介入国の同意を得ない支援活動も含めて、より広義に用いられる傾向があるためである（最上 2001：50-52）。これらの議論も見渡しながら考察を進めるために、狭義の人道的介入（人道的干渉）に限定しない用語を用いることにする。

142

論点 8 主権と人権 人道的介入は正当か

（3）平和研究にとっての重要な論点とは何か

　ここで冒頭の問題提起に戻って、なぜ人道的介入が平和研究にとって重要な論点となるのかを、改めて考えたい。すでに確認したように、大規模な人権侵害の犠牲となる人々の保護は、平和研究にとって重要な課題である。特に人々の虐殺がまさに進行している場合に、不介入を選択して被害者が出るに任せるという選択肢を考案することは、平和研究であるからこそ困難である。国際関係論の論者の中には、どのような場合に人道的介入が成功しやすいかの条件を洗い出し、介入すべき事例と、成功の見込みが少ないので介入すべきではない事例を「実際的に」整理する議論があるが、不介入として仕分けされた事例の被害者はどのように保護されるべきかについては検討されていない（Pape 2012：75-79）。

　対照的に、平和研究が人道的介入について考察する際には、被害者が放置されることは不正義であり、保護されなくてはならない、との立場をとることが前提となる。そのうえで議論の対象となるのは、誰がどのような手段を使って保護をするのかであり、その手段として武力行使は正当化されるのか、という点であった。しかしながら、「被害者を放置してはならない」という前提と、「保護のための武力行使は正当化されるか」という設問の間には、大きな飛躍があることに注意が必要である。放置してはならないという前提から考察を始めるにしても、被害者を救済する手段は武力行使であると措定する議論は、他の重要な設問を飛び越えた、かえって解決のための選択肢を減らす性急な議論となりうるからである。

　そもそもなぜ人権侵害が発生したのか、事態が深刻化するまで対応できなかった理由は何か、武力介入以外の手段は残されていないのか、武力介入がかえって犠牲を増やすことにならないのか、大国による「新植民地主義」につながるのではないかなど、武力行使の正当性を考える前に考察すべき論点は多い。これらについては順次検討することにして、さしあたりここで確認したいのは以下の点である。すなわち、平和研究にとって、人道的介入の問題が提起する最も重要な点は、人権侵害の被害者を放置してはならず、その保護のために誰がいかなる手段で何をする必要があるかを考察することは、現代の平和を

第Ⅱ部　平和創造の主体と手法

考えるうえで重要な論点である、という点である。この前提に立って、次になぜ、武力介入について議論する必要があるのかを考察したい。

2　犠牲者保護の手段として武力介入について議論する必要はあるのか

　平和研究が人道的介入の問題に向き合うとしても、なぜ武力介入を犠牲者保護の手段として検討する必要があるのかについて、考えておきたい。そこでまず検討すべきは、武力介入の必要論の前提となる、介入をしない選択がもたらす暴力の放置という問題である。さらに武力介入について議論する際にも、あらゆる武力行使が許されるわけではないとして「合法な武力介入」を志向する議論と、「違法な武力介入」もやむなしとする立場に分けて、議論を整理する必要がある。

(1)不介入という問題──主家国家体制による平和の限界
　いかに犠牲者を保護するか、という点を重視する平和研究の視点からすれば、実は武力が行使される事例以上に問題となるのは、いかなる主体も保護のために介入しないという「不介入」の事例である。その結果として人々に向けられる暴力は放置され、多大な犠牲が発生してきた。良く知られているものだけでも、80万人を超えるともいわれる死者を出した1994年のルワンダ、1995年の「スレブレニツァの虐殺」を経験したボスニア、2003年から「ジェノサイド」と表現されるほど深刻化したスーダンのダルフール、そして2018年時点で、七年にわたる内戦の結果30万人以上が死亡したと報告されるシリアなど、枚挙にいとまがない。これらはいずれも国連安保理において議論の対象となり、平和維持活動や停戦監視団が派遣されたにもかかわらず、被害者保護に失敗している事例である。さらにはパレスチナ、チェチェン、チベットなど、多くの犠牲が出ていることが報道されてきたものの、安保理常任理事国の利害に直結するために、理事会の議題とされず、被害が放置されてきた事例も存在する。
　これらの不介入の事例が写し出す問題は、要約すれば「主権国家体制による平和の限界」である。なかでも深刻なのは、本来は人々の生存権を保障するた

144

めに存在するはずの国家が、その領域内の住民を迫害する加害者となるか、または迫害を放置するという意味での主権国家による国内的な平和維持の限界である。

次に問題となるのは、こうした過酷な人権侵害状況が出現した際に、他の主権国家が有効な対応策を取らないために、被害者が見捨てられてしまうという意味での、主権国家体制の分断的構造ゆえの限界である。領域ごとにモザイク状に分けられた世界において、各国が他国に住む人々の被害を利他的に救済する動機づけは乏しい。こうした領域による棲み分けは、従来は国家間の平和を確保するために不可欠であるとされ、各国の主権尊重と違法な干渉の禁止が国際法原則の要とされてきた。しかし、国境を越えた国際的な人権保障の重要性が共有され、また文字通り国境を越えて人や情報が行き交うグローバル化が進行するにつれて、国内秩序と国際秩序が連続的に捉えられるという意味での、空間を越えた平和観が出現しつつある。すなわち、他国の住民であっても、ジェノサイドなどの大規模な人権侵害の犠牲者を放置してはならず、外部主体が「保護する責任（Responsibility to Protect）」を負うとする議論である（石田淳2011：111-120；Evans 2008：31-54）。こうした新しい概念は、上述した主権国家体制の限界を乗り越える解決策となるのであろうか。または、人道目的の武力行使を違法とはせずに正当化すれば、各国の介入へのためらいがなくなり、より積極的に実施されるようになるのだろうか。これらの論点は次節以降において検討することとして、ここでは暴力を放置せずに介入を選択する場合に、武力介入が必要とされる場合を考えてみよう。

（2）合法な武力介入と違法な武力介入

不介入の結果として発生する多大な人命の喪失は、明らかな非平和状態である。それではこれらの被害者を保護するために、武力介入を検討する必要があるのはどのような場合なのだろうか。

1997年からの10年間にわたる国連事務総長時代に、人道的介入の必要性と困難性について常に問題提起をし続けてきたコフィ・アナン（Kofi A. Annan）によれば、人々を保護するために武力行使が必要になる場面は存在するという。

第Ⅱ部　平和創造の主体と手法

2012年に刊行されたその回想録には、『介入——戦争と平和のなかに生きて』
というタイトルが付けられていることからも、彼がいかに人道的介入の問題を
重視しているかをうかがい知ることができよう。アナンがこの問題にこだわる
のは、1994年の国連平和維持活動（PKO）局長時代に自らルワンダの事態に関
わっていたものの、ジェノサイドを予防するために適切な対応ができなかった
こと、さらにその後のボスニアでの犠牲者保護の失敗があったという（Annan
2012：46-79）。受入国の同意や武力紛争の当事者間の停戦合意を前提として活
動する PKO では対処できないほど事態が悪化した場合に、多国籍軍による武
力介入が必要であるとするアナンの主張が、各国代表によって容易には受け入
れられなかった経験を、次のように説明している。

　　PKO 局から事務総長オフィスに異動する際に携えていった教訓のなかで、私が最
　も重視していたのは、ボスニアとルワンダでの教訓でした。すなわち、内戦地域にお
　ける悪（evil）は紛争を唱道する人々の意志によって発生しますが、こうした悪につ
　いては必要な場合には武力を用いてでも早急に対応し、対峙し、阻止しなければなら
　ないのです。しかし私が事務総長であった間に、国際的な集いや、外交官たちの集ま
　る現場、そして各国の首都においても、国連憲章の理念ではそのような武力行使は受
　け入れられないのだと信じる多くの人々が、その考え方に固執していることを知りまし
　た。
　　このような状況を受けて、私は事務総長として最大の挑戦をすることになりました。
　それは、大規模な人権侵害状況への介入の正当性と必要性についての新たな理解を作
　り出すということです（Annan 2012：78，79）。

　アナンが主張するのは、すべては武力介入で解決できるという短絡的な軍事
主義ではない。市民の虐殺といった「悪」に対峙するために彼が目指したのは、
国連集団安全保障体制の下での合法的な武力介入である。すなわち、犠牲者を
保護するための武力行使が安保理決議によって多国籍軍に授権されるという
「強制措置」型の活動であった。
　事務総長や国際法学者がなぜここまで武力行使の合法性にこだわるのかとい
えば、それは安保理の許可なく行使される武力は違法であるとする国連憲章第
2条4項の原則が、二度の世界大戦を通して希求されてきた戦争の違法化を完

146

成する金字塔であるためである。たとえしばしば各国によって破られたとしても、2003年のイラク戦争のように安保理の許可なく国家が単独的に行使する武力は違法であると認定し続け、第2条4項の例外を認めないことこそが、暴力を世界から減らすために不可欠な「法の支配」の要諦であるとの考えがその根底にはある（Annan 2012：363-366）。したがって、違法となる個別国家の判断による単独的な武力行使ではない、国連における共同決定と共同行動に基づく武力行使による犠牲者の保護を追求することが、ここでの課題となる。

　しかしながら、こうした合法的な武力行使は、いわゆる狭義の人道的介入には含まれないことは第1節で確認した通りである。むしろ問題となるのは、安保理常任理事国の拒否権行使によって合法的な介入が実施されず、犠牲者が放置される場合に、違法とされる個別国家による武力介入は正当化されるのか、という点であった。この問題を鋭く提起したのが、安保理による授権がないままに1999年に北大西洋条約機構（NATO）軍によって実施されたコソヴォ関連空爆であったことは良く知られている。あの空爆から早くも20年が経とうとする現在、合法な武力介入と違法な武力介入をめぐる議論に、はたして決着はついたのであろうか。

3　国連の集団安全保障体制の下で合法的に介入すれば十分なのか

　人道的介入の正当性については、1999年のコソヴォ関連空爆をきっかけとして多くの書籍や論文が刊行され、2011年のリビア空爆を経て現在のシリアに至るまで議論が活発に続けられてきた。これらの研究の蓄積によって、武力行使の正当性をめぐる議論に結論が出たのかといえば、学問分野や研究者ごとに立場は分かれており、収斂してはいないのが現状である。ここでは主要な論点を概観したうえで、人道的介入に代わる概念として2001年に提案された「保護する責任」が、武力介入の正当性をめぐる議論にどのような影響を与えたのかを考察する。

第Ⅱ部　平和創造の主体と手法

（1）世界の再階層化と暴力化

　コソヴォ空爆が提起した人道的介入をめぐる問題は、実に多様な学問分野において議論の対象となってきたことがその特徴である。それは多くの論者が、単にコソヴォ自治州という一地域の非人道的な状況の改善のみを問題としたのではなく、冷戦後世界が経験していた構造的な変化、すなわち国家主体を中心とする主権国家体制によって世界秩序を維持する困難さを映し出す現象として理解したためであった。

　まず問題となったのは、国家主権をどのように理解するかという点である。すなわち、先述した主権国家体制による国内と国際の平和維持が機能しなくなったときに、内政不干渉の原則を乗り越えて他国が介入することが正当化されるか、という問題である。それは主権か人権かという二項対立を意味するだけでなく、世界を構成する主体が、介入する側に立つ「正当な主体」と、介入される側に立たされる「逸脱した主体」に分けられることを意味する。実際には大航海時代を経て帝国主義の時代に至るまで、世界はまさに宗主国とその植民地に階層化されていたわけだが、国連創設後の植民地独立期を経て、新旧大小を問わず、また国内の統治状況を問わずに主権国家間の平等が法的には認められてきた。しかしその法理を乗り越えて、再び露骨な階層化を正当化し、武力介入という最も暴力的な手段の使用を認めるのだとすれば、主権平等という国際関係の基本的な枠組みを大きく塗り替える変化になると認識されたのである（山田　2010：20-22）。

　このように世界の再階層化において問題となるのは、誰が介入する正当性をもつのかという主体の正当性と、武力介入が正当化される場合には、何をどこまですることが許されるのかといった方法の正当性であった。大規模な人権侵害の犠牲者を保護するという目的の正当性が認められるとしても、その実施主体や方法の正当性が自動的に付与されるわけではない。

　さらにコソヴォの事例では、ロシアと中国による拒否権行使を予想した英米仏が、国連安保理決議を求めずに空爆に踏み切ったというその「違法性」が問題となった。空爆を受けた新ユーゴスラヴィアは、国際司法裁判所（ICJ）に作戦に参加した10か国を国際法違反を理由に提訴したが、興味深いのは

NATO 加盟国のなかで、この空爆を人道的介入として正当化しようとした国が、ベルギーを除いていなかったことである。それは介入国にとってさえ、この空爆が先例となって各国が国連安全保障体制を離れた単独的な「介入の権利」を主張することを望まなかったためだと考えられよう（Chesterman 2001：45-47；Tams 2012：368-370）。研究者の間でも、国際法学者は概ね安易な人道的介入の合法化には慎重であり、むしろ単独的な武力介入を正当化することの問題性を指摘してきた（松井 2001：45-49）。その後、国際的な独立委員会がコソヴォ空爆を「違法だが正当（illegal but legitimate）」と評して物議を醸したように（Independent International Commission on Kosovo 2000：186）、合法性と道義的な正当性の乖離が深まるなか、これらの問題を乗り越える新たな概念として提唱されたのが、「保護する責任」であった。

（2）保護する責任概念の登場

カナダ政府の主導によって設立された「国家主権と介入に関する国際委員会（ICISS）」の任務はまさに、現代的な国家主権の意味を整理したうえで、大規模な人権侵害が発生した際に実施されるべき犠牲者保護のための武力介入の主体や方法の正当性の基準を明らかにすることであった。2001年に提出された報告書の最大の特徴は、介入国の視点から語られがちな人道的介入が、国家主権と対立的な概念として理解される問題を克服するために、犠牲者の要請にこたえる視点から、「保護する責任」を国家主権の構成要素として読み込んだ点にある。具体的には、各国は領域内の住民を保護する責任を負っており、この責任遂行能力の強化を支援することは、主権の強化につながるという、国家主権概念と親和的な解釈を打ち出したのである（ICISS 2001：13, 17）。

その後同概念は複数の国連文書において取り上げられた後、2005年の世界サミット成果文書に取り込まれる過程で、重要な変更を加えられることになった（国連総会決議60／1, 138, 139段落）。一方で ICISS 報告書は、住民を保護する責任を領域国家が果たさない場合に、国際共同体（international community）がその責任を負うとし、安保理の授権を事前に得られない場合でも、地域的国際機構による武力介入の可能性を最終的な手段として排除していなかった。他方

第Ⅱ部　平和創造の主体と手法

で成果文書では武力行使が必要な場合には、国連憲章第7章のもとで安保理の授権を受けた強制措置として、すなわち合法な武力介入としてのみ実施するという制限を付けたのである。

この成果文書によって、ジェノサイド、戦争犯罪、民族浄化、人道に対する罪の四つの国際犯罪から人々を保護する責任は、第一義的には領域国家の責任として明記され、同時にその責任遂行を支援することが国際共同体の責任とされた。そのうえで、領域国家がその責任を果たす意思や能力を欠く場合には、国際共同体として国連が、平和的手段に加えて強制措置も含めて時宜にかなった対応をすることが合意されたのである。その後も、保護する責任の実施に関する複数の国連事務総長報告書が提出されているが、強制的な介入よりも各国の保護機能の強化を支援する側面が強調された、改良主義的な概念として用いられている。主権国家体制による国内外の平和維持機能の劣化という事態を受けて、国連は各国の保護能力の強化によって、この問題に対応しようとしたのである（清水奈名子 2012：28-31）。

こうした特徴をもつ保護する責任概念は、人道的介入に向けられた批判を以下のように乗り越えようとした。すなわち、国際共同体による武力介入という手段をとる場合であっても、国連安保理決議の下での合法的な強制措置とすることで違法性の問題を回避し、また国連安全保障体制の中心機関たる安保理を、介入の必要性を判断し、また実施する正当な主体として位置づけることで正当性を確保しようとしたのである。この国連安保理に多分に依存した定式化は、ICISS 報告書が発表された同じ2001年に、9・11 米国同時多発テロ事件が発生し、アフガニスタンやイラクでの有志連合による単独的な武力行使が世界秩序を大きく揺るがせるようになった背景を踏まえる必要がある。安保理を迂回した「対テロ戦争」が国連安全保障体制を掘り崩すだけでなく、多くの人命の損失と社会の荒廃をもたらしていたこの時期に各国の合意を得るためには、国連体制に埋め込んだ改良主義的な提案のみが実現可能な選択肢だったといえよう（Evans 2008：69-71）。

150

（3）保護する責任の問題

　しかしながら、このような国連安全保障体制に依存した保護する責任は、理論と実施の両面で克服しがたい課題を抱えることになった。理論的には、国連安保理がなぜ武力介入の要否を判断し、実施する主体として正当性をもつのか、という問いに、「それが国際法上、（自衛権を除けば）唯一の合法な武力介入主体だから」という、形式的な回答しか示すことができないという問題がある。1945年の時点で主導的な戦勝国であった、というだけで現在も常任理事国の席を有する五大国を中心に据える政治的な機関である安保理は、果たして加盟国の人権侵害や人道法違反を認定し、武力介入という暴力的な手段を独占する正当性をもった主体なのだろうか（Keating 2013：168-173, 185-188）。

　この安保理の正当性は、常任理事国による人権侵害や人道法違反の問題が発生する度に、著しく傷つけられてきた。グアンタナモ基地やアブグレイブ収容所における拷問、チェチェン共和国での過剰な武力行使、チベットにおける弾圧など、常任理事国が直接関わる事例だけでも事欠かない。さらに、武力介入を実施するほどの強い権限を与えられていながらも、安保理自身が司法審査を受ける制度がないという、その強大な権力を制御する装置の不在もまた、批判の根拠となってきた。安保理決議による人権侵害が欧州人権裁判所で争われるなど、その無謬性が近年では挑戦を受け始めている（最上 2012：374-382）。

　また実行に関しても、保護する責任はその非一貫性と選択性、そして手段の無限定性が問題とされてきた。非一貫性と選択性については、特にイスラエルによる長年にわたる入植活動の放置や、リビアと同様に2011年に反政府運動が高まったバーレーンへの湾岸諸国による軍事介入の黙認など、常任理事国の支援を受ける国々による人権侵害行為には介入がなされることはなかった（Mahdavi 2012：263-267）。さらに2005年のサミット成果文書が出たのちも、ソマリアやコンゴ民主共和国、ダルフールで続く人道危機には有効な対応がとられず、またほぼ同時期に反政府運動が始まったリビアとシリアでは、安保理による対応は対照的に分かれることになった。2011年３月の安保理決議1973では、リビア政府の「保護する責任」が明記されたうえで、内戦に巻き込まれている住民の保護を目的として武力行使が加盟国に授権された。他方でシリアは前述

第Ⅱ部　平和創造の主体と手法

したように、多くの市民が犠牲となっていることが国連事務総長によって安保理に報告されているにもかかわらず、ロシアと中国による度重なる拒否権の行使によって実効的な対応がとれないままである。

　このシリアへの不介入問題は、介入の方法に関わる問題にもつながっている。リビアへの空爆が当初の予想をはるかに超えて200日以上の長期にわたって続けられ、カダフィ政権の転覆につながったことに、中露をはじめとする多くの加盟国は警戒を強めることになった。犠牲者保護のためには、加害者となっている政府を武力を行使して転覆することまでもが手段として認められるのか、という問いを、リビアの事例を受けて保護する責任もまた突き付けられることになったのである。リビアに続いてシリアまでもが保護する責任の名の下の体制転換につながることを恐れた中露は、対シリア制裁を目指した安保理決議に拒否権を発動した。さらに、非常任理事国として決議1973の採決では棄権票を投じたブラジルは、リビア空爆のように武力介入の「入口」で安保理が授権するだけでなく、保護する責任の実施中にも安保理が加盟国群による作戦行動を検証できるようにする「保護に際する責任（responsibility while protect-ing）」を2011年9月の国連総会で提案している。安保理が授権する武力行使だからといっていかなる手段をとってよいわけではなく、武力紛争法や国際人道法を順守し、均衡性のある手段に限定することが求められたのである（清水奈名子 2012：34-36）。

　このように、人道的介入の問題を克服する概念として保護する責任が登場し、その実施が国連の主要な政策目標として認められてきたにもかかわらず、依然として武力介入の主体や方法をめぐる正当性には批判が絶えないことが見て取れよう。さらに一貫しないその実施状況は、保護する責任が国際的に共有された行為規範であるとは言えず、大国が数多くもつ外交の手段の一つであるに過ぎない、という批判の高まりを招いてきた（Hehir 2013：44-53）。他方でこれらの乗り越えがたい問題が山積していようとも、やはり保護する責任を熱心に推進しようとする議論も続いている。こうした議論の錯綜状況がなぜもたらされるのだろうか。それは第2節で見たように、主体や方法の正当性に疑義が呈されたとしても、過酷な人権侵害をもたらす「悪」が世界に存在する以上は、

論点 8 主権と人権　人道的介入は正当か

その撲滅を目指した武力介入は不可欠であり、正当であるとの認識が根強く残っているからである。そこで次に問われるべきは、はたして人権侵害の被害者を保護する手段として武力介入が実効的なのかであり、さらには悪に対峙するための正義の実現手段として人道的介入を位置付けることは可能か、という二つの点になる。

4　武力介入は人権保障の有効な手段たりうるのだろうか

　この問いへの答えは、人道的介入に肯定的か否定的かで異なりうる。肯定的な論者の多くは、この問いに対して「有効な手段である」と答えるであろう。保護のための手段として有効であり、また他に手段がないと考えるからこそ、その実現に資する基準設定や規範形成を促そうとしてきたのである。言い換えれば、人道目的の武力行使が正当化されれば、各国は介入へのためらいがなくなり、より積極的に保護のための介入が実現するだろうと推論しているのである。

　しかし、こうした単線的な推論には大きく分けて二つの立場からの批判が行われてきた。第一に、各国は自国の国益と関係のない人道危機に、自国の兵士が犠牲になることを引き受けてまで積極的に介入するわけでも、すべきでもなく、武力介入は選択的になされるがゆえに、常に有効な手段とは言えないという批判である。それは主に介入国側の意思や能力に関わる問題を指摘している。第二は、武力介入は即効性のある万能薬ではなく、むしろ反政府勢力側に勝利への期待を抱かせることで紛争を長期化させ犠牲を増やすというジレンマや、周辺国への予測しがたい悪影響をもたらすとする、介入による被害増加を指摘する立場である。

（1）介入国の意思と能力に関わる問題——選択的介入の避け難さ

　犠牲者保護の手段として武力介入の有効性を確保するためには、それが机上の空論で終わらずに、その実現可能性を高めておく必要があるだろう。しかしすでに見たように、冷戦後の事例だけを見ても、武力介入が実施されたのはむ

153

第Ⅱ部　平和創造の主体と手法

しろ例外的であり、暴力が放置されている場合の方が多いのが現実である。

　こうした不介入状態を克服するために、より「実際的な人道的介入」の基準を提案する議論がある。すなわち、①政府よって実際に数千人単位で人々が殺されているか、殺される可能性が高い大量殺戮に限定し、②被介入国の犠牲者は平時の作戦と同等の付随的被害に抑えられ、また介入国側の犠牲はほぼゼロにすることができ、③介入後も現地勢力による持続的な治安維持が可能な場合にのみ介入すべきだとする提案で、2011年のリビア介入はまさにこの好例であったという（Pape 2012：41-44）。しかしこうした議論はすでに指摘したように、これらの条件に当てはまらずに介入すべきではないと判断されるダルフールやシリアの事例にどう対応するのかについては、答えを示していはいない。保護する責任に関する議論でも、成功の可能性の高さを実施条件とすることが多いが、それはこの「実際的な人道的介入」と同じ問題に直面することになるだろう。これらの議論は言い換えれば、すべての非人道的な状況に武力介入が可能ではないと制限していることになるからである。こうした問題を克服するためには、あらゆる事例に武力介入できる主体や方法を考案するほかないのだろうか。しかしこのような代替案は実現可能性が低いだけでなく、そもそも武力介入は実効的な保護手段ではない、とする第二の批判を受けることになろう。

（2）介入による被害の増加

　武力介入によって犠牲者が保護される面よりも、むしろ被害を増やす可能性があるとするこの立場は、人道的介入にとってはより根源的な批判となる。それは安保理の授権を受けた合法的な介入か、または違法な介入かを問わない批判である。というのも武力介入が選択される場合であっても、コソヴォやリビアで見られたように、被介入国による対空砲火の届かない高高度からの空爆が主とされ、それも被害者の保護目的というよりは加害者の処罰のために広範囲にわたって空爆の標的が設定された。その結果として精度の低い空爆による付随的被害が報告されている。また地上軍の派遣が見送られたコソヴォでは、セルビア人勢力によるアルバニア人への迫害が加速し、また逆にアルバニア人勢

力によるセルビア人への報復的な迫害が見られたという（最上 2001：105-110）。さらに空爆の期間がコソヴォは80日以上、リビアは200日以上の長期間に及んだことからも、武力介入が即効性のある手段と考えることもできない。

　ただリビアの事例は、空爆の目的が途中から反政府勢力の支援とカダフィ政権の転覆に変更されたために長期化したといわれ、また支援を受けた反政府勢力が勝利の期待を高めた結果、カダフィ政権が提案した早期の休戦を拒み続けたという、介入のジレンマが指摘されている。特に2011年3月のリビア状勢ではメディアで取沙汰された「血の海」を見るほどの無差別大量殺戮が進行していたわけではなく、介入を求める反政府勢力側の演出による可能性があったとする分析もなされてきた。またカダフィ政権崩壊後のリビアから周辺国に大量の武器が流出した結果、2012年のマリの内戦等の周辺地域に不安定化を引き起こしているという。さらにカダフィ政権後のリビア国内も民主化からはほど遠く、治安の悪化も深刻化している（Kuperman 2013：133-136）。

　このように保護する責任の「成功例」といわれるリビアであっても、武力介入がどこまで犠牲者保護に有効であったかは不明確であり、また即効性のある万能薬ではないことは明らかであろう。また武力介入という手段は、一部の住民の生命を保護するために別の住民の生命を奪うというジレンマを乗り越えることができない。暴力を一時的に停止し、失われるはずであった生命を保護することは可能であるかもしれないが、その武力介入が持続的な平和状態を作り出すわけではないことから、犠牲者保護のための有効な手段とはいえないのである。

5　人道的介入ははたして正義にかなうのか

　ここまで議論を進めてくると、もはや人道的介入に関して平和研究が取り組むべき論点を見出すのが困難に思われるかもしれない。しかし最後に大量殺戮という「悪」を前にして、平和研究はどのように正義を実現するのかという論点は、やはり検討に値するだろう。それは現代の平和研究にとって重要な概念である、グローバルな正義（global justice）に関わる論点だからである。

第Ⅱ部　平和創造の主体と手法

（1）グローバルな正義と人道的介入

　国際関係論や国際政治学、さらに政治学や倫理学のなかには、グローバルな正義の実現と関連づけて人道的介入が論じられてきた。人道的介入自体、正義との関連では、中世以降のヨーロッパにおいて発展してきた正戦（just war）論との連続線上で議論されてきた歴史がある。その主要な論客として知られるマイケル・ウォルツァー（Michael Walzer）をはじめとする「リベラルな介入主義」といわれる人々は、人権侵害からの犠牲者の救済を正義として措定し、その実現のための武力行使を正当化する点で一貫している（Walzer 2004：101-115）。

　しかし一方で、このようなリベラルな介入主義に対しては慎重な議論も少なくない。空間を超えた正義の実現のための武力介入が国際基準に合わせた国内統治を強制する問題（石田淳 2011：113-120）や、グローバルな次元で正義を一元的に措定するが故に、正しい側と逸脱した側をアプリオリに峻別することの問題性を指摘し、複数の異なる「正義」の狭間で成り立ちうる「道義的な適切さ」の必要性が指摘されてきた（星野 2013：136-139）。

　こうした慎重論のなかでも平和研究にとって特に重要なのは、〈救世主（介入国）─絶対悪（被介入国）─犠牲者〉という区分けがもつ権力性と暴力性の指摘である（土佐 2012：125-130）。それは正義を体現する「救世主」による一方的な保護を受ける無力な被害者、というパターナリズムを前提とし、また救世主と悪と被害者という三者が入れ替わりうるという流動性を覆い隠してしまう。しかし、大量殺戮を数多く経験した20世紀が残した教訓は、誰もが「悪の凡庸さ」ゆえに加害者になり得るということ（清水耕介 2011：49；長 2012：57-66）、またパレスチナ問題が示すように過去の犠牲者が過酷な迫害者となりうること、そしてこうした暴力の応酬を促進してきたのは主権国家体制そのものであるということである。人道的介入のように、悪に対峙する正義の武力行使という二元論的な処方箋では、迫害の矛先が入れ替わった時や、紛争当事者の双方が重大な人権侵害に手を染めている際に有効な処方箋を描くことはできない。しかしそもそも主権国家体制は、正義が武力を用いて悪を駆除するという暴力を前提にしており、国際法や国際機構がこの暴力性を支えてきたことは、

平和研究にとって看過できない問題である（阿部 2010：71-75）。主権国家体制を前提とする制度が包摂する階層性と暴力性という問題は、保護する責任の平和的な手段として期待される国際刑事裁判所による強制的な管轄権行使の問題にも関わる点で、平和的・軍事的手段を問わず検証されるべき課題でもある（Falk 2016：90, 91）。

（2）平和研究者が向き合うべき人道的介入の論点

　暴力の犠牲となる人々を別の暴力の投射によって救うことが、平和の実現につながるのか。本章の考察を通して明らかになったことは、人道的介入が提起するこの問いの前提自体を批判的に考察することこそが、平和研究者が取り組むべき作業だということである。主権国家体制自体がもつ暴力性は、この体制を所与の前提としている国際法学や国際政治学、国際関係学などが取り組みにくい課題であり続けているからこそ、平和研究者が向き合う必要がある。この問題をいち早く指摘してきたジェンダー研究の論者たちも、人道的介入が依って立つ自由主義批判を通して、個人の主体化を過度に強調することに由来する暴力が、国際的な安全保障上の暴力がもたらす問題を説明するうえでも有効であることを示してきた。そこで重視されるのは、個人の脆弱性とそのケアに基づく依存関係を肯定的に捉える社会観である（岡野 2012：315-319）。

　主権国家体制の暴力性に注目する最大の理由は、まさにこの個人の脆弱性に由来する。それは生物的・身体的な壊れやすさだけでなく、われわれ誰もが簡単に迫害者にも、または被害者にもなりうるという弱さであり、さらには自らの信じる正義が、他の人々を暴力的に排除する可能性をもっているという意味における弱さである。この弱き人間が、主権国家の創設や再編、または軍事的・経済的な利益追求の過程で、ジェノサイドをはじめとした暴力の担い手として動員されてきたことは、まさに平和研究の成果によって明らかにされてきた（石田勇治 2011：10-16）。脆弱性を抱える人間が、迫害者にも被害者にも追い込まれることなく、同時に常にその流動的な当事者性を意識しながら平和の意味を考え続けることこそが、平和研究者が取り組むべき課題なのではないだろうか。「人道的介入は正当か」という問いは、主権国家体制がもつ暴力性を

第Ⅱ部　平和創造の主体と手法

克服する具体的な構想と方法を考察し続けることを、われわれに要請するのである。

　［謝辞］本研究は JSPS 科研費 16K13456 の助成を受けている。

〔参考文献〕

阿部浩己（2010）『国際法の暴力を超えて』岩波書店

石田淳（2011）「弱者の保護と強者の処罰──〈保護する責任〉と〈移行期の正義〉が語られる時代」日本政治学会編『年報政治学2011-Ⅰ　政治における忠誠と倫理の理念化』木鐸社、113-132頁

石田勇治（2011）「ジェノサイド研究の課題と射程──比較の視座から」石田勇治・武内進一編『ジェノサイドと現代世界』勉誠出版、3-21頁

岡野八代（2012）『フェミニズムの政治学──ケアの倫理をグローバル社会へ』みすず書房

長有紀枝（2012）「平時の平和を再定義する──人道支援と『人間の安全保障』の視点から」『平和研究　平和を再定義する』39号（早稲田大学出版会）、49-67頁

清水耕介（2011）「現代におけるグローバルな善・悪の概念について──カント・アレント・デリダの正義」『平和研究　グローバルな倫理』36号、43-60頁

清水奈名子（2012）「『保護する責任』と国連システム──普遍的な規範形成とその実施をめぐる諸問題」『国際安全保障』40巻2号、24-40頁

土佐弘之（2012）『野生のデモクラシー──不正義に抗する政治について』青土社

星野俊也（2013）「『保護する責任』と国際社会の正義」『国際政治　正義と国際社会』171号、129-143頁

松井芳郎（2001）「現代国際法における人道的干渉」藤田久一他編『人権法と人道法の新世紀・竹本正幸先生追悼記念論文集』東信堂、5-63頁

最上敏樹（2001）『人道的介入──正義の武力行使はあるか』岩波書店

──（2012）「普遍的公権力と普遍的法秩序──国連安全保障理事会の決議および行動に対する司法審査について」松田竹男ほか編『現代国際法の思想と構造Ⅱ──環境、海洋、刑事、紛争、展望』東信堂、371-404頁

山田哲也（2010）『国連が創る秩序──領域管理と国際組織法』東京大学出版会

Annan, A. Kofi and Mousavizadeh, Nader（2012）*Interventions: A Life in War and Peace,* New York: The Penguin Press.

Chesterman, Simon（2001）*Just War or Just Peace?　Humanitarian Intervention and International Law,* Oxford/ New York: Oxford University Press.

論点 8 主権と人権 | 人道的介入は正当か

Evans, Gareth (2008) *The Responsibility to Protect: Ending Mass Atrocity Crimes Once and For All,* Washington D. C.: Brookings Institution.

Falk, Richard (2016) *Power Shift: On the New Global Order,* London: Zed Books.

Hehir, Aidan (2013) "The Responsibility to Protect as the Apotheosis of Liberal Teleology," in Hehir, Aidan and Murray, Robert eds. *Libya, the Responsibility to Protect and the Future of Humanitarian Intervention,* London/ New York: Palgrave Macmillan, pp. 34-57.

Independent International Commission on Kosovo (2000) *Kosovo Report: Conflict, International Response, Lessons Learned,* Oxford: Oxford University Press.

International Commission on Intervention and State Sovereignty (ICISS) (2001) *The Responsibility to Protect.*

Keating, Tom (2013) "The UN Security Council on Libya: Legitimation or Dissimulation?" in Hehir, Aidan and Murray, Robert eds. *Libya, the Responsibility to Protect and the Future of Humanitarian Intervention,* London/ New York: Palgrave Macmillan, pp. 162-190.

Kuperman, Alan J. (2013) "A Model Humanitarian Intervention?: Reassessing NATO's Libya Campaign," *International Security,* 38(1): 105-136.

Mahdavi, Mojtaba (2012) "R2P in the Middle East and North Africa," in Knight, W. Andy and Egerton, Frazer eds., *The Routledge Handbook of the Responsibility to Protect,* London and New York: Routledge, pp. 257-275.

Pape, Robert A. (2012) "When Duty Calls: A Pragmatic Standard of Humanitarian Intervention," *International Security,* 37(1): 41-80.

Tams, Christian J. (2012) "Prospects for Humanitarian Uses of Force," in Cassese, Antonio, ed., *Realizing Utopia: The Future of International Law,* Oxford: Oxford University Press, pp. 359-374.

Walzer, Michael (2004) *Arguing About War,* New Haven/London: Yale University Press.

論点 9　援　助

援助は貧困削減に有効なのか

佐伯奈津子

1　はじめに

　世界には1日1.25ドル未満で暮らさなくてはならない人びとが10億人以上いる。著しい貧困状態にある人びとは、十分な食糧、清潔な水、必要な医薬品を得ることが困難だ。毎日8億人が飢えて床につき、3.6秒に1人が餓死し、その大多数が5歳以下の子どもである。10億人以上が清潔な水を得ることができない。毎年1100万人の子どもが5歳にならないうちに死亡し、そのうち600万人以上は、マラリア、下痢、肺炎など治療できる病気で死んでいる。

　新聞、テレビ、インターネットなどあらゆる媒体で、このような貧困の悲劇が伝えられている。先進諸国や国連・国際機関がいかに途上国貧困問題に取り組むべきか議論がなされ、極度の貧困と飢餓の撲滅などの目標を定めたミレニアム開発目標（MDGs）が掲げられた。貧困削減は国際社会の重大な責務と認識され、国連・国際機関はもちろん、先進国だけでなく途上国で、政府系機関だけでなく非政府組織（NGO）や企業が、そしてなにより貧困層と呼ばれる人びとみずからが、貧困削減の方策を模索してきた。

　研究機関・研究者も例外ではなく、貧困についてさまざまな研究分野で分析されており、とくに近年、学際的なアプローチがとられるようになっている。たとえば、日本貿易振興機構（ジェトロ）アジア経済研究所は2005年、その機関誌『アジ研ワールド・トレンド』2005年6月号（No. 117）で「「貧困」で学ぶ開発──諸学の協働」という特集を組み、民俗学、政治経済学、人口学、市

場開拓学、国際政治学、法学、保健学の分野から貧困を分析した。

　では、平和研究において、貧困（貧困削減）は、どのように位置づけられるのであろうか。ノルウェー人の平和研究者ヨハン・ガルトゥングは、貧困や飢餓、抑圧、差別が、制度や構造に内在した構造的な暴力であるとして、それらを平和研究の対象とするよう提唱した（Galtung 1969）。もしくは、貧困国ほど武力紛争が発生する可能性が高まり、また貧困がさらなる暴力の温床となるという指摘もある（UNDP 2005）。

　このように、平和研究では、貧困は、直接的・構造的暴力との関連で論じられてきた。つまり、貧困の削減は、直接的な暴力が行使される武力紛争を予防・解決する（消極的平和の実現）とともに、構造的暴力を克服する（積極的平和の追求）ことにつながると考えられ、平和研究において取り組むべき重要な課題となる。

　貧困削減のための試みとして、中心的にとられてきたアプローチは援助である。前述のとおり、国連・国際機関、各国政府機関、NGO、企業など、さまざまなアクターが、途上国の貧困削減のために、援助を供与してきた。本章では、この貧困削減のための援助がどう評価されているのか、援助をめぐる議論を整理したい。

2　援助は貧困削減に有効なのか

　この問いに答える前に、貧困が削減されたのか、もしくは削減されつつあるのか考えたい。

　世界銀行（以下、世銀）は、「繁栄の共有の促進」と並び、「極度の貧困の撲滅」を目標として掲げ、2030年までに1日1.25ドル未満で暮らす最貧困層の数を世界全体で3％まで減らすことを目指している（世界銀行 2013a）。たしかに、最貧困率・人口ともに著しく減少している。世銀は2013年4月、1日1.25ドル未満で暮らす人の数が、30年間で著しく減少したと報告した（World Bank 2013）。途上国人口が59％増加したにもかかわらず、1981年から2010年までの最貧困率はすべての地域で減少し、また最貧困率は52％から21％まで、最貧困人口も20

第Ⅱ部　平和創造の主体と手法

図1　地域ごとの最貧困率

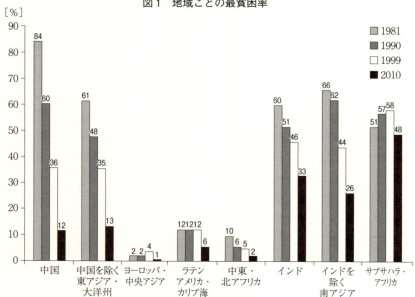

出典：World Bank 2013

億人から12億人まで減ったという（図1）。

　しかし、そのいっぽうで最貧困人口は、サブサハラ・アフリカとインドに集中するようになった。インドの最貧困人口がほぼ横ばいなのと比べて、サブサハラ・アフリカでは、2010年の調査ではじめて最貧困率こそ減少したものの、最貧困人口は1981年の2倍以上にあたる4億1400万人まで増加している（図2）。

　貧困問題がむしろ、より深刻になっていることを示す報告もある。国際NGOのOXFAMは2015年1月、格差に関する報告書で、富裕層上位1％が所有する富の割合が、2009年の44％から2014年には48％に増加し、2016年までに50％を超えると指摘した。最貧困から80％の人びとが5.5％の富を分け合っている状況であり、拡大する格差が抑制されなければ、2016年には富裕層上位1％の富が、その他99％の富を上回ることになるという。OXFAMは、格差の急激な拡大が、世界の貧困をなくす取り組みに逆行すると警告する（OX-

論点9 援助 援助は貧困削減に有効なのか

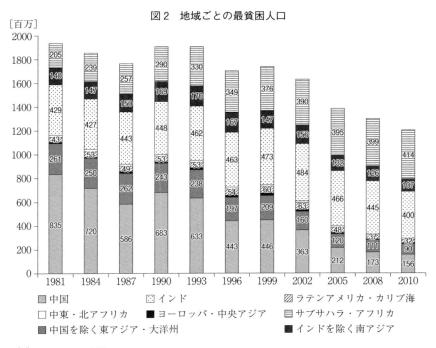

図2 地域ごとの最貧困人口

出典：World Bank 2013

FAM 2015)。

　ジム・ヨン・キム世銀総裁は、「途上国では、1日1.25ドル未満で暮らす貧困層の削減に大きな進展が見られるが、それでもなお12億人が極度の貧困状態にあるという事実は、我々全員の良心に汚点として残っている」（世界銀行 2013b）と述べる。この発言からわかるとおり、世界の貧困は削減されたのかという問いに「イエス」と答える人でも、貧困問題が解決済みかと問われれば「ノー」と答えるだろう。2015年9月の国連持続可能な開発サミットで、「誰も置き去りにしない（leaving no one left behind）」を掲げた持続可能な開発目標（SDGs）が採択されたのも、そのあらわれといえる。

　では、世界の貧困が削減されていると仮定して、それは援助の効果なのだろうか。この問いに対しても、「イエス」「ノー」両方の答えが存在する。

第Ⅱ部　平和創造の主体と手法

　国連や世銀、国際通貨基金（IMF）といった国際機関や、経済協力開発機構（OECD）開発援助委員会（DAC）に加盟する先進諸国が、自身が実施してきた途上国に対するさまざまな援助の効果を否定することはない。貧困が削減されたのは援助の効果であるし、依然として最貧困層が存在するのは、援助が十分でないためだというのが、援助を実施する側の主張である。

　これに対し、援助が本当に必要とする人びとのもとに届いていない、もしくは人びとのニーズを無視している、援助が「人はインセンティブに反応する」という経済学の基本原理を軽視している、援助が独裁政権を支え汚職を助長している、など援助に対する批判は多い。しかし、援助を批判する立場でも、援助の効果についての見解が同じとは限らない。

　援助のありかたを批判し、その改革を提言するならば、よりよい援助の可能性を追求しているということであり、援助の効果に肯定的だと考えられる。ただし、このような立場は、これまでの援助の効果には疑問を呈しており、貧困が削減されたのかという問いにも、無条件で「イエス」とは答えないだろう。

　いっぽうで、援助の効果自体に否定的な見解もある。貧困削減には援助より自由主義経済が有効である、援助こそが貧困問題をより深刻にさせてきた、というような指摘だ。

　援助は貧困削減に有効だったのか。援助の効果ひとつとってみても、援助についていまだに国際的な合意はないことが明らかである。次節以降で、このような援助をめぐる議論を検討したい。

3　援助を増やせば貧困問題を解決できるのか

　アメリカを中心とした先進諸国は1990年代、いわゆる「援助疲れ」により援助額を減少させていた（反対に日本が最大の援助供与国になった時期でもある）。自国の経済・財政状況の悪化や、長年の援助にもかかわらず目にみえる効果があらわれないという停滞感が主要な原因であったが、東西冷戦構造の崩壊により、「援助供与の地政学的な意義が消滅した」（モヨ 2010 : 32）ことも、その背景にある。

　この潮流を変えたのが、2000年9月、国連ミレニアム総会で採択されたミレ

164

ニアム宣言である。宣言では、開発と貧困撲滅が重要な目標のひとつとして確認され、主要援助国は政府開発援助（ODA）の増額に合意した（2002年「モンテレー合意」）。ODA の目標については、1970年の「第2次国連開発の10年のための国際開発戦略」で、国民総所得（GNI）の0.7％と定められたが、この目標を達成、維持しているのは、デンマーク、ルクセンブルグ、オランダ、ノルウェー、スウェーデンの5カ国だけだった。しかし、DAC 加盟22カ国がこの目標を達成すれば、ODA 拠出額は3倍になると推計されるという（秋月 2008：25）。

　では、大量の援助資金を投入すれば、途上国は貧困と停滞の悪循環（低位均衡の罠、貧困の罠）からテイクオフ（離陸）することができるのだろうか。これに「イエス」と答えるのが、つまり援助のビッグ・プッシュ理論を強力に推進するのが、アメリカの経済学者で、国連ミレニアム・プロジェクトのディレクターを務めたジェフリー・サックスだ。

　サックスは、MDGs の期間が3分の1が経過した2005年に出版された『貧困の終焉（*The End of Poverty*)』で、「現在、世界で毎年、800万人以上の人びとが、生きていけないほどの貧困のなかで死んでいる。私たちの世代は2025年までにこのような極貧をなくすことができる」（サックス 2006：36）として、援助の増額を訴えた。

　サックスは、貧困の罠についてつぎのように説明する。貧しい世帯の場合、所得はすべて生きるための消費につかわれ、税金を払えず、貯蓄もできない。その結果、公共投資予算はゼロになり、資産の目減りや人口の増加によって、1人あたりの資本は減り、所得もマイナス成長になる。これがつづけば、世帯はますます貧しくなる（図3）。

　この貧困の罠を解決するのが ODA である。人道援助のような各世帯に直接届けられるもの、公共投資の財源として政府の予算を支援するもの、そしてマイクロファイナンスのような民間のビジネスに投下されるもの、この3つの経路で援助が供与されることで、資本の蓄積、経済成長、世帯の所得増が後押しされるという（サックス 2006：351）（図4）。

　サックスは、貧困の罠に対する ODA の効果をこのように説明し、援助が慈

第Ⅱ部　平和創造の主体と手法

図3　貧困の罠

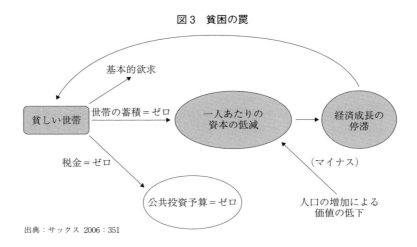

出典：サックス　2006：351

図4　貧困の罠から抜けだすためにODAが果たす役割

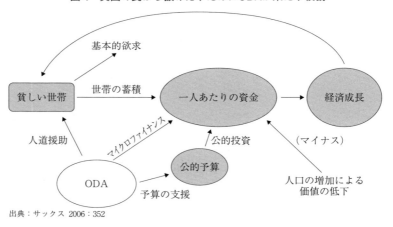

出典：サックス　2006：352

善の施しではなく、「持続的な経済成長への投資」（サックス 2006：346）、「貧困の罠を壊すために一度だけ必要な投資」（サックス 2006：351-352）なのだと繰り返し強調した。サックスはまた、ODA 目標が GNI のたった0.7％で、先進国に過重な負担を強いるものでもないとも主張する。

論点 9 援助 援助は貧困削減に有効なのか

先進国に要求される努力はそれほど小さい。それをさらに減らすとしたら、世界の大部分のひとびとに厚かましくもこう宣言するようなものだ。「あなたたちに価値はない」。先進国がそこまで非情だとしたら、やがて報いを受けても当然ではなかろうか（サックス 2006：404）。

先進国の良心に働きかけるように、そればかりかいささか脅すかのように援助の増額を呼びかけるサックスは、「問題は、豊かな社会が貧しい人びとを助けられるかではなく、助けずにいられるか、なのだ」（サックス 2006：403）と、先進国の責務として援助を位置づけた。

サックスの見解は、ただ援助を増額しさえすれば、貧困問題が解決するというものではない。サックスが提唱するのは、臨床医学をモデルとした臨床経済学である。病気と同じように貧困に対しても、極度の貧困がどこにあるのか、経済政策、財政の枠組み、地理学と人間的な環境、政府の態度、経済発展を阻む文化的な障壁、地政学について個別の診断をおこない、それをもとに適切な治療（援助）計画を立てて、実行する必要があるという考えだ（サックス 2006：128-146）。

こうして、先進国が貧困国を「開発の梯子につかまらせ、せめていちばん下の段に足をかけさせてやる」（サックス 2006：38）ことに成功すれば、これらの国ぐには自力で梯子を昇っていくことができるという。

では、すでに長期間にわたって、援助のビッグ・プッシュがあったにもかかわらず、なぜ貧困問題は解決しなかったのか。サックスの説く援助のビッグ・プッシュによる貧困削減への効果に否定的なのが、元世銀エコノミストのウィリアム・イースタリーだ。イースタリーは、サックスの『貧困の終焉』の翌年に出版された『傲慢な援助（*The White Man's Burden*）』において、サックス批判を展開、援助と経済成長に相関関係がないと主張した。

たとえば、イースタリーは、1950年の1人あたり所得にもとづき、137カ国をもっとも貧しい5分の1とそれ以外に分類した。最貧困5分の1の国ぐには、1950年以降50年間で、所得を2.25倍に増加させており、「貧困の罠」という仮説は否定されるという。では、最貧困国を経済的停滞から脱出させたのは援助だったのだろうか。イースタリーはつづいて、137カ国を外国援助が平均

167

第Ⅱ部　平和創造の主体と手法

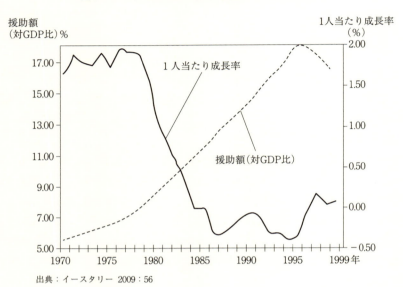

図5　アフリカにおける援助と成長（10年移動平均）

出典：イースタリー　2009：56

以下だった国とそれ以外で分類した。1950～2001年の経済成長率について検証すると、外国援助が平均以下だった国ぐにと、平均以上の国ぐには同じ経済成長率を遂げていたことが明らかになった。つまり、最貧国は、援助によってではなく自力で、成長と発展を遂げることができるという（イースタリー　2009：48-52）。

　さらに、アフリカにおける援助と成長のトレンドは、成長のスピードが遅くなるのにしたがって、援助が急増したことを示していた（図5）。援助額（対GDP比）が少なかったにもかかわらず、1975年ごろまでのアフリカの成長率は2％程度となっており、援助と成長について、むしろマイナスの相関がみられる。援助の増加が成長の低下を招いたのではなく、おそらく成長の低下ゆえに援助が増額されたのだろうが、援助のビッグ・プッシュはゼロ成長を逆転させたり、停止させたりすることはできなかった（イースタリー　2009：57）。

　1950～75年にテイクオフしたのは、南アジアと東アジアのたった8カ国で、そのうち援助の対GDP比率が基準を超えていたのは、インドネシア、韓国、

論点9 | 援 助 | 援助は貧困削減に有効なのか

台湾の３カ国・地域だけだった。いっぽうで、残りの５カ国・地域（中国、香港、インド、シンガポール、タイ）では、援助がテイクオフに重要な役割を果たしていない（イースタリー　2009：63）。

イースタリーは、貧困の終焉には援助ではなく、自由市場における個人や企業のダイナミズムに基づいた途上国自身の手による開発努力こそ重要なのだと結論づけている（イースタリー　2009：425）。

4　援助は貧しい人びとに届いているのか

サックスが貧困の悲劇を訴えるのに対し、イースタリーは、援助を必要としている貧しい人びとに届かない「第二の悲劇」を強調する。

> 確かに１ダース12セントの薬がマラリア汚染地域に住む子どもたちに届けばマラリアによる死亡者数を半減することができるだろう。しかし、世界の貧困に関わる第二の悲劇は、過去50年間、先進国は2.3兆ドルもの援助を供与してきたにもかかわらず、本当に薬を求めている子どもたちに薬が届いていないという現実である（イースタリー　2009：6）。

援助が貧しい人びとに届かないというのは、とりたてて新しい指摘ではない。たとえば、最近では、超古代文明や超常現象を主題とする作家としての活動が有名のようだが、もともとは『エコノミスト』のアフリカ特派員だったグレアム・ハンコックは、1990年の著作『援助貴族は貧困に巣喰う（*Lords of Poverty*）』で、つぎのように述べている。

> 大部分の貧困国の大部分の貧困者は生涯の大部分の時期にわたって、援助など一度ももらったことがなく、どんな具体的な形でも姿でも、一度も触ったこともない、というのが、むろん、醜い現実である。援助があるかないか、増額されるか減額されるか、などということは、これらの人々の日々の暮らし方にはまったく何の関係もない問題だ（ハンコック　1992：325）（傍点は原著ママ）。

では、なぜ貧しい人びとに援助は届かないのだろうか。イースタリーは、その理由を「プランナー」と「サーチャー」という２種類の援助者の存在から説

169

第Ⅱ部　平和創造の主体と手法

明する。プランナーは、サックスに代表されるビッグ・プッシュ論者であり、その対極の存在として語られるのがサーチャーである。

プランナーに対するイースタリーの批判は激烈だ。

- 善意に満ちているが、誰かにそれを実行に移させるモチベーションを与えようとはしない
- 人々の期待を高めはするが、その実現に責任を負わない
- トップに立っていてボトムを知らない
- 自分たちが考えたことが実際に必要とされているかどうかは気にしない
- 自分で答えが分かっていると思いこんでいて、貧困問題も技術的な問題で、自分が思っている解答にしたがって行動すれば解決できると考えている
- たとえ問題の国にいなくても答えは分かっているとばかりに解決策を押しつける（イースタリー　2009：9）。

イースタリーはさらに、ユートピア的な計画にとらわれ、壮大な目標に拘泥するプランナーこそが、第二の悲劇をもたらすと主張した。

決めた目標が実現不可能だろうと、計画がうまく機能しないということが分かろうと、目標をいったん決めるとそこに資金を投入し続ける。プランナーは政策が失敗すると、同じようなさらに拡大して実施しようとする傾向がある。どうすれば貧しい人々を救うことができるかを考えようとしない。こうして第二の悲劇は続く（イースタリー　2009：17）。

興味深いのは、イースタリーが批判するもサックスも、援助は貧しい人びとに届いているのかという問いに対して「ノー」と答えていることだ。

サックスは、2002年の援助額を例に、援助が貧しい人びとに届いていない現実を説明する。サブサハラ・アフリカに住むアフリカ人に対し、全世界から与えられた援助は、1人あたりたった30ドルだったが、そのうちドナーのコンサルタントに約5ドル、食糧援助などの緊急援助に3ドル以上、アフリカが抱える債務の利息の支払いに4ドル、債務の救済活動に4ドルがあてられ、アフリカの取り分は12ドルに過ぎなかった。アメリカ一国でみると、アメリカが供与

論点9 援 助 援助は貧困削減に有効なのか

した1人あたり3ドルの援助のうち、アフリカ人への援助は6セントだったという（サックス 2006：428-429）。

　貧しい人びとに援助が届いていないという現実を前に、援助を増やせば貧困を削減できると考えるか、援助を増やしてもいままでのやりかたでは貧困を削減できないと考えるか。言い換えれば、援助の有効性を量と質どちらで評価するのか。たしかに、両者の見解は相反しているかのようにみえる。

　しかし、イースタリーは援助を否定しているわけではない。人びとのインセンティブを考慮し、個々の国の実情に合わせて考え、ボトムの現実を把握し、説明責任とフィードバックをもって試行錯誤しつづけるサーチャーの援助を、イースタリーは高く評価する。臨床経済学を提唱したサックスも、個別の診断と適切な診療が必要だと認識している。両者の現状認識とめざすところに、実は大きな違いはないのかもしれない。

5　援助か自由市場か

　貧困削減に有効なのは援助なのか、自由市場なのか。サックスとイースタリーの議論を、イギリスの経済学者で、世銀の開発研究グループ・ディレクターを務めたポール・コリアーは、援助をめぐる政治的対立ととらえた。

　コリアーは、『最底辺の10億人（*The Bottom Billion*）』において、紛争の罠、天然資源の罠、内陸国の罠、小国における悪いガバナンスの罠という4つの罠に陥っている最貧困層10億人の暮らす国ぐにの「崩壊を食い止める現状維持策」として、援助の効果を認めている。しかし、コリアーはまた、援助だけでは問題に取り組むことができないとも指摘する。「援助はきわめて政治化されており、その計画は機能不全に陥っていることが多い」（コリアー 2008：159）ためである。

　援助の政治化とはなにか。コリアーは、援助をめぐって、左派と右派の政治的対立があると説明した。援助の支持者＝左派は、成長に疑念をもち、援助を植民地主義に対する一種の償いとみなしている。いっぽう、成長の支持者＝右派は、援助に疑念をもち、援助が無能な者への施しだから、問題を広げるだけ

171

第Ⅱ部　平和創造の主体と手法

だと主張しているという（コリアー　2008：159，299）。

　コリアーは、このような政治的対立こそが、援助を改革するうえで重大な障害になるとして、左派、右派両者に対し、以下のように提言する。

　　左派は開発途上国に対する西側の自責の念と理想化された途上国像を放棄する必要がある。貧困とはそれほどロマンチックなものではない。底辺の10億人諸国とは社会主義の先駆的な実験を推進する場ではない。彼らは市場経済を建設するという踏みならされた道に沿って支援されねばならない。国際的な金融機関は貧困諸国に対する陰謀を企てる一味ではなく、これらの国を支援するという重大な責務を担っているのである。左派は成長に関心をもつことを学ばなければならない。援助は社会的に受けのいい事案ばかりを担うべきではなく、各国が輸出市場に参入できるようになるために利用されなければならない。（略）
　　右派は、援助をたかり屋やいかさま師への施しとする概念から、脱皮しなければならなない。国家が一致団結してその気にさえなれば、成長は簡単に手に入るという考え方を棄てなければならない。これらの国が行き詰まっていることや、中国やインドと競合することが困難になっている事実を受け入れなければならない。事実グローバル市場における民間企業の活動が、公的介入が必要な最貧国で問題を引き起こす可能性を認めなければならない（コリアー　2008：311-312）。

　この呼びかけで引き合いに出されたのが、左派が喧伝するサックスの『貧困の終焉』と右派が喧伝するイースタリーの『傲慢な援助』である。コリアーは、サックスについては、「行動への情熱的な呼びかけには同意するが、彼は援助の重要性を過大評価しているように思える」、いっぽうのイースタリーについては、「サックスが援助の成果を過大評価するのに対して、イースタリーはそのマイナス面を誇張し過ぎ、ほかの政策の展望を軽視する」（コリアー　2008：311-312）と評し、自身が両者と異なる存在であると示した。

　もっとも、イースタリーからは、サックスとともに、援助によって貧困削減を進めようとする自由市場反対論者だと批判される（イースタリー　2008：6）コリアーだが、コリアー自身は両者の中間に位置すると考えているようだ。コリアーが提唱するのが、2つの援助に対する考え方の中間に存在する「開発援助」という名の「穏やかな智恵」（コリアー　2008：159）である。リスクと失敗の可能性を受け入れ、自分たちのプロジェクトの監視を強化し、管理間接費を拡大

172

し、輸出の多様化のためにビッグ・プッシュ型の戦略に出資し、戦略的に介入し、ガバナンス・コンディショナリティを導入する——コリアーの援助機関への提案は、サックス、イースタリーそれぞれの主張の一部を取り入れ、融合したものだといえるのではないか（コリアー 2008：299-300）。

6　ガバナンスや民主主義があれば援助は届くのか

　援助をめぐる政治的対立は、左派と右派が、援助をどう評価するかということにとどまらない。

　ザンビア出身の経済学者ダンビサ・モヨは、『援助じゃアフリカは発展しない（*Dead Aid*）』で、援助が、旧植民地への戦略的な地政学的支配力を維持するための手段、冷戦下に経済的なかたちで戦われたヘゲモニー争いの武器だったと指摘する。このような状況下で、援助の規範は、貧困削減という目的からは離れていく。援助は人道的なものというよりは、政治的なものなのである。

> 援助規範として新たな次元が重視された。すなわちその国が援助対象にふさわしいか、また指導者が適切か、ということよりも、絶望的に貧しい国であってもそれが自分たちの陣営に加わる意思があるかどうかが重要となる。慈悲深い指導者であれ悪徳圧制者であれ、味方でさえあれば関係ない（モヨ 2010：18）。

　こうして20世紀の後半、「富める国々はアフリカの最も腐敗した汚職まみれの独裁者にも援助資金を提供し」、独裁者たちは「国民への暴力、国費の浪費、国のニーズに対する無関心度を競い合い、彼らの夢をかなえるための国際ドナーからの資金援助獲得に血眼」になり、汚職はアフリカ諸国に「伝染病のように蔓延」していったのである（モヨ 2010：29）。

　1980年代末、アフリカ諸国の債務は巨額のものとなり、金利の支払いに圧迫されて経済成長は減速し、貧困水準は高まっていた。モヨは、ドナー諸国が、50年にもわたるさまざまな援助手法の失敗の理由を、政治指導性のなさや弱体な制度に求めたと批判する。1990年代以降、ガバナンスや民主主義が、援助の中心に位置づけられることになったのである。「政治的条件さえ整っていれば

第Ⅱ部　平和創造の主体と手法

援助介入は機能する、ということを示すための土壇場の試み」として、ガバナンスや民主主義が「ドナー最後の逃げ場」となったのだ（モヨ 2010：30）。

　現在にいたるまで、この被援助国のガバナンスや民主主義の問題は、援助が貧しい人びとに届いていない理由として、しばしば指摘されてきた。サックスやイースタリーも、この問題に触れているが、両者の主張は相反している。

　貧困諸国（とくにアフリカ諸国）は、援助を活用する能力がない。腐敗がはびこっている。民主主義が定着していない。近代的な価値観が欠如している。モラルが低い。ゆえに、十分な援助を供与しても成果はほとんどない。援助は、金をどぶに捨てるようなもので無駄である——サックスは、このような先進国の一般通念、あからさまな人種差別にもとづいた一方的な偏見が、援助の増額を阻んできたと批判し、データを示して反論した。

　たとえばガバナンスについては、同程度のガバナンス評価の国ぐにと比べ、アフリカ諸国の経済成長のスピードは遅く、また同じ所得水準の国ぐにと比べ、アフリカ諸国の腐敗はとりわけ多いわけではない。民主主義についても同様で、アフリカ諸国のほうが、それ以外の低所得国より「自由」「部分的に自由」だと、アメリカの人権団体フリーダムハウスから評価されているという。つまり、経済成長とガバナンスの質や民主化に、それほど強い相関関係はない、というのがサックスの主張である（サックス 2006：427-450）。

　これに対し、イースタリーは、最貧国の経済停滞が、国連／サックス仮説とは反対に、貧困の罠よりひどい政府に大きく関連していると反論する。（プランナーは）「複雑な悪い政府と取引しなくてはならないから、よりいっそう（悪い政府に対して）脆弱だろう（略）。それで援助支援者たちは、貧困が悪い政府によるのだという説明を絶対に信じたくないのだ」（イースタリー 2009：53）というイースタリーの批判は、ビッグ・プッシュ論者と「悪い政府」の癒着をほのめかしているかのようにも読める。

7　援助は必要なのか

　最後に、援助は必要なのかという根源的な問いについての議論を整理してお

論点9｜援　助　援助は貧困削減に有効なのか

きたい。このことを考えるにあたって、殺虫成分をしみこませた繊維でつくっ
た蚊帳という、しばしば挙げられる例が有用だろう。

　援助のビッグ・プッシュ論者は、マラリア対策のため、もっと多くの蚊帳を
送るべきだと訴える。貧しい家庭は適切な治療ができず、財源のない政府はマ
ラリア撲滅の対策をとれない。マラリアのせいで職場や学校を長期欠席せざる
を得なかったり、人的資源に投資できなかったり、マラリアは貧困の原因にも
なる。「マラリアこそ緊急の課題であり、まさしく生死に関わる問題」なのに、
「マラリア対策のために費やす援助金は雀の涙ほど」（サックス 2006：293）しか
ない。

　マラリアと貧困の双方向の因果関係を指摘するサックスに対し、イースタ
リーは、シニカルに蚊帳の援助を批判する。

　　2005年のダボス世界経済フォーラムで、ゴードン・ブラウンからビル・クリントン、
　　ボノに至るまで、貧困問題は蚊帳が解決するというアイデアが大いに気に入ったよう
　　だ。シャロン・ストーンが「もっと多くの蚊帳をタンザニアへ」と募金を呼びかけ、
　　主に中年男性から何億ドルも集めたらしい（イースタリー 2009：19）。

　蚊帳を貧しい人びとに配ることがマラリア対策に有効だとすれば、なぜこれ
までプランナーはそうしてこなかったのか。イースタリーは、さらに疑問を投
げかける。イースタリーによれば、貧しい人びとのもとに蚊帳を届ける方法が
わからなかったからだという。そうして、援助された蚊帳は、漁網などに転用
されたり、闇市場にまわされたりしてしまった。

　イースタリーは、保健分野のソーシャル・マーケティングに取り組む NGO
「国際人口サービス（PSI）」がマラウィで実施した蚊帳配付プロジェクトを、「マ
ラウィ・モデル」と名づけて称賛する。PSI は、農村で妊婦に蚊帳を50セント
で販売した。蚊帳を配付する看護師には 9 セントの手数料が入る。さらに民間
企業を通じて、都市の富裕層には 5 ドルで蚊帳を売り、その利益が農村用の蚊
帳の資金としてつかわれた。結果、蚊帳で寝る妊婦や幼児の割合が大きく上昇
したという。「人はインセンティブに反応する」という経済学の基本原理に
沿った援助が、特定の問題解決に有効だと、イースタリーは述べている（イー

175

第Ⅱ部　平和創造の主体と手法

スタリー　2009：19-20）。

　ここで再確認しておきたいのは、サックスであれ、イースタリーであれ、量を求めるか、援助の方法（質）を求めるかという違いはあるにせよ、蚊帳の援助自体を否定しているわけではないということだ。

　これに対し、ザンビア出身のモヨは、蚊帳の援助に疑義を唱える。モヨは、ハリウッドの映画スターが働きかけ、外国製の蚊帳が市場にあふれることで、地元の蚊帳業者が仕事を失い、その従業員や家族は施しに依存しなくてはならなくなる、と述べる。しかも、5年もすれば外国製の蚊帳は破損してしまう。

> 短期では即効性のある行動も、持続可能な長期の便益をもたらすことはまれだ。さらに悪いことに、現地において、脆弱なものであっても持続的な発展のための機会が生まれているにもかかわらず、（外国製の蚊帳を大量に援助することにより）知らず知らずのうちにその芽を摘んでしまう可能性があるのである（モヨ　2010：61-62）。

　モヨは、この蚊帳を例に、長期の持続的成長にどれほど貢献したかで、援助効果が評価されるべきだと説く。モヨの考えでは、援助はむしろ「貧しい人々をより貧しくさせ、経済成長を遅らせてきた」（モヨ　2010：xxvi）、「貧困サイクルを永続化させ、持続的経済成長から脱線させるだけ」（モヨ　2010：36）なのだ。

　援助が貧困の罠からのテイクオフを可能にするというサックスと、援助が貧困を助長するというモヨの見解は、真っ向から対立する。援助を攻撃するモヨを、サックスは強く非難する。

> モヨは、援助を劇的に削減したがっている。そうすることで、数百万人が死んでいくかもしれないのに（Sachs 2009）。

　しかし、モヨにとって、このようなサックスの姿勢こそが、批判されるべき対象なのだ。

> リベラルな感性の深い奥底には、神聖な考えと妥協を許さない信仰がある。その考え、信仰というのは、金持ちは貧乏人を助けるべきであり、それを実施する方法は援助でなければならないというものである。援助という大衆文化がそのような誤解を強めてきた。援助は娯楽産業の一部となってしまった（モヨ　2010：xxv-xxvi）。

176

論点 9 援 助　援助は貧困削減に有効なのか

　モヨは、「これまでにも援助を批判してきた人はいる。しかし援助の有効性に関する通説はいまだ根強く存在する」（モヨ 2010：xxvii）と述べる。では、援助の信者、言い換えれば援助を必要としているのは誰なのだろうか。コリアーの著作を借りるなら「最底辺の10億人」だろうか。モヨは、これを否定する。

　　多くの援助機関にとって、決して立派とはいえない政府に融資する決定は、もしも彼らが融資しなかったら、貧しい国は保健や教育の予算が取れず国は行き詰まり、貧しい人たちは苦しむだろうという見地によっているのだ。だが実際のところは、援助があっても貧しい人たちはお金を得ておらず、その上、このような考えに立った今の援助制度のもとですら、アフリカ諸国はどのみち低迷しているのだ（モヨ 2010：78）。

　モヨの指摘が正しいならば、援助を必要としているのは、援助ビジネスに携わる、つまりその生計を援助に依存する世銀、IMF、公認の NGO、民間慈善団体、政府の援助機関団体などの約50万人なのである（モヨ 2010：77）。

8　おわりに

　サックスが述べるとおり、豊かな社会は貧しい人びとを助けずにいられないかもしれない。しかし、援助のビッグ・プッシュは、ファンジビリティ（資金の流用可能性）を見逃している危険性があり、それを防ごうとすると、援助のプロセスは官僚的なものになる可能性が高い。援助の規模が拡大すれば、国際的な援助機関を頂点、ローカル NGO を底辺とする援助業界のヒエラルキーも生まれるだろう。「「専門家」への不相応な高給や官僚の無駄遣い」（エドワーズ 2006：86）が発生すれば、援助ビジネスが成立してしまう。

　かといって、援助より自由市場が貧困削減に有効だというイースタリーの見解に与することもできない。たとえば、コーヒーやカカオの小規模・零細農民、中国やバングラデシュのアパレル工場労働者が、グローバルな自由競争市場に組み込まれたことで、むしろ貧困に陥ったり、労働力を搾取されたりしているという報告は枚挙に暇がない。

　では、ビジネスの手法を活用して社会課題に取り組むソーシャル・ビジネス

第Ⅱ部　平和創造の主体と手法

や、C・K・プラハラードが提唱した途上国の貧困層（BOP 層）を対象とした
ビジネスはどうだろうか。貧困削減に貢献すると期待されるいっぽうで、貧困
層を市場経済に巻き込むことへの根強い警戒もある。貧しい人びとが、自分た
ちの利益になる消費選択をおこなうとは限らず、その結果より貧困に陥ってし
まうというカルナニの批判は説得的だ（Karnani 2006：13-16）。カルナニはまた、
BOP ビジネスが、貧困削減における国家の役割と責任を軽視していることに
対しても危惧する（Karnani 2009：8）。BOP ビジネスは、貧困層を食い物にし
たビジネスという批判にどう答えていくのだろうか。

　援助をめぐる論争に出口はみえない。なにが「正しい」援助なのか。そもそ
も援助は必要なのか。もっとも虐げられ、困難に状況におかれた人びとに寄り
添おうとする援助従事者たちは苦悩し、自省と試行錯誤を繰り返しながら活動
している。善意の動機とは裏腹に、援助が現地の社会に「害（harm）」をもた
らすかもしれないという援助従事者のジレンマは、人道支援の国際的な規範の
ひとつである「Do No Harm」原則につながっている。

〔参考文献〕

秋月弘子（2008）「開発援助政策の国際的動向」ODA 研究会『主要先進国における海
　　外援助の制度と動向に関する調査』http://www.sangiin.go.jp/japanese/arama-
　　shi/ayumi/pdf/oda_kenkyukai.pdf, last visited 10 May 2014.

イースタリー，ウィリアム（2008）「国際シンポジウム　貧困削減を越えて──低所
　　得国のための開発戦略　基調講演　援助、自由市場、経済発展」『アジ研ワール
　　ド・トレンド』No. 152（5）http://d-arch.ide.go.jp/idedp/ZWT/ZWT200805_005.
　　pdf, last visited 10 May 2014.

──（2009）『傲慢な援助』小浜裕之ほか訳、東洋経済新報社

エドワーズ，マイケル（2006）『フューチャー・ポジティブ──開発援助の大転換』
　　CSO ネットワーク・杉原ひろみ企画・監修、杉原ひろみほか訳、日本評論社

国連開発計画（UNDP）（2005）『人間開発報告書2005』

コリアー，ポール（2008）『最底辺の10億人』中谷和男訳、日経 BP 社

佐伯奈津子（2008）「グローバル援助の問題と課題──スマトラ沖地震・津波復興援
　　助の現場から」幡谷則子・下川雅嗣編『地域立脚型グローバル・スタディーズ叢
　　書3　貧困・開発・紛争──グローバル／ローカルの相互作用』上智大学出版

──（2017）「アチェ紛争後の課題（1）──和平再統合プログラムにみる被害者支援」

『名古屋学院大学論集社会科学編』54巻2号

サックス, ジェフリー（2006）『貧困の終焉——2025年までに世界を変える』鈴木主税・野中邦子訳、早川書房

世界銀行（2013a）『世界銀行年次報告書 2013』http://siteresources.worldbank.org/EXTANNREP2013/Resources/9304887-1377201212378/9305896-1378757624762/1_AnnualReport2013_JP.pdf, last visited 10 May 2014.

——（2013b）「世界全体の貧困者数は大幅に減ったが依然として重大な課題が」http://www.worldbank.org/ja/news/press-release/2013/04/17/remarkable-declines-in-global-poverty-but-major-challenges-remain, last visited 10 May 2014.

ハンコック, グレアム（1992）『援助貴族は貧困に巣喰う』武藤一羊監訳、朝日新聞社

プラハラード, C・K（2005）『ネクスト・マーケット——「貧困層」を「顧客」に変える次世代ビジネス戦略』スカイライトコンサルティング訳、英治出版

モヨ, ダンビサ（2010）『援助じゃアフリカは発展しない』小浜裕久訳、東洋経済新報社

Galtung, Johan（1969）"Violenve, Peace, and Peace Research," *Journal of Peace Reserch*, 6(3): 167-191.

Karnani, Aneel（2006）"Mirage at the Bottom of the Pyramid: How the private sector can help alleviate poverty," https://deepblue.lib.umich.edu/bitstream/handle/2027.42/57215/wp835?sequence=1, last visited 10 May 2014.

——（2009）"The Bottom of the Pyramid Strategy for reducing Poverty: A Failed Promise," http://www.un.org/esa/desa/papers/2009/wp80_2009.pdf, last visited 10 May 2014.

OXFAM（2015）"Wealth: Having It All And Wanting More," http://www.oxfam.org/sites/www.oxfam.org/files/file_attachments/ib-wealth-having-all-wanting-more-190115-en.pdf, last visited 25 January 2015.

Sachs, Jeffrey（2009）"Moyo's Confused Attack on Aid for Africa," http://www.huffingtonpost.com/jeffrey-sachs/moyos-confused-attack-on_b_208222.html, last visited 10 May 2014.

World Bank（2013）"The State of the Poor: Where are the Poor and where are they Poorest?" http://www.worldbank.org/content/dam/Worldbank/document/State_of_the_poor_paper_April17.pdf, last visited 10 May 2014.

論点 10 和 解

紛争後社会の平和を再建するには謝罪と償いが必要か

阿部　利洋

　暴力の犠牲となった人間が謝罪と償いを必要としないはずがない。その契機
なくして、どうして新たな生活に入っていくことができるだろうか。これは、
当事者の立場としても、あるいは、どの社会・文化においても当然であるよう
に感じる。それが社会や国のレベルであっても、平和の再建へ向けての礎とな
るであろうことは、疑う余地のないことなのではないかと思う。その一方で、
長期にわたり紛争が続いた地域で、報復の連鎖が生じ、対立関係が複数集団間
で複雑に絡み合っている状況では、どのような謝罪と償いが、どのように行わ
れることが平和をもたらすことになるのか、にわかに思いつかない現実もあ
る。

　かりに「平和をもたらす」と言わないまでも、「平和を再建する」という表
現はどこまで、どのような社会状況が実現することを指しているのだろうか。
そもそも紛争後社会というのは、どのような社会のどのような状況に与えられ
たカテゴリーなのか。どのような段階へ至れば、紛争後社会であることが終わ
り、私たちの暮らす日本社会と同列の社会として扱われることになるのか。や
はり、この命題を考えていくには、文中に含まれる用語を一つひとつ定義して
いく必要があるのだろうか。

　そうしたアプローチも可能ではある。けれども、本章ではそのように定義を
積み重ねて議論をするという方法は採らない。理由は二つある。一つは、実際
に紛争後の現場で謝罪と償いが問題となる際に、こうした用語の定義がされず
に種々の活動が展開される点が挙げられる。分類しづらい現実のなかで、おお
よその状況説明を可能にする概念にもとづいて、見通しが必ずしも明確ではな

論点 10 | 和 解　紛争後社会の平和を再建するには謝罪と償いが必要か

い活動が実施されている（国際協力事業団国際協力総合研修所 2001）、というのも、この命題の対象となる社会の実態であり制度の特徴である。もう一つの理由としては、紛争後社会における平和という概念を考える際には、国民和解・民族融和・法の支配の確立・秩序の再構築・社会的安定・公共領域における信頼醸成といった類似概念の、各々が対応する現実は実際には重なり合う部分が多いのではないか、と考えられるからである。用語同士の関係性を突き詰める結果、現実に展開するジレンマやアポリアをすり抜けてしまうような「定義づけの罠」を避けるためにも、あえて紛争後社会や平和といった「大きな」キーワードを定義せずに始めてみようと思う。

　以下、まず本章の命題を踏まえた現実の取り組みに対応する二つの枠組——平和構築と移行期正義——を取り上げ、そこでは謝罪と償いがどのような位置づけを与えられているか、紹介する。次に、命題への反論可能性を「謝罪と償いは必ずしも平和を再建しない」と「謝罪と償いよりも平和の再建にとって優先されるものがある」という視点から検討する。最後に、命題のよってたつ前提を相対化することを試み、そのうえで「謝罪と償いというコミュニケーション」、「謝罪と償いのもたらす効果の射程」という観点から命題の展開可能性を考えてみたい。

1　紛争後社会において謝罪と償いはどのような形をとるか——平和構築と移行期正義

　現実の紛争後社会では、本章の命題を証明するか否かにかかわらず、その内容に沿った立場から、様々な介入・支援・応用がすでに行われてきており、また、政治学・法学・社会学等、領域横断的な研究も蓄積されている。ここでは、そうした分野の代表として平和構築（peace building）と移行期正義（transitional justice：TJ）を取り上げ、謝罪と償いがどのように位置づけられているか、整理する。

（1）謝罪と償いは平和の再建へ向けての一つのステップである——平和構築
　平和構築という概念は、ブトロス・ガリ元国連事務総長の『平和への課題』

181

第Ⅱ部　平和創造の主体と手法

（1992年）において「紛争の再発を避けるために平和を強化し堅固にする構造を見つけ、支えるための活動」と定義され、さらに『平和への課題・補足』（1995年）では、非武装化、小型兵器の管理、制度的改革、警察・司法機構の改革、人権の監視、選挙改革、社会・経済開発といった活動内容とともに「紛争後社会で平和の基盤を構築するための活動」とまとめられた。この方向性は、コフィ・アナン元事務総長時代に発表された『ブラフミ・レポート（国連平和活動検討パネル報告書）』（2000年）において発展させられ、平和構築とは、法の支配の強化、元戦闘員の社会再統合、民主的発展への技術支援、紛争解決や和解の技能促進、腐敗撲滅等を指す、と整理されたのである（篠田 2003：12）。謝罪と償いは、『ブラフミ・レポート』の段階で、紛争解決や和解といった目標カテゴリーに含められる事項となったことが分かる。さらに、篠田英朗は『ブラフミ・レポート』における概念の体系化がまだ不十分であるとし、関連する諸活動を紛争の主たる要因に対応させる図式を提示した（下表）。平和構築という用語は、貧困解消・難民定住・停戦監視・食料援助といった様々な「無数の方法」を包含するが、それだけでは複数の方法相互の関係性が明確でなく、将来へ向けての発展的な体系化の妨げになると考えられるのである。

平和構築の戦略的目的・手段

紛争の要因	戦略的目的	戦略的手段
アイデンティティの衝突	集団間の和解の達成	対話集会、文化交流、平和教育、心理療法など
不安定な経済・社会構造	生活・社会不安の解消	社会基盤整備、貧困層援助、雇用対策、公共医療整備など
公権力の正当性・実効性の喪失	法の支配に基づく秩序維持制度の確立	法制度・治安維持・司法部門の充実、人権規範の普及など

出典：篠田 2003：26

　表中には謝罪と償いという言葉は表現されていないが、それらは「集団間の和解の達成」という目的に対応する手段に含まれるだろう。

論点 10 和 解 紛争後社会の平和を再建するには謝罪と償いが必要か

　JICA による近年の資料のなかでは平和促進という用語も使われており、そこで重視される課題として「現地関係者間の関係構築・信頼醸成」と「政府に対する住民の信頼醸成」が挙げられている。前者には「和解・共存の視点が入った案件」が含められ、「国レベルの国家建設・復興プロセスにおいて紛争当事者間の和解の進捗」、「対象地域の政治指導者および先方政府機関のトップの和解・共存に対するコミットメント」、「対象地域のコミュニティレベルの復興や帰還プロセス、コミュニティ再生プロセスの進捗」、「対立していたグループ間の共同活動が可能な活動」を調査する必要がある、とされている（国際協力機構経済基盤開発部　2012：11-13）。

　こうした説明からうかがえるのは、開発援助・復興支援の実務に携わる組織は、平和構築という枠組みのなかに和解や平和教育といったサブカテゴリーを設け、そこでの具体的なプログラムとして対話の契機を取り入れ、その取り組みの中に謝罪や償いを位置づけている、ということである。つまり、謝罪と償いは、平和の再建へ向けての十分条件ではないが、必要条件とされている。積極的平和（ガルトゥング）が実現された状態を、紛争予防につながる支援の全体目標として仮定し、そこへ至るための過程を因果的な想定から体系化し、とりわけ和解と呼ばれる段階を実現させる手段の一つとして謝罪と償いが考えられているのである。

（2）謝罪と償いは平和の再建へ向けての主要な選択肢の一つである──移行期　正義

　論者によって移行期正義概念の規定にはバリエーションが見られるものの、具体的な活動組織や内容を指示する説明としては「法廷、真実委員会、さまざまな捜査、制度改革、治安部門改革」という選択肢の集合や「訴追、証言、和解、補償、制度改革」という制度・政策を挙げるのが一般的である（Colvin 2008：415）。より抽象的な、「政治的変動期に関連した正義の概念であり、抑圧的な前体制の罪に立ち向かう法的な対処によって特徴づけられる」（Teitel 2003：69）とする定義づけには、真実委員会や公式謝罪は入らないかもしれない。他方、国連の見解──「大規模な過去の不正に取り組む社会的な取り組み

183

第Ⅱ部　平和創造の主体と手法

に関連づけられる広範なプロセスかつメカニズムであり、説明責任を果たし、正義を遂行し、和解を達成することを目的とする」（*Report of the Secretary-General on the Rule of Law and Transitional Justice in Conflict and Post Conflict Societies,* UN Doc. S/2004/616）──をひけば、説明責任や和解といった表現を具体化する取り組みに謝罪という要素が含まれる。ここからうかがえるのは、TJ のアプローチとしては、謝罪と償いは、主要な選択肢の一つであるものの、必ずしも必須の事項としては位置づけられていない──論者によっては必要条件としていない──ということである。

　先に、平和構築の枠組では、謝罪と償いは和解というカテゴリーに含められている点を確認した。ここでもその視点を引き継ぎ、移行期正義研究において、平和の再建という目標と、謝罪と償いという手段・プロセスがどのように考えられているか、とりわけ政治学的な和解論を取り上げることで確認したい。このアプローチの代表的な論者の一人であるジェームス・ギブソン（James Gibson）は、「誰がどうなる」や「何が実現する」といった考え方の延長上に出てくる結果をもって和解の語を定義することはない。代わりに、和解とはある特定の諸要素の組み合わせを包含する概念なのだ、と考える。彼は和解の現象の独自性を、superordinate（上位語、すなわち「種」に対する「類」）という用語を用いて説明する。それは「政治的かつ人種的な寛容性、人権の擁護、政府機関の正当性、を包含する傘」なのだと（Gibson 2009：176）。つまり、和解は謝罪の行為やそれに伴う集合感情の変化としてではなく、様相すなわち社会状況として定義されるわけである。これは平和構築論における和解理解と異なる点である。そして、和解という発想を、その道徳的な含意からではなく、「民主的な移行を確実にするのに寄与する」と想定されるがゆえに擁護する（Gibson 2004：6）。逆に言えば、民主化が相対的に実現する／している（と見なされる）のであれば、謝罪や償い自体は必須のものとされるわけではない。ギブソンは、（注：とりわけ南アフリカの状況を念頭において）和解を説明するための基本的な要素として、次の4つを列挙している。①異なる人種に属する人々が互いを信頼するという意志をもつ、②人々が互いに我慢することに合意する、③法の支配の原則を厳格に適用し、法の普遍性を承認する、④新政府の主要な機関

論点 10　和　解　紛争後社会の平和を再建するには謝罪と償いが必要か

の権限を認知し、かつ受け入れる（Gibson 2004：12-13；Gibson 2009：176, 179-180）。この理解では、はじめの2つが本章のテーマである謝罪と償いに関わる条件である。同様の方法論は、南アフリカや北アイルランドの現場で活動してきたブランドン・ハンバー（Brandon Hamber）も共有する。ハンバーの場合、基準となる要素は5つであり、①共通のビジョンを発展させる、②過去を認知し、なんらかの形で取り扱う、③積極的な関係構築、④文化的かつ行動上の重要な変化、⑤社会・経済・政治の分野における（平等や公平性などに関する）根本的な変化、の5つである（Hamber 2009：159-161）。こちらの場合、②と③は何らかの形で謝罪と償いに関わることになるだろう。けれども、具体的に謝罪と償いが名指しされているわけではなく、したがって必ずしも不可欠のものとして取り上げられているわけではない。

　このいわば「結合モデル」の議論の特徴は、和解という概念を人々の心の状態を表現するものとしては規定せず、法の支配を確立すること、政府機関の正当性を人々に受容させること、社会経済的な不平等を是正すること、などを和解促進の程度を判定する要件として挙げていることである。また、ハンバーがそうした要件同士の緊張関係に言及したように、ある取り組みが別の取り組みと相性が悪く、効果を相殺しかねない現実もあることが認識されている。たとえば償いを放棄する前提でなければ謝罪しない、と加害者側から主張されるかもしれない。複雑に入り組んだ敵対関係のあった地域では、誰が謝罪し、誰が謝罪しないのか、をめぐる駆け引きが、紛争後の雇用機会の再配分やインフラ整備を行う際の優先順位に反映してくるかもしれない。このように、謝罪と償いは、和解と呼ばれる状態が濃密になっていく過程に影響を与える手段の一つとして位置づけられるものの、それが何らかの理想的なゴールから因果論的に演繹される手段として考えられているわけでは、必ずしもない。

　たとえば、現在ではTJの主要な取り組みであると認知されている真実委員会を見ると、東ティモールで行われたケース（受容真実和解委員会2002～2005年）では、比較的軽度の犯罪に加担した人物の場合、まず犯罪を認め、その上で「地域での奉仕活動」や「象徴的な補償金の支払い」とともに「公的な謝罪」が要求された。他方、南アフリカのケースでは、加害行為の特赦が審査・付与され

第Ⅱ部　平和創造の主体と手法

る際に、謝罪は必要とされなかった。これには、裁判における無罪の主張がそうであるように、価値表明を伴う立場が固定されることで生じうる真実の隠蔽・歪曲を回避するという理由の他に、南アフリカの紛争は交渉により終結したもので、黒人側の勝利によって体制転換が図られたわけではなかったことが大きく影響している。謝罪というのは、ある立場が被害者として正当であり、したがって謝罪を受けるべき側である、という図式が確立されて行われるが、政治的に勝敗の決着がつかなかった場合、いずれの立場も被害者としての正当性を主張しうる。そこで、南アフリカの場合は、制度的には真実の開示のみが要請され、対立双方の事実認識の食い違いも公式記録に残すという「対話的真実」の考え方が導入されたのだった。ただし、だからといって謝罪の契機がなくなったわけではない。特赦付与の制度的条件としては謝罪が不要とされる一方で、加害者が公開証言を行う公聴会では、反対尋問の流れのなかで、委員がインフォーマルに誘導する形で、加害者に謝罪の表明を促すような場面もあった。この事例は、謝罪や償いはフォーマルに行われるべきか否か、フォーマルに行われる際には、免責などの権利が付随する制度的な要請の下で行われるべきか否か、あるいは公聴会のような場における相対的に非拘束的なコミュニケーションの結果という形をとるのか、という問いにつながっていくのである。

2　謝罪と償いは平和を再建しうるのか——否定的な事例

　次に、本章の命題に対する反論の可能性を検討する。この節では、南アフリカとカンボジアで紛争被害の当事者が謝罪と償いに否定的な反応を示したエピソードを取り上げ、議論を進めることにしたい。

（1）謝罪と償いは必ずしも平和を再建しない
　一つ目のエピソードは、TRC（真実和解委員会）特赦公聴会の一場面である。アパルトヘイト体制下で活動家を拷問し尋問してきた元公安刑事が証言する。

186

| 論点 10 | 和　解 | 紛争後社会の平和を再建するには謝罪と償いが必要か |

「私は、自分が拷問した人びとに対して謝罪します。とりわけ亡くなったクリエルの家族に謝罪します。私は、非合法的に、間違ったやり方で彼を殺したという見方は拒否しますが、それでも私の行為の結果として死んだという事実について、謝罪したい。……でも、当時は「テーブルはいとも簡単にひっくりかえり、結末もあっけなく変わる」ものでした。……遺族の方々に謝罪します。私にも子どもがいます。その日に死ぬのが自分でなかったことを神に感謝いたします」（TRC 特赦公聴会、1997 年 7 月14日）。

　弁護士とともに登壇し、繰り返し謝罪を行う答弁は、一方で、任務として合法的な活動であり、当時の政治状況から必然であったこと、TRC への積極的な協力姿勢等の留保を伴っている。そこへ彼の拷問を受けた元活動家が質問を申し出、留保なしの返答を要求し始めた。

「ウェットバッグ法（注：濡れた麻袋を頭にかぶせ、窒息させる拷問）みたいなことができるというのは、一体どういう人間なんですか？……どういう種類の人間がそういうことをできるんです？……なるほど、あと知恵としては悪かったと信じている。では、別の言い方をすれば、……あなたが擁護していたものは全て間違っていたと言っているのですか？……ベンジーンさん、まっすぐ私の目を見てください。いまでは、アパルトヘイト体制は悪であり間違っていたと言えますか？」（同上）。

　弁護士との事前の準備をうかがわせる謝罪は、最終的な責任を回避しつつTRC への協力と自らの道徳的姿勢を印象づけようとする政治的なパフォーマンスであり、それゆえ被害者は自らの問いに対する直接的な返答を求めた。このやり取りのなかでは、加害者が繰り返した謝罪は被害者からは一顧だにされていない。なぜならそれは「私は謝罪する」という形式的な身振りでしかないからであり、そのように振る舞う当人にとってメリットがあるから行われるにすぎない、と受け止められている。同様の反応は、カンボジア特別法廷でも見られた。ポル・ポト政権下でトゥール・スレン政治囚収容所長を務めていたカン・ケッ・イウ（Kaing Guek Eav）被告が法廷で（ベンジーンが行ったような）条件つきの謝罪を行ったとき、多くの人々は「判事によい印象を与えるための戦略的なパフォーマンスだろう」として、さほど注意を払わなかった（2009 年 6月）。

187

第Ⅱ部　平和創造の主体と手法

　もちろん、加害者の心情は当人以外の誰にも分からない。他人からはパフォーマンスと見られてしまう振る舞いのうちに、自己の根幹が引き裂ける思いをしていたのかもしれない。けれども、ここで示されるのは、謝罪が公式の場で行われる事態が必然的に伴ってしまう効果である。公式の場には、その場を用意する制度や政策にもとづいて、あらかじめ一定の性格が与えられている。そこで表明される謝罪や償いは、その場の性格を大幅に逸脱する形では行われえない。一方で、あえてそうした制約のなかで謝罪する者は、その行為が引き寄せるであろう影響や（免責・減刑などの）メリットを戦略的に計算し、振る舞うことができる。見方を変えれば、先に引用したエピソードのベンジーンは、時代が変わり、圧倒的に不利な形勢のなかで、TRC 公聴会という場において、謝罪のパフォーマンスを武器に自らの社会的ポジションを守るたたかいを繰り広げていたのだ、とも言える。もし平和という語を、マクロな文脈で国民和解や民族融和、ミクロな文脈で加害者と被害者の相互理解と赦し合いという意味で受け取るならば、上記のエピソードからは、謝罪と平和の間の因果的な関係は見出せないだろう。

　「謝罪と償いは必ずしも平和を再建しない」という反論は、もう少し一般的かつ根本的な位相から再考する余地もある。たとえば TRC 活動期に南アフリカでフィールド調査を行ったリチャード・ウィルソン（Richard Wilson）による次のような指摘をどう捉えたらよいのか。「人々は人権侵害公聴会と補償手続きの場において、与えられた役割をプラグマティックに演じていた。けれども、TRC が訴えていた人権の価値観は必ずしも受け入れていなかった」（Wilson 2001：152）。この観察に際して彼が参照したのが「人々は政治的・経済的なプロセスにプラグマティックに参加するが、その社会や政府が提供する支配的な価値は必ずしも受けいれない」という、人類学や社会学で一般的な仮説である（たとえばマックス・ウェーバー、ポール・ウィリス、ミシェル・ド・セルトー、ジェームズ・スコットらの議論が挙げられる）。この視点は、価値主導的な場が公式に設定されても、多くの人々がその場の価値観にうわべだけ従い、結果として内面的な変化とは結びつかない現実を説明している。なぜ公式の場で謝罪が行われるのか。それは、価値の上で望ましい目標が想定されているからである

188

論点 10　和　解　紛争後社会の平和を再建するには謝罪と償いが必要か

が、そうした制度を設計する側が期待するようには人々は素直に教育されない
のである。

（２）謝罪と償いよりも平和の再建にとって優先されるものがある

　二つ目に取り上げるエピソードは、カンボジアでポル・ポト政権下の被害・
加害に関する文書資料・口述記録を収集しているカンボジア記録センターの所
長のものである。1970年代にまだ10代の少年だったヨック・チャン（Youk
Chhang）は、家族の多くをうしないながらもタイ国境の難民キャンプへ逃れ、
その後アメリカへ渡り、高等教育を受けた。1995年にカンボジアへ帰還してか
らは、現在に至るまで上記の記録センターを運営し、近年ではカンボジアの歴
史教育カリキュラムの策定にも関与している。

> 「（注：クメール・ルージュによる姉殺害の）30年後、私の家族は、姉を殺したような
> 元兵士を裁判にかけるかどうかをめぐって立場が分かれた。内戦が終わったとき、家
> 族の何人かが殺された村の当時のチーフが、自転車を漕いでプノンペンへやって来た。
> 彼はバナナと肉を償いにと差し出して、家族に謝罪した。家族の誰もがその謝罪を受
> け入れなかったが、母だけは「これで十分だ」と言った。彼女の態度は実に仏教的な
> ものであり、村長の行為は彼女の気持ちに安らぎをもたらしたのだ。……姪のティー
> ヴィーの見方は違う。彼女の両親が亡くなったのは、彼女がまだ５歳かそこらのとき
> だが……家族に起きたことに対する十分な正義などありえない、と考えている。……
> 私の見方はそれとも違う。クメール・ルージュ特別法廷は重要で、真の赦しに至るた
> めには訴追が必要だ、と考える。とはいえ1980年代に、敗走するクメール・ルージュ
> 兵士たちが道中で殺害されたとき、ローカル・レベルでの正義はある程度行われた。
> そういう意味では、特別法廷は被害者に対して彼らが期待するような正義はあまりも
> たらさないだろう」（Chhang 2007：4）。

　ここでチャンの姿勢は何を示しているか。マクロな制度レベルにおける正
義、あるいは司法による裁きが実現していない段階での、個人による謝罪や償
いは、仮にそれが当人の誠実さの表れであったとしても、それほど重視しない
というものだ。謝罪というのは、その他の紛争後社会に可能な選択肢と並列さ
れるべきものではなく、この場合であれば、司法による裁きが優先されねばな
らない。個別的・具体的なケースは、それが実現したあとの問題だ、とされて

189

いる。散発的に個々人が行為するだけでは、将来におけるジェノサイドの再発予防にはつながらない、と考えるからである。

この視点は、マクロな文脈では、たとえば真実委員会と（国際）法廷をめぐる（議論における）対立・緊張関係にも見ることができる。旧ユーゴスラビア国際戦犯法廷の判事や検事は、90年代後半にボスニア真実委員会の設立が提案されたとき、強く反対した。というのも、真実委員会が証人に対するインタビューを繰り返すことは「証拠を汚す」可能性があり、謝罪を伴う証言が公に行われることで一般の人々が法廷の責務と混同するかもしれず、国際的な援助資金が分散する恐れもある、とされたのである（ヘイナー 2006：273）。要するに、謝罪や償い、赦しといったニュアンスを含む和解や真実追求は、法廷による正義の実現と同列におかれるべき方向性であってはならず、活動するにしても、あくまで法廷の審理を妨げない範囲内で行うべきである、というのである。この立場からすれば、平和の再建はまずもって（国際）司法による正義の実現が前提条件であり、謝罪や償いはその後／その外部で付加的に認められるにすぎない、ということになる。

ただし、旧ユーゴ国際法廷が、オランダのハーグで行われたことで国内的な認知を欠くと同時にセルビア政府の外交取引のツールとなり、セルビア社会に対する効果をほとんどもたなかったという批判はこれまで多く蓄積されており（Orentlicher 2007；Simić and Dalyy 2011；Subotić 2009）、結局のところセルビアにおける移行期正義の取り組みは失敗であったと評価する論者もある（Dimitrijevic 2008：11）。こうした批判を踏まえれば、司法による裁きを、謝罪と償いを求める和解政策に優先させることはできない、という再反論も可能であるように思われる。にもかかわらず、この点が難しいのは、次のような批判がさらに見られるからである。学術誌『移行期正義国際ジャーナル *International Journal of Transitional Justice*』の編集を数年間務めたハーヴェイ・ヴァインスタイン（Harvey Weinstein）は、移行期正義の評価をテーマにした特集号の巻頭で、これまで国連や EU は膨大な資金と資源を、和解や解決といった「中身のない用語」に対して費やしてきたが、どの国においても、これといってめぼしい成果を上げていないのではないか、と嘆いてみせた（Weinstein 2011：3）。

論点 10 | 和 解　紛争後社会の平和を再建するには謝罪と償いが必要か

こうした直截な批判を考慮するならば、謝罪と償いのみならず、その他のオプションも踏まえて、平和を再建するという表現をあらためて検討しなおさなくてはならないだろう。次節ではその点を掘り下げる。

3　謝罪と償いが有効にはたらく条件は何か

　前節の終わりに取り上げた批判を前にして、命題のおかれた文脈にもう一度着目する必要がある。言い換えれば、命題のよって立つ隠れた前提を相対化してみるということであり、あるいは「謝罪と償い」と「平和の再建」を橋渡しするための別の要素を考えてみることである。この節では、次の二つの視点を提示したい。一つは、元敵対者同士の信頼醸成の条件についてであり、もう一つは、謝罪の形式もしくは謝罪が行われる場の性格が持ちうる影響についてである。

（1）謝罪と償いというコミュニケーション

　そもそもなぜ謝罪や償いが必要だと考えられていたか。先に取り上げた平和構築の枠組みでは、「現地関係者間の関係構築・信頼醸成」という課題が挙げられていた。謝罪を通じた相互理解はそのための手段として位置づけられるのである。また、移行期正義研究におけるギブソンの提案には、和解を判定する基準のなかに「互いを信頼する」という条件があった。このように、謝罪や償いは、それが敵対者同士の間に信頼を再構築するきっかけを提供する可能性があるがゆえに要請される。その一方で、謝罪が加害者に利用され、そのことを認識する被害者側にとっては信頼構築の要因とならないケースも見たわけである。そこでは、公式の場における謝罪が常にそのような懐疑を向けられてしまう否定性が示されていた。このジレンマをどのように考えたらよいのだろうか。

　ここでの提案は、謝罪や償いを、ある望ましいゴールへいたるための正当な手段である、という思考パターンの外部に出ることである。その際に、主として政治哲学の分野で展開されてきた和解論が参考になる。たとえばエリック・

191

第Ⅱ部　平和創造の主体と手法

ドクスタダー（Erik Doxtader）は、その立場を「私は南アフリカでの和解の取り組みが「うまくいったのかどうか」という質問には答えないことにしている……それは非常に間違った問いなのだ」（Doxtader 2009：24）と表現する。そして、TRC、なかでも和解の理念や特赦の制度をめぐって生じた批判や論争に対して、次のように評価した。「和解を訴えることは、語りだすきっかけを作りだす……それはレトリカルな発明なのであり、敵意を正当化しあう状態を、生産的な対立関係（productive opposition）が生じうる状態へと転換するのである」（Doxtader 2009：288-289）。同様の立場を採用する論者は、和解の理念に対する不同意（disagreement）、不満（discontent）、不信（distrust）、反発（resilience）の表出を、意義のある兆候として再規定する（Gutman 2004；Norval 2007；Schaap 2005）。というのも、それらは深い意味において民主的な状況あるいは民主的な「エートス」（Norval 2007：213）の存在ないしは浸透を示すものだとされるからである。

　報復を恐れ、不信と密告に苛まれてきた沈黙の空間から、批判・反発も含めてコミュニケーションが活性化する場を創り出す呼び水として、和解というスローガンが機能するのであれば、和解を拒否し、和解という方向性を批判する言説が頻発することもまた、紛争後社会の平和の再建へ向けての一ステップとして理解されるのである。先に紹介したヨック・チャンの家族のエピソードを振り返れば、そこでは村長の謝罪を受けて、家族間の意見の相違が明確になったのであった。謝罪を拒否する者がおり、謝罪に優先されるべき裁判を支持する者がいる。しかし、謝罪と償いをきっかけに、少なくともその論点をめぐる対話が始まり、家族間の相互理解と現状認識が進んだ。ベンジーンの謝罪を言外に拒否したイエンゲーニは、謝罪よりも何を口にしてほしいのか、謝罪の先にどういう関係を構築したいのか、言葉を重ねたのであった。こうして、謝罪と償いもまた、コミュニケーションの一つであること、したがって、それに対する直接的な反応の如何によって成否を判定されるものではないことに思い至る。公的な場におけるコミュニケーションを促進する役割を果たすとき、謝罪と償いが行われることは、それ自体に対する反応の評価を超えて、字義通り「紛争後の社会になった」ことを再確認させてくれるのである。コミュニケー

論点 10 和 解 紛争後社会の平和を再建するには謝罪と償いが必要か

ションの蓄積なくして、相互的な信頼が醸成されることはないだろう。

（2）謝罪と償いがもたらす効果の射程

　上記の議論は、謝罪と償いの効果と可能性について、また異なる視点を喚起する。たとえばベンジーンとイエンゲーニのやり取りは、3（1）では否定的に、4（1）では肯定的に解釈された。そこでは、いずれも行為・振る舞いとしての謝罪の役割に焦点があてられている。他方で、謝罪が公的な場で行われる点をさらに掘り下げるなら、謝罪を含めたコミュニケーションが促進される場の条件は何か、という問いが立てられる。ドクスターダーの言うような生産的な対立関係が生じる状態には何が必要なのだろうか。

　ここで、上記のようなコミュニケーションが促進されず、したがって生産的な対立関係なども生じない状態を考えてみたい。そこでは謝罪や償いが行われるかもしれない。けれども、それが一時のイベント、あるいはあらかじめ決められたシナリオとして消化される状態として想像できるだろう（たとえばルワンダのガチャチャに対するこうした批判として、（Human Rights Watch 2011）や（Thomson and Nagy 2011）など）。何が問題なのか。

　シエラレオネの特別法廷を分析したサティヴァ・ジャヌアリ（Sativa January）は、法廷がアウトリーチに力を入れた点に着目したが、それは紛争時の法廷は権力を握る者が政敵を排除するために利用する機関であり、多くの人々が司法に対する信頼を失っていたからである（January 2009：210, 213, 225）。この指摘は、謝罪の場に「誰がどのように関わるか」こそが重要なのではないか、という視点へと導く。紛争後のどのプロジェクトであれ、新政権の、あるいは権力者たちのゲームとみなされてしまえば、社会的に共有される正当性は消失する（Sriram and Ross 2007：61）。この視点は、謝罪が本心から行われるか否か、という問題とは別に、誰が関与できる場で、どのような社会的・文化的意味づけの下で謝罪や償いが行われるか、という点に注意を差し向ける。移行期正義の実効性を高めるためにローカル・オーナーシップを重視し、文化的コンテクストの活用を主張する議論が増えているのは、そうした認識を反映している（McEvoy and McGregor 2008；Shaw and Waldorf 2010）。たとえばアウトリーチ活

193

第Ⅱ部　平和創造の主体と手法

動は、紛争に巻き込まれた人びとを、可能な限り法廷の活動に関与させようとするものである。彼らは、法廷がなんらの補償金も与えてくれないことに落胆し、専門家同士が繰り広げる難解なやり取りを理解できないかもしれないが、司法の性格が変更されたことを実感するだろう。公的な場での謝罪もまた、同様の視点から捉えなおすことができる。多くの人々が関与できる環境のなかで、それに対する反論・再反論も可能なコミュニケーションを伴いつつ謝罪や償いが行われるとき、仮にそれが戦略的なパフォーマンスであったとしても、人びとは社会のルールが変更されたことを知る。ここで役割を果たしているのは、正確にいえば謝罪や償いそれ自体ではなく、謝罪や償いがそのように行われる場を用意した制度である。しかし、そのような場で謝罪や償いに接した人々は、そのことをきっかけにして、また別の場所で、新たな社会におけるルール作りに関与し始めるかもしれない。このような形で実行される謝罪と償いが、「当該社会の人々による紛争後社会の平和の再建」に対する必要条件であることは間違いないものと思われる。

〔参考文献〕

国際協力機構経済基盤開発部（2012）「紛争予防配慮・平和の促進ハンドブック――PNA の実践」（http://www.jica.go.jp/activities/issues/peace/pdf/PNA_01.pdf, last visited 22 May 2018）

国際協力事業団国際協力総合研修所（2001）「平和構築――人間の安全保障の構築へ向けて（事業戦略調査研究報告書）」（http://jica-ri.jica.go.jp/IFIC_and_JBICI-Studies/jica-ri/publication/archives/jica/field/2001_03.html, last visited 22 May 2018）

篠田英朗（2003）『平和構築と法の支配――国際平和活動の理論的・機能的分析』創文社

ヘイナー，プリシラ（2006）『語りえぬ真実――真実委員会の挑戦』阿部利洋訳、平凡社

Chhang, Youk (2007) "Why the Khmer Rouge Tribunal Matters to the Cambodian Community: Justice for the Future, Not the Victims," *Searching for the Truth*, Special English Edition, Third Quarter: 4-7.

Colvin, Christopher J. (2008) "Purity and Planning: Shared Logics of Transitional Justice and Development," *The International Journal of Transitional Justice*, 2(3): 412-425.

Dimitrijevic, Nenad (2008) "Serbia After the Criminal Past: What Went Wrong and What Should be Done," *The International Journal of Transitional Justice*, 2(1): 5-22.

Doxtader, Erik (2009) *With Faith in the Works of Words: The Beginnings of Reconciliation in South Africa, 1985-1995*, Claremont, South Africa: David Philip Publishers.

Gibson, James L. (2004) *Overcoming Apartheid: Can Truth Reconcile A Divided Nation?*, New York: Russell Sage Foundation.

―― (2009) "Taking Stock of Truth and Reconciliation in South Africa: Assessing Citizen Attitudes through Surveys," in Van der Merwe, H., Baxter, V. and Chapman., A. R. eds., *Assessing the Impact of Transitional Justice: Challenges for Empirical Research*, Washington, DC: United States Institute of Peace Press, pp. 173-190.

Glasius, Marlies and Meijersy, Tim (2012) "Constructions of Legitimacy: The Charles Taylor Trial," *The International Journal of Transitional Justice*, 6(2): 229-252.

Gutmann, Amy and Thompson, Dennis (2004) *Why Deliberative Democracy?*, Princeton: Princeton University Press.

Hamber, Brandon (2009) *Transforming Societies after Political Violence: Truth, Reconciliation, and Mental Health*, New York: Springer.

Human Rights Watch (2011) "Justice Compromised: The Legacy of Rwanda's Community-Based Gacaca Courts" (http://www.hrw.org/sites/default/files/reports/rwanda0511webwcover_0.pdf, last visited 22 May 2018)

January, Sativa (2009) "Tribunal Verité: Documenting Transitional Justice in Sierra Leone," *The International Journal of Transitional Justice*, 3(2): 207-228.

McEvoy, Kieran and McGregor, Lorna eds. (2008) *Transitional Justice from Below: Grassroots Activism and the Struggle for Change*, Oxford and Portland: Hart Publishing.

Norval, Aletta J. (2007) *Aversive Democracy: Inheritance and Originality of the Democratic Tradition*, Cambridge: Cambridge University Press.

Orentlicher, Diane F. (2007) "'Settling Accounts' Revisited: Reconciling Global Norms with Local Agency," *The International Journal of Transitional Justice*, 1(1): 10-22.

Schaap, Andrew (2005) *Political Reconciliation*, New York: Routledge.

第Ⅱ部　平和創造の主体と手法

Simić, Olivera and Dalyy, Kathleen (2011) "'One Pair of Shoes, One Life': Steps towards Accountability for Genocide in Srebrenica," *The International Journal of Transitional Justice*, 5(3): 477–491.

Shaw, Rosalind, Lars Waldorf and Hazan, Pierre eds. (2010) *Localizing Transitional Justice: Interventions and Priorities after Mass Violence*, Stanford: Stanford University Press.

Sriram, Chandra Lekha and Ross, Amy (2007) "Geographies of Crime and Justice: Contemporary Transitional Justice and the Creation of 'Zones of Impunity'," *International Journal of Transitional Justice*, 1(1): 45–65.

Subotić, Jelena (2009) "The Paradox of International Justice Compliance," *The International Journal of Transitional Justice*, 3(3): 362–383.

Teitel, Ruti G. (2003) "Transitional Justice Genealogy," *Harvard Human Rights Journal*, 16(1): 69–94.

Thoms, Oskar N. T., Ron, James and Paris, Roland (2010) "State-level Effects of Transitional Justice: What Do We Know?," *The International Journal of Transitional Justice*, 4(3): 329–354.

Thomson, Susan, and Rosemary Nagy (2011) "Law, Power and Justice: What Legalism Fails to Address in the Functioning of Rwanda's Gacaca Courts," *The International Journal of Transitional Justice*, 5(1): 11–30.

Weinstein, Harvey M. (2011) "Editorial Note: The Myth of Closure, the Illusion of Reconciliation: Final Thoughts on Five Years as Co-Editor-in-Chief," *The International Journal of Transitional Justice* 5(1): 1–10.

Wilson, Richard, A. (2001) *The Politics of Truth and Reconciliation in South Africa: Legitimizing the Post-Apartheid State*, Cambridge: Cambridge University press.

第 III 部
平和研究の日本的文脈
──その視座と方法──

論点 11 核軍縮

被爆地の訴えは核軍縮を促進したか

水本　和実

　被爆地の広島と長崎は、人類史上、初めて原爆が投下された場所として、核兵器に反対する声を世界に発し続けてきた。その結果、「被爆者たちの意志の力で、人類は3度目の愚行を犯さなかった」と広島市長は1999年の「平和宣言」で述べた。だがストックホルム国際平和研究所発行の『SIPRI Yearbook 2018』によると、被爆後73年を経てなお、世界には1万4465発の核弾頭が存在している。被爆地の訴えは、果たして世界の核軍縮を促してきたのだろうか。

　この問いの検証は、実際にはかなり困難だと言わざるを得ない。核兵器保有国が核軍縮政策を発表する際、広島・長崎に言及した例はまずない。また、被爆地の訴えと言ってもさまざまな声がある。そこで本章では、被爆地を代弁する声として広島・長崎両市の「平和宣言」をとりあげ、その訴えと核兵器をめぐる国際情勢を比較することで、この問いへの答えを探ることにする。

1　被爆地は積極的に核軍縮を訴えてきたか

　まず「被爆地の訴え」が何を指すのかを考えてみよう。分析の対象は「誰が」「何を」訴えているのか、つまり訴えの「主体」と「内容」である。「主体」には、被爆者団体や平和団体、NGO、労働団体などの市民組織もあれば、平和行政を行う市や県などの行政機関、原爆被爆の実相を展示する資料館、原爆報道を行うメディアなどが存在する。「内容」も、被爆者の救済や被爆の実相の解明、被爆体験の継承など、被爆体験に関するものもあれば、核兵器の削減や廃絶、核実験禁止など核軍縮に関するもの、戦争への反対、平和憲法の擁護、

第Ⅲ部　平和研究の日本的文脈

恒久平和など、多岐にわたる。

　被爆地から訴えているすべての「主体」と「内容」を検証するのは不可能である。そこで、被爆地のリーダーの1人である広島と長崎の市長が毎年1回、原爆記念日に、被爆地の声を代弁して国内や海外に発信する「平和宣言」を取り上げ、いかなる内容の訴えを行ってきたかを検証してみる。

（1）被爆地の声としての「平和宣言」

　毎年8月6日の広島での平和記念式典と8月9日の長崎での平和祈念式典でそれぞれの市長が「平和宣言」を読み上げる。内容は、核兵器廃絶と恒久平和の実現への訴えを基調にし、被爆体験の継承や被爆者への支援、核兵器をめぐる現状、その時々の世界が直面する平和の課題などが盛り込まれてきた。

　最初の平和宣言は、広島市では被爆2周年にあたる1947年の「第1回平和祭」で読まれ、長崎市では翌1948年の「文化祭」で発表された。その後、朝鮮戦争の勃発で両市の式典が中止された1950年を除き、平和宣言は今日まで毎年、読み上げられている。

　広島市の平和宣言は、市長が被爆者や有識者等ら10名からなる「平和宣言に関する懇談会」で意見を聴取し、それを参考に市長が内容を決めている。特に松井一実市長が就任した2011年以来は、被爆者の体験談を公募し、その内容を盛り込んでいるのが特徴だ。一方、長崎市の平和宣言は1974年に有識者による平和宣言文起草委員会を発足。1980年からは長崎市長を委員長とし、被爆者や市民代表らを含む計15名の委員で話し合って内容を決めている。

　両市の平和宣言は、戦後直後から毎年、国内や海外の新聞やラジオ、テレビを通じて内外に報道されてきた。また広島市のウェブサイトでは、過去の平和宣言のすべてを日本語版と英語版を公表しているほか、2003年以降の平和宣言は日本語を含む計9カ国語（2014年から計10カ国語）で掲載している。また長崎市では過去の平和宣言の日本語版はすべて、英語版は1993年から公表し、2016年以降のものは計11カ国語で掲載している。

論点 11 | 核軍縮 | 被爆地の訴えは核軍縮を促進したか

（2）「平和宣言」の訴えの変遷

　平和宣言の訴えは、その時々の国内・国際情勢を反映している。1952年までの日本は占領下で原爆に関する表現が厳しく制限され、訴えも「世界平和」に力点がおかれた。1954年のビキニ水爆被災事件と、それをきっかけに世界で盛り上がった原水爆禁止運動が流れを変えた。1955年に広島が初めて被爆者の原爆障害と放射線の危険性を指摘し、長崎も初めて原子兵器の廃棄を訴えた。1958年には広島が核兵器の製造・使用禁止を、長崎が核兵器の全面的廃止と核実験の即時停止を訴えて以降、核兵器反対の意思表示というその後の「平和宣言」の基調が形成された。

　両市に共通する訴えとして、1960年代には部分的核実験禁止条約（PTBT）成立への評価、1970年代には国連軍縮特別総会への期待など、テーマが国際化し、広島と長崎の連携も重視するようになった。1980年代には被爆者援護法制定、非核3原則堅持など日本政府への要求も盛り込まれた。1990年代には日本の戦争責任への反省や在外被爆者支援、2000年以降は核兵器不拡散条約（NPT）再検討会議の成果と課題に関する言及が増えた。2011年以降は原発事故問題も取り上げるなど、ますますテーマは多様化・具体化した。2015年以降は、被爆体験に基づき核兵器の非人道性を訴え、世界の指導者に被爆地訪問を呼びかけている。

（3）「平和宣言」は積極的に核軍縮を訴えてきた

　広島と長崎の「平和宣言」に込められた訴えについて、内容に着目して整理してみる。恒久平和や戦争への反対は、広島、長崎ともに当初から繰り返し登場するが、これらは具体的な要求というより一般的な標語と考えて除外すると、核兵器に関連する主要な訴えとして以下のものが浮かび上がってくる。

　(i)　再び核兵器を使用するな

　(ii)　核兵器を廃絶せよ

　(iii)　核実験を禁止せよ

　(iv)　核兵器を禁止せよ

　(v)　核抑止戦略を改めよ

第Ⅲ部　平和研究の日本的文脈

（vi）被爆体験に耳を傾けよ

（vii）日本政府は核軍縮に努力せよ　　この訴えは、日本政府に核軍縮外交における積極的なリーダーシップの発揮を求めるものだが、さらに以下のような具体的な注文がつけられている。

（a）非核三原則の立法化

（b）アジア太平洋や北東アジアの非核地帯化

（c）「核の傘」に頼らない安全保障

（d）被爆者支援の拡充

以上、これまでの広島と長崎の「平和宣言」を見る限り、被爆地は積極的かつ具体的に、核軍縮の分野でさまざまな訴えを世界に投げかけてきたといえよう。では、それらの訴えが世界に届き、核兵器保有国や国際社会が核軍縮へ向けて具体的な行動を取ったかどうかを、個別の訴えごとに見ていこう。

2　「再び核兵器を使用するな」との訴えは世界に届いたか

広島と長崎の平和宣言に盛り込まれた、最初の核兵器に関するアピールは、核兵器廃絶ではなく、核兵器を再び使用させないことであった。

（1）「平和宣言」に登場する最初の訴え

この訴えは、広島、長崎ともに初期の平和宣言に多様な表現で盛り込まれた。最初に登場するのは1948年だ。長崎の初めての平和宣言は「ノーモア・ナガサキを力強く標ぼうし、広く世界に宣明せん」と述べ、また広島の2回目の平和宣言は「再び第二の広島が地上に現出しないよう誠心こめて祈念する」との言葉で、原爆が再び使用されないよう訴えた。この時、核兵器を保有していたのは米国だけで、日本は米国など連合軍の占領下にあり、原爆に関する記述もプレス・コードで厳しく制限を受けていたため控えめな表現になった。

1949年にソ連が初めての核実験に成功し、1953年に英国、1960年にフランス、1964年に中国が核実験に成功して核兵器保有国が5カ国に増えると、「再び核兵器を使用するな」との訴えは、それらすべての国に向けられ、「広島の悲劇

をくりかえすな」（広島・1956年）、「この惨禍が再び地上に繰り返されないよう」（長崎・1963年）、「ヒロシマを再び繰り返すな」（広島・1975年）などの表現で1970年代中頃まで、ほぼ毎年のように両市の平和宣言に盛り込まれた。だが、「核兵器の廃絶」（広島・1970年）という表現が初めて登場し、1970年代後半から核兵器廃絶が代表的なスローガンとなるのと入れ替わるように、「再び核兵器を使用するな」との訴えは姿を消していく。

（2）訴えは世界に届いたか

　結果だけを見れば、広島と長崎に原爆が投下されて以降、今日まで3発目の核兵器は使用されていない。その意味では、「再び核兵器を使用するな」との被爆地の訴えに反する現実は生じていないが、それをどう評価すべきか。

　（ⅰ）「被爆地の訴えの成果」との見方　　核兵器が再度、使用されなかったことを被爆地の訴えの成果だとする見方もある。冒頭に紹介したように、1999年8月6日の「平和宣言」の中で秋葉忠利・広島市長（当時）は被爆者の足跡の一つとして「核兵器の使用が（中略）究極の悪であることを訴え続け、二度と過ちを繰り返さぬと誓った被爆者たちの意志の力によって、これまでの間、人類は三度目の愚行をおかさなかった」ことを指摘し、被爆者への感謝を表明した。つまり秋葉・前広島市長によれば、被爆者の訴えにより、世界で広島、長崎に次ぐ3度目の核兵器の使用が阻止された。だとすれば、「平和宣言」が繰り返し行ってきた「再び核兵器を使用するな」との訴えが被爆者の努力により、間接的には世界に届いたことになる。

　（ⅱ）核兵器が使用される危険はなかったか　　だが、結果的に3度目の核兵器の使用がなかったことで、直ちに被爆地の声が届いたとは断定できない。第1に、被爆地から「再び核を使うな」と訴えてきたことと、3度目の核兵器が使用されなかったこととの因果関係が立証されていないからである。だが、因果関係の有無の検証には膨大な作業が必要であり、本章の考察の対象外とせざるを得ない。

　第2に、3度目の核兵器は使用されなかったが、使用される危険があったかもしれないからである。これまで明らかになっただけでも、核兵器の使用が検

第Ⅲ部　平和研究の日本的文脈

討された事例や、核戦争の危険が高まったと言われる出来事が発生している。

　その一つは朝鮮戦争（1950〜53年）である。一時は韓国軍・国連軍が北朝鮮軍を中国国境付近まで押し戻したが、中国人民解放軍の参戦で戦局が悪化し、連合国軍最高司令官で国連軍最高司令官でもあったマッカーサーは1951年4月、北朝鮮の背後の中国東北部への原爆投下をトルーマン大統領に進言した。だがトルーマンはマッカーサーを解任し、原爆は使用されなかった。

　実はその半年前の1950年11月30日、トルーマンは記者会見で朝鮮戦争の見通しについて聞かれ、原爆使用の可能性を政権内部で議論していることを明らかにした。ところがこの発言に英仏首脳が驚いた。朝鮮半島周辺で原爆が使用されれば、1949年に原爆を開発したばかりのソ連が西側に原爆を使用する可能性があると考えられたからだ。同年12月初め、アトリー英首相はトルーマンと会談して原爆の使用に危惧の念を表明し、トルーマンは同月8日の会見で原爆の使用はあり得ないと断言した。

　言うまでもなくトルーマンは広島、長崎への原爆投下を決断した大統領であり、その後も原爆投下は正しかったとする姿勢を崩さなかった。被爆地の訴えがあったからトルーマンが原爆の使用を思い止まったとは考えにくい。

　二つ目の事例は、米ソが核戦争一歩手前まで行ったとされる1962年のキューバ危機である。ソ連がキューバ国内に、米本土を射程内に収める中距離核ミサイル基地を建設中であることを、米国の偵察機が同年10月14日に発見。16日にケネディ大統領に報告し、政権内に緊張が高まる。米国はソ連にミサイル基地の撤去を要求して海上封鎖を行うが、ソ連はキューバへの核弾頭搬入を開始。NATO軍は最高警戒態勢、ワルシャワ条約機構軍も臨戦態勢に入り、米ソ両陣営はまさに一触即発となるが、28日にソ連側がミサイル撤去を表明し、のべ13日間の危機は解決に向かった。

　キューバ危機でソ連がミサイル撤去に応じた要因として、いくつか指摘されているが、最大の理由は米国がトルコ国内に配備していたミサイルの撤去に応じたためだと言われる。ミサイル危機のさなか、米ソ両首脳が被爆地の訴えを思い起こして核戦争を回避したかどうかは、不明だ。

　広島平和記念資料館のウェブサイトには、「核兵器使用の危機〜アメリカが

204

論点 11 核軍縮 被爆地の訴えは核軍縮を促進したか

核兵器使用を検討した事件」として、朝鮮戦争やキューバ危機も含む、以下の19の事例を紹介している。

核兵器使用の危機～アメリカが核兵器使用を検討した事件		
1946年	3月	イラン国内に駐留するソ連軍に対して
	11月	ユーゴスラヴィアの米国機撃墜事件に対して
1948年	4月～6月	ソ連による西ベルリン封鎖に際して
1950年	6月	朝鮮戦争の勃発に際して
1953年	8月	朝鮮戦争の戦況悪化に対して
1954年	4月～5月	ベトナム戦線のフランス軍への原爆提供申し入れ
	8月	中国の台湾解放の意図に関連して
1956年	10月	第2次中東戦争（スエズ危機）に際して
1958年	7月	イラク軍事クーデターと台湾海峡危機に際して
1959年	5月	ベルリン問題に関連して
1961年	6月	同上
1962年	10月	キューバ危機に際して
1968年	1月	米艦船プエブロ号の北朝鮮だ捕に際して
	2月	ベトナム戦争（ケサン攻防戦）に際して
1969年	11月	ベトナム戦争の激化に際して
1970年	9月	シリアのヨルダン領内への侵攻に対して
1973年	10月	第4次中東戦争の戦局打開のために
1980年	1月	イラン危機の打開に関連して
1991年	1月	湾岸戦争でのイラクの化学兵器使用を想定して

出典：広島平和記念資料館のウェブサイト〔http://www.pcf.city.hiroshima.jp/Peace/J/pNu-clear2_1.html, last visited 27 February 2017〕

　この表は、「核兵器開発・核軍縮の歩み」という特集の中の「冷戦」という項目に掲載され、以下の解説がなされている。「対立は加速度的に進み、両陣営は核抑止論に基づく核軍拡競争を行った。そしてその結果、互いに相手を破壊して余りある核戦力を蓄積しただけではなく、全面核戦争が起これば全人類が滅亡する危機を生み出した。今こそ人類は、核抑止論を放棄して、共生を探

第Ⅲ部　平和研究の日本的文脈

求する時代に入らなければならない。」

　解説は、米国が19回も核兵器の使用を検討したことの危険性を警告し、その要因として「核抑止論」を指摘している。だが、その米国がなぜ19回とも核兵器の使用を断念したのかについては、触れられていない。言い換えるなら、被爆地の資料館も、被爆地からの訴えが核兵器の使用を思いとどまらせたのかどうかについて、確信を持っていないということではなかろうか。

（3）ともかく3度目の核兵器の使用は避けられた

　被爆地からの「再び核兵器は使用するな」との訴えが、核兵器保有国の指導者たちに届いたのかどうかは不明だが、ともかく3度目の核兵器の使用は避けられた。指導者たちが核兵器の使用を自制した理由は、恐怖心からなのか、それとも「平和宣言」に見られる被爆地の訴えが指導者に届いたためなのか、断定はできない。だが、被爆の惨状の訴えが、核戦争に対する恐怖心を形成する一因であることは、否定できないだろう。

3　「核兵器を廃絶せよ」との訴えは世界に届いたか

　被爆地からの代表的訴えである「核兵器廃絶」は、広島の「平和宣言」では1970年に初めて登場して以来、今日まで毎回登場している。長崎では「核兵器の完全廃止」（1970年）、「核兵器を絶滅」（1970年）などの表現を経て1975年以降、「核兵器（の）廃絶」という訴えが今日まで続いている。だがそれは、核兵器廃絶がいまだに実現していないことを端的に示している。要するに「核兵器を廃絶せよ」との被爆地の訴えは、届いていないのだ。だが、被爆地の声は、全く影響力を持ってこなかったのだろうか。

（1）主要な核廃絶提言と被爆地

　確かに被爆地の声は核兵器保有国の政府を動かせないでいるが、核兵器の廃絶へ向けて政府を動かそうとしている世界の専門家たちには、声は届いていたかもしれない。そこで、これまで国際社会に影響力を持ってきたと言われる主

要な核廃絶提言を取り上げ、被爆地に関する記述があるかどうか、見てみよう。

（ⅰ）ヘンリー・スティムソン・センター報告書　米国ワシントンのシンクタンク、ヘンリー・スティムソン・センターが1995年に報告書『An Evolving US Nuclear Posture』を発表し、世界の核弾頭を4段階で減らしてゼロにする提言をまとめた。だが、報告書には広島、長崎に関する記述は見当たらない。ヘンリー・スティムソンは第二次世界大戦当時の米陸軍長官で、1947年には米国の原爆投下を正当化する論文を発表したことで有名だ。彼の名を受け継ぐ米国のシンクタンクが、米国人の専門家を集めてまとめた報告書は、やはり被爆地に言及することはありえないのか。

（ⅱ）キャンベラ委員会報告書　オーストラリア政府の支援で各国の専門家を集めて発足したキャンベラ委員会が1996年8月に報告書を発表し、段階的な削減による核兵器廃絶を提言した。この報告書は第1部「核兵器に関する議論」の冒頭、核兵器のない世界を目指す論拠として、「1945年の広島と長崎で炸裂した原爆は、今日の核兵器に比べれば威力は小さいが、数秒で街を壊滅させた」ことを指摘している。

（ⅲ）全米科学アカデミー報告書　全米科学アカデミーの国際安全保障・軍備管理委員会が1997年に報告書『The Future of U. S. Nuclear Weapons Policy』を発表し、段階的な削減による核兵器廃絶を提唱した。米国が冷戦終結後に目指すべき新たな核政策が提言の主眼であり、広島や長崎の被爆への言及はない。

（ⅳ）東京フォーラム報告書　日本国際問題研究所と広島平和研究所が、インドとパキスタンの1998年の核実験を契機に、各国の専門家からなる「核不拡散・核軍縮に関する東京フォーラム」を発足させ、1999年7月に報告書『核の危険に直面して』を発表した。この中で、核兵器を廃絶の「一歩手前」まで段階的に削減することを提唱した。だが、この報告書の本文中に、被爆地に関する言及はない。冒頭、高村正彦・外務大臣が「推薦の辞」で「『核のない世界』の実現は唯一の被爆国である日本国民の祈願」だと記し、「共同議長まえがき」の中に、報告書について「唯一の被爆国である日本の責務」「唯一の被爆国である日本から発信」と述べられただけだ。東京フォーラムの4回の会合のうち

第Ⅲ部　平和研究の日本的文脈

１回は広島で開催されたが、被爆地の声は本文には反映されなかった。

（ⅴ）大量破壊兵器委員会報告書　　スウェーデン政府の支援で発足した各国専門家からなる大量破壊兵器委員会が2006年、報告書『Weapons of Terror』（日本語訳は『大量破壊兵器　廃絶のための60の提言』）をまとめ、核兵器の非合法化を含む、大量破壊兵器の廃絶へ向けた提言を発表した。この本文の中に、被爆地に関する言及は２カ所ある。

　まず第２章「恐怖の兵器：脅威と対処」の第１段落で「第２次世界大戦終盤、広島と長崎は核兵器によって焼き払われた。それ以来、核兵器の数を管理し、拡散を防ぎ、使用を禁じ、廃絶するための世界的努力が行われてきた」と述べ、被爆地の訴えが世界的努力につながったと評価している。

　次に第３章「核兵器」の初めのパラグラフで「広島と長崎の原爆は、それぞれTNT火薬換算で20キロトン以下の威力で爆発し、約20万人の命を奪った」と記述したうえで、現代の核弾頭の威力はそれよりはるかに大きいことを説明。「広島・長崎への原爆投下以後60年以上にわたって、核兵器を管理、廃棄し、核拡散を防止するための非常に多数の取組が行われてきた」と述べたうえで、その取り組みの結果は「複合的」であり、「失敗」もあれば「前向きな成果もいくつか」あったとしている。

（ⅵ）核不拡散・核軍縮のための国際委員会（ICNND）報告書　　日本とオーストラリアの外務省の支援で発足した、各国の専門家からなるICNNDは2009年、報告書『Eliminating Nuclear Threat』を発表し、段階的な核兵器廃絶を提言した。本文中に、広島への言及が８カ所、長崎への言及が４カ所、被爆者への言及が１カ所ある。内容は、現代の核弾頭と広島、長崎に投下された原爆の威力の比較、広島型と長崎型の原爆の構造の違い、広島・長崎の被爆の記憶が強い日本では世論の反核意識が強いこと、被爆地を訪問して被爆証言を聞く事が高校生や大学生教育に重要だとの指摘など。ICNNDの委員も広島の会合で被爆者の悲痛な証言を受けて感銘を受けたとの記述もある。

（２）まだ核兵器廃絶は実現していない

　核兵器廃絶を「平和宣言」は1970年以降、訴え続けているが、いまだに実現

208

にはほど遠い。被爆地からの訴えは、核兵器保有国の指導者には届いていないのが現実だ。だが、そうした指導者を動かそうと、核廃絶提言を発表している各国の専門家の一部には、その声は届き始めていると言えよう。

4 「核実験を禁止せよ」との訴えは世界に届いたか

1954年3月1日に太平洋ビキニ環礁で米国が行った水爆実験により、マグロ漁船「第五福竜丸」が被災し、半年後に乗組員1名が死亡したことをきっかけに、原水爆禁止運動が盛り上がる。以来、「平和宣言」でも1970年前後まで「原水爆禁止」の訴えが断続的に登場する。核兵器の製造、実験、保有など一切の禁止を求める主旨だが、中でも大気圏内核実験でばら撒かれる「死の灰」への懸念は大きく、核実験を禁止せよとの訴えは被爆地にとり最も切実だった。

このため広島市は1968年から、長崎市は1970年から、核実験が行われるごとに、その国の政府や駐日大使に抗議文を送り続けており、臨界前核実験も含めると、抗議文の回数は広島市が610回、長崎市が571回（いずれも2017年末現在）にのぼる。その成果はあったのか。

(1)核実験禁止条約

被爆地を含む国際社会からの批判を背景に、これまで二つの核実験禁止条約が成立している。一つは1963年に米英ソ3国が中心となって成立させたPTBTである。PTBTは大気圏内や水中、宇宙空間での核爆発実験を禁じる条約だが、地下核実験は禁じていない。フランスと中国は未署名だが、フランスは1975年、中国は1981年以降、大気圏内での核実験を行っておらず、実質的に条約を遵守している。もう一つは、1996年に国連総会で採択された包括的核実験禁止条約（CTBT）で、あらゆる場所での爆発を伴う核実験を禁じているが、条約の発効要件として条約文に明記されている、核・原子力施設を持つ44カ国全てによる批准が完了しておらず、条約は未発効だ。核兵器保有国の米国や中国などが批准していないため発効の見通しは立っていない。

第Ⅲ部　平和研究の日本的文脈

（2）米国による新たな核兵器実験

　米国は1992年以降、新たな核兵器は製造せず、爆発を伴う核実験もモラトリアム（一時停止）を続けている。このため老朽化する備蓄核兵器の性能の維持を目的としてエネルギー省は「備蓄核兵器管理計画」（Stockpile Stewardship Program）を立て、国家核安全保障局（NNSA）を2000年に設置し、傘下の5カ所の研究機関で爆発を伴わない実験を実施し、オバマ政権までは毎年四半期ごとに実験概要報告を NNSA のウェブサイトに公表していた。しかしトランプ政権になってウェブサイトは削除された模様だ。

　同ウェブサイトよると、実験は大別して「統合非核兵器実験」「集束実験」「臨界前核実験」に分かれ、さらに13のカテゴリーに分かれて実施される。2013年10月に発表された四半期報告によると、2013年会計年度には、計3671回の実験が実施され、このうちプルトニウムを用いる臨界前核実験が1回、プルトニウムを用いる他の実験が15回実施された。

　2012年12月5日に行われた通算27回目の臨界前核実験は「ポルックス」（Pollux）と命名されてネバダの地下実験施設で実施された。NNSA のウェブサイトには「臨界前核実験により、爆発実験を行わずに備蓄核兵器の性能を維持できる」「実験には米国の科学技術誌が主催する賞を獲得した優秀な技術が用いられた」などの記述があり、臨界前核実験の31秒間の画像は You Tube にも投稿され、見ることができる。（NNSA のウェブサイト〔http://nnsa.energy.gov/mediaroom/pressreleases/pollux120612, last visited 28 February 2018〕）

　また、サンディア国立研究所では、Ｚマシンとよばれる核融合実験装置を用いて強力なＸ線をプルトニウムに照射し、核爆発に近い超高温、超高圧状態を作ってプルトニウムの状態を試すための実験を2010年11月に初めて実施した。2013会計年度は計139回実施し、うち3回はプルトニウムを使用した。その分量は『中国新聞』によると「1回当たり8g以下」。NNSA のウェブサイトによると2017年には140回以上の実験を実施したという。

　米国が臨界前核実験やプルトニウムを用いたＺマシンの実験を行うたびに、広島市も長崎市も大統領や駐日大使宛に抗議文を送っている。

論点 11 核軍縮 被爆地の訴えは核軍縮を促進したか

（3）声は届いているが核兵器保有国は聞こえぬふり

　広島、長崎ともに「平和宣言」だけでなく核実験のたびに抗議文を送っている。訴えそのものは確実にその国の指導者に届いているはずだ。PTBT が発効し、CTBT も未発効ながら条約自体は成立したことは、国際社会に被爆地と同じ意見が存在することを示している。だが、NNSA のウェブサイトの記述からは、核兵器実験に携わる研究者らの罪悪感はうかがえない。

5　「核兵器を禁止せよ」との訴えは世界に届いたか

　この訴えは1950年代の原水爆禁止運動にさかのぼる。それ以来、核兵器の「禁止」が厳密に何を指すのか、やや曖昧なまま「核兵器の禁止」（広島・1960〜1962年）、「核兵器の使用、実験、製造、貯蔵の完全な廃絶」（長崎・1974年）など、いくつかの異なる表現で「平和宣言」に盛り込まれた。

　その後、1996年に国際反核法律家協会（IALANA）や核戦争防止国際医師会議（IPPNW）などにより「モデル核兵器禁止条約」が起草された。核兵器の開発、実験、製造、備蓄、移転、使用、威嚇を禁じる内容だ。こうした核兵器の包括的な禁止は「核兵器の非合法化」とも呼ばれる。

　そしてこのモデル条約が起草されて21年目の2017年 7 月、国連で核兵器禁止条約が採択された。国際的な NGO の連合体である核兵器廃絶国際キャンペーン（ICAN）は被爆者と連携して各国政府に条約の制定を働きかけ、被爆地も全面的に支援した。その活動が評価されて ICAN は2017年のノーベル平和賞を受賞し、授賞式では ICAN の事務局長とならんで被爆者のサーロー節子さんが受賞スピーチを行った。核兵器禁止条約の成立は、被爆地の訴えが世界に届いた結果のように思えるが、そう考えていいのだろうか。

（1）核兵器の非人道性に関する共同声明から核兵器禁止条約へ

　核兵器禁止条約成立の発端は、核兵器の非人道性を根拠にノルウェーやスイスなど16カ国が核兵器の非合法化を求めた共同声明である。2012年 5 月に発表され、その後賛同国は34カ国、77カ国、125カ国、155カ国と増え、2015年 4 月

211

第Ⅲ部　平和研究の日本的文脈

には159カ国に達した。賛同国は非核保有国で、核兵器保有国および核の傘の
下にいる国の大半は加わらず、日本は途中で賛同に回った。

　共同声明に並行して核兵器の非人道的影響に関する国際会議がノルウェー
（2013年）、メキシコ（2014年２月）、オーストリア（同年12月）で開かれ、それぞ
れ日本を含む127カ国、146カ国、158カ国の代表、国際機関や NGO 関係者に
加え、被爆者や被爆地の研究者らも参加した。

　オーストリアは自国での会議の中で、核兵器の非合法化を求める文書「オー
ストリアの誓約」を発表し、各国の賛同を求めた。2015年４〜５月の NPT 再
検討会議開催中、この文書は「人道の誓約」に改題され、109カ国が賛同した。

　この動きを背景に、同年12月の国連総会で、核兵器のない世界へ向けた具体
的措置に取り組む作業部会を設置する決議が138カ国の賛成で採択された。決
議を受けて2016年に３度、作業部会が開催され、核兵器禁止条約交渉会議の開
催を勧告する報告書を８月にまとめた。これを受けて12月の国連総会で、核兵
器禁止条約交渉会議の2017年開催を求める決議が113カ国の賛成で採択され、
同年３月および６〜７月に会議が開催された。その結果、７月７日に核兵器禁
止条約は賛成122、反対１、棄権１で採択されたのである。

　条約は禁止の対象としてほぼ全ての行為を包括的に網羅している。まず「第
１条（禁止）」で加盟国に対し、いかなる場合にも、核兵器の開発、実験、製造、
取得、保有、貯蔵、移譲、受領、使用、使用の威嚇および自国領内への配備を
禁じた。これら禁止行為を行うよう援助し、援助を求めることも禁じている。

　さらに前文の中で、なぜ人類は核兵器を禁止すべきかについて、歴史的、人
道的に多方面から考察を加え、深い平和思想を提示した。具体的には「核兵器
の完全な廃絶」こそが、核兵器の使用による壊滅的な人道上の帰結を防ぐ「唯
一の方法」だとし、「核兵器のない世界」の達成こそが、世界各国にとり安全
保障上の利益だと述べ、条約の目的を明確に示した。

　さらに国際条約として初めて被爆者に言及し、被爆者および核実験の被害者
にもたらされる「容認し難い苦しみと害に留意する」とした。そのうえで、核
軍縮への女性の参加を評価して支援と強化を約束し、平和・軍縮教育の重要性
も指摘した。国際機関や NGO などとともに被爆者が果たす役割も評価してい

る。

（2）世界を動かしたが核保有国と被爆国には届かぬ訴え

　核兵器禁止条約が成立した背景には、スイスやオーストリアなど非核保有国とICANなどの国際NGO、それに被爆地の市民らの協力があった。その意味で、「核兵器を禁止せよ」との訴えは確実に世界に届いたといえよう。だが、核兵器禁止条約に対し、全ての核兵器保有国および、日本など核の傘の下にいる国は、頑なに反対している。それをどう克服するのか最大の課題であろう。

6　「核抑止戦略を改めよ」との訴えは世界に届いたか

　「核抑止は破綻した」との主張は、冷戦期の両陣営の対立が激しい頃から被爆者団体や平和活動家によりなされてきたが、広島や長崎の「平和宣言」が核抑止戦略を直接批判することは多くなかった。「核兵器を戦争抑止力とみることは、核力競争をあおる以外のなにものでもなく」（広島・1968年）、「国家の安全保障を核兵器という力に依存する核抑止論を、ヒロシマは絶対に容認することができない」（広島・1992年）、「核抑止の考えを持つ限り核兵器の廃絶は望めません」（長崎・1993年）、「核抑止に立ち向かい平和の輪を広げよう」（長崎・1996年）など、むしろ冷戦終結後に取り上げられてきた。

　だが、2009年4月のプラハ演説で「核兵器のない世界」を訴え、世界を熱狂させたオバマ米大統領ですら、同じ演説の中で「世界に核兵器が存在する限り、米国は核兵器を手放さない」と核抑止論に基づく見方を示している。被爆地からの核抑止論否定の訴えは、届いていないのだろうか。

（1）「核兵器の役割」に関する議論

　核軍縮の専門家の間で冷戦終結後、核抑止論に関するさらに細かい分析として、「核兵器の役割」が議論されてきた。核兵器を保有する目的は、①いかなる兵器による、②誰に対する攻撃を抑止するためか、という議論である。①に関しては、核兵器、生物・化学兵器、通常兵器の3通りがあり得る。②に関し

第Ⅲ部　平和研究の日本的文脈

ては、核兵器を持つ国自身と、その同盟国があり得る。

　一方、被爆地の核抑止論の否定は、①および②のいずれにも核兵器の抑止機能を認めず、廃絶を迫る考えである。これに対し、その一歩手前の議論として、3（1）（ⅴ）で紹介した ICNND 報告書は核兵器の「唯一の目的」論を提唱した。核兵器を保有する目的は、①相手の核兵器による攻撃からの、②自国および同盟国の防衛に限定し、それを宣言すべきだという議論だ。

　だが、これまで大半の核兵器保有国は、核兵器を保有する目的を自ら公言することはなかった。自らの手を縛り、核兵器を保有する価値が下がると考える指導者が多いからだ。

（2）米国の『核態勢見直し』

　米国政府は1994年と2002年に、国防総省が核兵器の運用方針の根幹の政策文書である『核態勢見直し』を作成したが、基本的に①の対象は曖昧とされた。これに対しオバマ政権が2010年4月に公表した『核態勢見直し』では、抑止の対象は①原則として核兵器の攻撃から、②自国および同盟国を守ることだとしつつ、相手が NPT の不拡散義務を遵守しない非核国の場合は、敵の生物・化学兵器や通常兵器による攻撃に対し、核兵器の使用もありうるとした。原則として NPT の義務を守る非核国に対しては「唯一の目的」を適用することに等しい。その意味では「核兵器の役割」を下げる姿勢を示したと言えよう。

　だが、2017年に発足した共和党トランプ政権が2018年2月に発表した『核態勢見直し』の中で「唯一の目的」は否定され、核兵器の目的として、核兵器や通常兵器の攻撃の抑止、同盟国への安全保障の提供などが列挙されている。

　驚くのは米国の核兵器への礼賛である。「世界人口（民間人および兵士）に占める戦争死傷者の比率」という表を示し、比率が第一次世界大戦時に1.5％、第二次世界大戦時に2.6％だったが、1950年〜2000年は0.4％、2000年以降は0.01％以下に減少し、「米国の核抑止力の導入以降、大国間の紛争がなくなり世界の戦死者は劇的に減少した」というが、数字の根拠は示していない。

論点 11 | 核軍縮 | 被爆地の訴えは核軍縮を促進したか

（3）米国の核抑止戦略は変わらず

トランプ政権の『核態勢見直し』を見る限り、核兵器の存在そのものを悪と見なし、核兵器の存続の最大の論拠である核抑止論を否定する被爆地の心情は、核大国・米国の指導者には通じていない。他の核兵器保有国も同じである。

7 「被爆体験に耳を傾けよ」との訴えは世界に届いたか

「日本の皆さん、世界の皆さん、ナガサキの声を聞いてください」。1982年から1994年までほぼ毎年、本島等・長崎市長（当時）は「平和宣言」で訴えた。だが被爆地では、被爆者の高齢化とともに直接被爆証言を聞く機会が減り、被爆体験の継承が困難になるとの懸念が強まっている。そんな中、2016年にオバマ米大統領の広島訪問が実現した。訴えは世界に届いたと見ていいのか。

（1）オバマ大統領広島訪問で増えた資料館への入館者

一つの判断材料として広島平和記念資料館への入館者数を見てみる。開館した1955年度に11万5369人だった入館者はその後順調に増え続け、1991年度には159万3280人でピークに達したが、その後は100万人台の前半で推移していた。だが2016年度の入館者は173万9986人で25年ぶりに過去最高を記録した。同年5月、現職米大統領として初めてオバマ大統領が広島を訪問したことが原因と見られ、特に外国人の入館者が5月に54.3%、6月に56.5%も前年を上回り、2016年度の外国人入館者も過去最高の36万6779人で、入館者の5人に1人は外国人が占めた。被爆地を訪問して欲しいとの訴えが届き、実現した大統領の訪問が、国内や海外の市民の広島訪問を促したと言えよう。

（2）国立広島・長崎原爆死没者追悼平和祈念館の連携事業

2002年に開館した国立広島原爆死没者追悼平和祈念館と2003年に開館した国立長崎原爆死没者追悼平和祈念館が連携して、2008年にウェブサイト上に「平和情報ネットワーク」を開設した。被爆体験記、被爆証言映像、被ばく医療情報および平和関連団体の情報を発信するのが目的だ。特に両館合わせて約21万

第Ⅲ部　平和研究の日本的文脈

編の被爆体験記と約2000本の証言映像を所蔵しており、これらを日本語だけで
なく英語、中国語、韓国・朝鮮語に翻訳して、少しずつウェブサイトで公開し、
2018年3月現在、被爆体験記は日本語564編、英語108編、中国語と韓国・朝鮮
語各79編、その他21言語163編を掲載している。また被爆証言映像も日本語579
本、英語150本、韓国・朝鮮語151本、中国語147本、その他19言語183本を掲載
している。

　被爆地には、被爆の実相を資料で伝える広島平和記念資料館および長崎原爆
資料館と、被爆体験記や証言映像で伝える国立広島・長崎原爆死没者追悼平和
祈念館がある。広島では資料館の入館者のうち、追悼平和祈念館に足を運ぶ人
はこれまで約16％程度で推移していたが、近年外国人旅行者の増加などによ
り、2018年度は5月現在、約24％まで上昇している。

　被爆者の高齢化は避けられないが、被爆体験を伝える手段としては、追悼平
和祈念館で映像の証言を聞いたり体験記を読んだりする方法も重要だ。被爆地
の資料館と追悼平和祈念館のさらなる連携が必要だ。

（3）被爆体験に耳を傾けてもらうためさらなる環境整備を

　「被爆体験に耳を傾けよ」との訴えは、オバマ米大統領の広島訪問などをきっ
かけに徐々に世界に届きつつあるようだが、受け皿の環境を整備する必要があ
る。被爆者に頼るだけでなく、視聴覚用の媒体やウェブサイトの活用も必要
だ。

8　「日本政府は核軍縮に努力せよ」との訴えは届いたか

　広島の「平和宣言」は1980年前後から1995年にかけて、日本政府に毎年のよ
うに核軍縮における「先導的役割」を求めた。長崎も同じ頃から、日本政府や
総理大臣への核軍縮に関する要望を盛り込むようになった。きっかけは1978年
5月の第1回国連軍縮特別総会への両市長の参加と国連での広島・長崎原爆写
真展開催を通じて、核軍縮外交の重要性を認識したことである。以来、今日ま
で被爆地の訴えには、必ず日本政府への要求が盛り込まれている。だが、果た

論点 11 | 核軍縮 | 被爆地の訴えは核軍縮を促進したか

してそれらは聞き入れられているのだろうか。

（1）被爆地から日本政府への要望

（ⅰ）非核三原則の立法化　　長崎からの要望がとりわけ強く、1981年からほぼ毎年「平和宣言」に盛り込まれているが、歴代政府にその動きはない。

（ⅱ）アジア太平洋や北東アジアの非核地帯化　　1989年以来、広島・長崎両市が政府に対し、断続的にアジア太平洋地域の非核地帯化を訴え始めたが、その後1996年に長崎は「北東アジア非核兵器地帯の創設」に切り替え、一貫して「平和宣言」で言及している。2012年に設立された長崎大学核兵器廃絶研究センター（RECNA）もこのテーマに取り組んでいるが、政府の関心は低い。

（ⅲ）「核の傘」に頼らない安全保障　　1997年の広島の「平和宣言」以来、被爆地は断続的に訴えてきたが、政府は「核の傘」の強化が必要だとし、それを理由に核兵器禁止条約にも反対している。

（ⅳ）被爆者支援の拡充　　1995年の被爆者援護法施行で、一定の国家補償による救済は実現したが、長崎は在外被爆者の救済、広島は「黒い雨」地域拡大や被爆者認定基準の見直しなど、さらなる被爆者支援を求めている。

（2）政府と被爆地の溝は深い

被爆地から日本政府への要望の大半は、門前払い状態だ。「世界で唯一の戦争被爆国」を標榜しながら核兵器禁止条約に反対する日本政府と、被爆地の意見の隔たりは大きく、溝は深い。

9　被爆地の訴えは核軍縮を促進したか

これまで第1節から第8節で、8つの命題について考えてみた。その結果は以下のように整理できる。

命題1　被爆地は積極的に核軍縮を訴えてきたか	◎
命題2　「再び核兵器を使用するな」との訴えは世界に届いたか	○

第Ⅲ部　平和研究の日本的文脈

命題3	「核兵器を廃絶せよ」との訴えは世界に届いたか	△
命題4	「核実験を禁止せよ」との訴えは世界に届いたか	△
命題5	「核兵器を禁止せよ」との訴えは世界に届いたか	○
命題6	「核抑止戦略を改めよ」との訴えは世界に届いたか	×
命題7	「被爆体験に耳を傾けよ」との訴えは世界に届いたか	△
命題8	「日本政府は核軍縮に努力せよ」との訴えは届いたか。	×

　これらを総括すると、被爆地からの訴えは、核軍縮を大いに促進させたとまでは言えず、課題も多いが、オバマ米大統領の広島訪問後の被爆地への関心の高まりや、核兵器禁止条約の成立などを見る限り、一定の成果をあげつつあると言えよう。

〔参考文献〕

核不拡散・核軍縮に関する東京フォーラム（1999）『核の危険に直面して──21世紀への行動計画』日本国際問題研究所・広島平和研究所

大量破壊兵器委員会（2007）『大量破壊兵器　廃絶のための60の提言』岩波書店

Canberra Commission on the Elimination of Nuclear Weapons (1996) *Report of the Canberra Commission on the Elimination of Nuclear Weapons*, Canberra: Department of Foreign Affairs and Trade, Australia.

Committee on International Security and Arms Control, National Academy of Sciences (1997) *The Future of U. S. Nuclear Weapons Policy*, Washington, D. C.: National Academy Press.

Department of Defense (2018) *Nuclear Posture Review*, Washington, D. C.: Department of Defense.

International Commission on Nuclear Non-proliferation and Disarmament (ICNND) (2009) *Eliminating Nuclear Threats: A Practical Agenda for Global Policymakers*, Canberra/Tokyo: ICNND.

Steering Committee, Project on Eliminating Weapons of Mass Destruction (1995) *An Evolving US Nuclear Posture*, Washington, D. C.: The Henry L. Stimson Center.

Stockholm International Peace Research Institute (SIPRI) (2018) *SIPRI Yearbook 2018: Armaments, Disarmament and International Security*, Stockholm: SIPRI.

論点 12 日米安保

日米安全保障条約は日本の平和の礎であるのか

我部　政明

　現行の日米安全保障条約（以下、安保条約と呼ぶ）は、正式には日米間の「相互協力及び安全保障条約」である。1960年 1 月19日に調印、同年 6 月23日に発効した。同条約は、前文と10条から成る。それ以前にあった日米間の「安全保障条約」を改定する形で現行の条約が作られた。現行の安保条約に対して「旧安保条約」と呼ばれる同条約は、サンフランシスコ対日平和条約調印と同じ日の1951年 9 月 8 日に調印、翌52年 4 月28日に発効した。

1　安保条約の目的は米軍の駐留であるのか

　その通りである。

　ではなぜ、現行の安保条約が必要とされたのだろうか。旧安保条約の前文は、日米間の条約にもかかわらず、連合国との平和条約を締結したばかりの日本国を主語にして始まる。そして、武装解除をしていた日本には条約発効時に自衛権を行使するための手段がないため、日本は米国との安全保障条約を希望する、と述べる。さらに、国連憲章によって定められている個別的及び集団的自衛の権利を行使して日本は、日本防衛のために日本国内及びその付近に米軍が維持されることを希望する、と述べる。それらを受けて、米国は平和と安定のために米軍を日本に維持する意志をもつと述べ、攻撃的あるいは国連憲章の目的に沿わないよう軍備を避けつつ日本防衛のための責任を負うこと期待するとの但し書きを加えている。

　この条約の第 1 条で、日本の希望に従って日本に基地を置く権利を米国が受

219

第Ⅲ部　平和研究の日本的文脈

諾した結果、米軍基地が置かれることになった。しかも、その米軍は、極東における国際の平和と安全の維持、日本国内での内乱鎮圧、そして外部からの攻撃を受けた日本防衛などのためだとされた。つまり、米軍の基地使用が権利と認められる一方で、日本防衛への米国の関与が明記されなかったのである。また、米軍が内乱に介入することが認められる内容であった。この条約を否定的に評価する人々は、平和条約後も占領状態と同様に米軍基地が存続することを最大の不満とした。この条約を肯定する人々においても、米軍に基地を提供するわりに日本防衛という見返りが少ないという不満を抱かせた。

　こうした不満を鎮めるためには、日米の「対等性」が重要だと考えられた。日本においては、一方で米軍基地を認めることよって日本の安全が確保されると考える人々にとっては、安定的な安保条約が不可欠であり、そのために日本人の多くが満足できる日米の対等性を求める議論が登場した。他方で、米軍基地の存在を不平等な関係だとする考える人々にとっては、当時の安保条約に比べより対等な条約を望むようになっていた。

　朝鮮戦争が休戦に入り大規模な米軍を北東アジアに展開する必要性が低下して米地上軍の撤退が具体化すると、米国は日本の軍備増強を要求するようになる。また、米国は日本に基地を確保することにより、米国の東アジアにおける同盟国防衛への関与を可能としたのである。こうした期待や条件を満たすのは親米政権下の日本であった。そのためには、対等性のある条約こそが不可欠だとする考えが浸透していた。日本で親米政権が続き米軍基地を認める立場を維持する限り、沖縄での米軍基地が維持され、極東の安全と平和のために自由に基地が使えることになるからであった。

　日本の米軍への基地提供を定めると同時に、対等性の確保として基地使用に関する事前協議制度が導入された。その事前協議は、過去一度も行われたことがない。むしろ、事前協議が行われていないことが、基地は適正に使用されているとの解釈を生み、歴代の政権はそれを繰り返してきた。この事前協議制度は、適用除外規定が秘密に取り決められていた。以下の３点であった。協議の対象には、①核兵器の「持ち込み」に核兵器を搭載した米艦船の日本寄港を含まない、②日本の基地からの米軍の出撃に、「移動」や「通過」を含まない、

③朝鮮半島有事に際しての在日米軍の日本からの出撃の緊急性を認める、など
である。事前協議を事実上行われなくする合意であったとはいえ、当時の沖縄
には米軍は自由に核兵器を持ち込めたし、実際に海外米軍基地の中でも巨大な
核貯蔵庫を維持していた。そのため、日本に貯蔵や配備の必要性が乏しいだけ
でなく、核兵器を搭載した米軍用機は沖縄の飛行場を自由に経由して配備でき
た。たとえ核搭載の艦船や航空機が事前協議の対象であったとしても、沖縄で
の即応性が維持される限り、米軍の展開に問題はなかった。当時沖縄に配備さ
れた米軍の多くは、朝鮮半島や東南アジアへの出撃を任務としていた。とりわ
け沖縄の米空軍は、現在でも朝鮮半島有事の事態に備えた24時間365日体制を
敷いている。

　沖縄を含む日本に置かれた米軍基地を媒介にした関係が、日米安全保障なの
である。この点は、日本が自衛力増強を図っても、冷戦が終わっても、日本が
米国防衛への参加意志を見せても、日本では基地縮小の議論がないことに現れ
ている。この背景には、日本や沖縄の基地が返還される、あるいは小さな規模
へと縮小されると、日米関係が成立しないと考える人々が日本の政権を動かし
てきたからである。

2　日米安保条約は非対称的な条約であるのか

　その通りだ。
　現行の日米安保条約の条文を読んでみよう。
　前文にて、日米両国は①これまでの平和・友好の関係を強化し、民主主義の
諸原則、個人の自由、法の支配などの擁護、②経済協力の促進、経済的安定と
福祉の条件の助長、③国連憲章の目的と原則の再確認、④国連憲章に定める個
別的、集団的自衛権を有することの確認、⑤極東における国際平和と安全の維
持に共通の関心を有すること、などを考慮して同条約を締結する、と述べる。
先に述べたように旧安保条約の前文が「日本国は」で始まったのに対し、同条
約の前文は「日本国と米国は」で始まる。そして、こうした価値観や目標を日
米が共有していることを謳うのである。これらを具体化したのが、以下の条文

第Ⅲ部　平和研究の日本的文脈

である。

　まず国際的な規範である「国連憲章」を引用して、第1条で日米や国際紛争の平和的手段による解決をめざし、国連の任務が遂行されるよう国連強化に努める、とする。第2条で、日米は冷戦という中で自由という「西側世界」の価値に基づく制度の維持・強化を助長し、経済政策や経済的協力を促進する、と謳う。

（1）安保条約の中核

　安全保障条約の中核部分をなすのが、第3条から第7条である。

　日本が米国に防衛を一方的に依存するのではなく、第3条で日米が個別に、そして相互に協力してそれぞれの軍事能力を維持・発展させる、とする。第4条では、普段から日米間で協議を行うと同時に、日本の安全あるいは極東における平和と安全が脅かされるときには、いずれか一方の要請による協議を行うとされている。

　そして、日米それぞれの役割と任務が第5条と第6条にて記されている。

　日本への武力攻撃が行われたとき、米国は自国の平和と安全を危うくすると認め、そして米国憲法の規定と手続きに従って、日米共通の危険に対処すべく行動する、と第5条は記す。そのままでは米国の一方的な行動となるので、日本にある米軍基地への武力攻撃があるときに日本がこれらの米軍基地を守ることで、日米の相互性を保つ形となっている。米国の軍隊は、第6条にて、日本の安全そして極東における平和と安全の維持のために、日本において基地や訓練する空間（それぞれ施設と区域と称される）の提供を受ける、とされる。これらの基地や訓練空間の使用と米軍の地位は、旧安保条約に基づく行政協定に代わる別個の協定と取り決めに定められる、と記されている。

　第7条にて、同条約が日米それぞれの国連憲章に基づく権利と義務、国連への責任に影響を及ぼさないとされる。この条文は、米国が中核となって朝鮮半島に展開させる在韓国連軍の活動を念頭において作成され、日本に配備された米軍の在韓国連軍との軍事作戦上との連携を可能とさせる。

　残る第8条から第10条で、同条約の発効、旧安保条約の失効、発効から10年

論点 12 日米安保　日米安全保障条約は日本の平和の礎であるのか

後以降の1年事前通告による終了などを定めている。

（2）3つの非対称性

　前述したことから、日米安保条約は2つの「目的」を持っていることがわかる。第4条と第6条に登場する「日本の安全」と「極東の平和と安定の維持」である。日本にとって最も重要なのは「日本の安全」である。米国にとっては、日本国内に基地をおくことによって「極東の平和と安定の維持」が容易となる。第5条は、いわゆる日本有事（日本が武力攻撃を受けた事態）に対応して、米国の日本防衛への関与が明記されている。第6条は、いわゆる極東有事（日本を除く極東で平和と安定が脅かされる事態）に対応する日本における米軍プレゼンスを根拠づける。つまり、同条約に込めた日米それぞれの「目的」が異なる。これが、第1の非対称性である。

　ただし、これらの「目的」の間には、重なる部分もある。極東有事が拡大して、日本有事へと結びついていく段階である。グレーゾーンとなる2つの有事の間の接合段階は、その後、日米防衛協力（防衛協力についてのガイドライン）の協議において取り上げられる。

　第2の非対称性は、これらの目的を実現するためのそれぞれのもつ「手段」の違いである。米国の「米軍プレゼンス」に対し、日本の「基地提供」である。いわゆる「人と物との交換」である。沖縄を除く日本全体での同条約発効1960年前後の米軍プレゼンスの規模は、1950年代の18万人に比べ4万人へと、4分の1程度の縮小をみせた。その代わり沖縄における米軍プレゼンスは、50年代の2万人台の規模から60年代には4万人台へと倍増した。この変化は、朝鮮戦争の休戦協定後に日本に配備された米地上軍が全面撤退する一方で、沖縄へその一部が移駐したからである。70年代に入ると、米軍プレゼンスの削減が進んだ日本と増強が行われた沖縄との間で、兵員数の逆転が起きる。基地面積においては、1974年時点で沖縄の米軍基地（専用施設）が沖縄を含む日本全体で占める比率が73％（沖縄県 1975：162）となった。2017年時点でも70.4％（沖縄県 2018：6）であり、米軍基地の沖縄集中が続く。いわば基地を媒介とする日米安全保障関係は、沖縄を抜きには成り立たない。

223

第Ⅲ部　平和研究の日本的文脈

　第3の非対称性は、日米安保条約の「適用範囲」である。同条約は、日本の
対処すべき範囲を第5条において日本の「施政権」のもとにある領域と、その
領域内にある米軍基地であると定めている。同条約は、日本の領土ではない米
国の領土への武力攻撃を想定しない。つまり、日本への武力攻撃に対し米国が
共同してその防衛にあたるが、米国への武力攻撃に対し日本は共同してその防
衛に関わらない。同盟の相互性からすれば、同条約のもとで日米は双務的では
なく片務的な関係だといわれる。

　また、同条約は日本の領土であっても施政権の及んでいない領域への武力行
使に対し適用されない。日本が領有権を主張する北方領土（千島列島と北海道の
諸島部をめぐってロシアと対立）や竹島（韓国名で「独島」とよび、韓国軍が常駐）
への日本の施政権は及んでいないため、同条約の第5条は適用されない。さら
に、同条約発効時、沖縄（1972年まで）や小笠原諸島（1968年まで）についても
日本は施政権をもっていなかったため、第5条の適用地域とされなかった。し
かし、同条約付属文書の合意議事録として、これらの地域への武力行使が行わ
れたときには日米が協議を行い、日本は島民の福祉のための措置をとり、米国
は防衛のための必要な措置を取ると同時に島民の福祉を確保するとされた。サ
ンフランシスコ平和条約第3条によって、米国の施政権が日本の合意のもとで
認められた沖縄や小笠原の特殊な地位が浮き彫りになっている。

　尖閣諸島（中国名で「釣魚群島」）をめぐって、中国、台湾が領有権を主張し、
日本は実効的支配を行なっているため領土問題は存在しない立場をとる。米国
は、いずれかの領有を支持することなく、この実効的支配を日本の施政権が及
んでいると理解して、この諸島への武力攻撃が行われたときに第5条適用とす
る態度を示している。

3　日米安保条約によって米国は日本の安全に寄与しているか

　日米安保条約のもとで置かれている米軍基地が日本の安全に寄与していると
証明はできないが、少なくとも日本人に安心感を与えているとはいえる。
　日米安保によって日本の安全がいかに確保されているのか、を示すときに登

224

論点 12 日米安保 日米安全保障条約は日本の平和の礎であるのか

場する理論が抑止である。

　一般的に、抑止とは相手に向けてある特定の行為をさせないことをさす。これに対し、相手に向けてある特定の行為をさせることを強要という。抑止と強要は、それぞれを実現するコストが異なる。抑止と強要は、特定の行為に焦点をあてる。抑止は、特定の行為をさせないことにあり、その特定行為以外の行為をとることは重視しない。強要は、特定の行為をさせることにあり、その特定の行為以外をさせたとしても強要は失敗となる。例えていうと、抑止は広い射撃場で指定した小さな的を外させている限り成功となるのに比べ、強要は小さな的を射抜けば成功、外していると失敗となる。強要には多くの失敗が予想され、抑止は成功が高いと考えられる。実現コストでいえば、抑止が安上がりとなる。

　こうした考えを安全保障に適用させたのが、抑止としての軍事力である。ここでの抑止論は、自国への武力を用いた侵略という特定行為を相手にさせないこと、である。抑止としての軍事力は、自国への侵略を思いとどまらせるために存在すると理解される。その思いを未然にとどまらせる方法として、いわゆる抑止論では、以下の3点を成功の条件とする。

　第1に、侵略に対して報復できる軍事力が重視される。能力としての軍事力については、報復（懲罰的抑止）よりも侵略的行為の撃退（拒否的抑止）を重視するときもある。この2つの違いは、相手に致命的な打撃を与える核兵器使用が選択肢としてあるのか、あるいは通常兵器のみを有しているのかの違いだと理解してよい。少なくとも、いずれも攻撃を受けても生き残って侵略する側に深刻な被害を与える軍事的な能力をもっているとみなされていなければならない。

　第2に、いかなる場合にその軍事力を使用するのかが、侵略する側へ伝わっていなければならない。なぜならば、軍事力を保有していても使用する意志が侵略される側にはないと侵略する側が理解していると、侵略を行って失うことより得ることが多いと判断しかねないからだ。こちらに軍事力の使用がないと判断されるとき、相手には侵略を起こす誘因が高まる。また、軍事力を使用する意志をもっていても、侵略する側が侵略対象国の軍事力を過小評価すると

225

第Ⅲ部　平和研究の日本的文脈

き、侵略へと踏み切りやすくなる。つまり、意志と能力について、侵略を想定する側へ伝えることができる信頼性のあるコミュニケーションが不可欠となる。このコミュニケーションを通じて、軍事力を行使しなくとも相互に平和を獲得できると相手への説得に努めることが可能となる。

　軍事力に訴えるよりも平和へ向ける努力によって、得るものが多いことを双方とも理解し、国内外に知らせることである。同時に、軍事力を使う目的ついて明確にすることであり、そして国際社会において実現したい目標について国内外の人々の理解を得ることである。

　第3に、侵略する側そして侵略される側のいずれもが損得勘定のできる合理的思考をもっていることである。目標を設定し、複数の手段（選択肢）を検討し、選ばれる手段の結果と目標との間の整合性を考える合理性のことである。こうした合理性を持ち合わせても、相手の侵略される側には明らかにされていない侵略する側の目標、あるいは自らの選好や相手への偏見などがあり得る以上、損得計算の方法に違いが生まれる。また、合理性を無視して自らの破滅を承知で行動することもあり得る。人間にとって生命が最も大事だとされる一方で、自らの命を失ってもある行動を選択する場面があるからである。たとえば、自らの命を落として多くの人の殺害を試みるテロリストに対し、軍事力による抑止効果は低い。軍事力による脅しは、むしろ相手の暴力行為を引き起こす関係つまり「目には目を」という相互憎悪を生むことを忘れてはいけない。

　さて、こうした抑止論にたって日米安保条約によって日本の安全は確保されているのだろうか。抑止が失敗したと判断されるのは、侵略が起きたときだ。侵略がなぜ起きなかったのか、つまり抑止が効果をもっていたことを証明するのは、極めて困難である。ただ、多くの国が軍事力保有を選択していることから、抑止のための軍事能力をもつことで自らの安心感が得られているといえるだろう。

　確かに、旧安保条約締結時から現行の安保条約下の現時点まで、日本への侵略が起きていない。したがって、日米安保条約によって抑止が効果をあげ、日本の平和が続いたといえるかもしれない。しかし、それは日本の立場からの抑止である。侵略すると想定される側は、いつでも侵略する立場にあって、逆に

226

論点 12 | 日米安保　日米安全保障条約は日本の平和の礎であるのか

侵略を受けることはないと想定しているのであろうか。つまり、侵略をする側とされる側が入れ替わることを前提にして抑止は論じられるべきだろう。この立場の入れ替えがない、つまり一部にのみに通用するだけの理論ならば、その説明能力は低い。

こちら側の安全を脅かす相手だとしても、相手側もこちら側と同様に抑止を通じて自らの安全を確保しようとする。このときにも、上記の３つが条件となる。自らの軍事能力を向上させ、その使用も辞さない意志をしっかりと表明し、そして相手の合理的計算を信じようとする。だとすれば、抑止は相互に作用しており、しかも相手の理解と合理性に依拠していることが明らかとなる。相手の行動を自らのとる行動の二重写し（ミラー・イメージと呼ばれる）だと相互に想定しているのである。

つまり、自衛隊と在日米軍とを合計した軍事的な能力は、抑止を構成していても、抑止を機能させている全体の一部でしかない。なによりも、日米安保条約のみで日本の安全が確保されているのではなく、侵略をすると想定される側の抑止論にも支えられているのである。日米安保による抑止策と相手の抑止策の間に相互依存関係が存在しているのである。

4　米軍基地の存在が、抑止力を構成しているのか

抑止力を構成する在日米軍は、どの程度の規模が必要なのであろうか。極論すれば、一人の米兵が日本にいれば十分である。あるいは、基地がなくとも、日本防衛への米国の確固たる意志があれば十分である。

抑止論の立場に立てば、日米安保条約第５条があるから、日本への侵略は未然に抑制されることになる。日本への武力攻撃を行うと、超軍事大国の米国が日本防衛にあたるため、侵略する側は日本侵攻に成功しないばかりか、逆に受ける深刻な軍事的打撃を考慮すれば、日本への武力攻撃を思いとどまるはずだ、となるからだ。つまり、米国はいかなる武力攻撃に対し報復をふくむ反撃する軍事能力をもっているため、侵略しようとする側が米国への武力攻撃によって生まれる損得勘定について合理的に思考すれば、その武力攻撃を思いと

第Ⅲ部　平和研究の日本的文脈

どまる、とされる。同様に、日本への武力攻撃が米国への武力攻撃だと米国が
みなすだろうと考えれば、日本への侵略を思いとどまることになる。いわゆる
拡大抑止の考えである。

　しかし、第5条の事態が起きても米国は日本防衛をためらい回避することが
あり得る。能力をもっていても、それを使うだけの米国の意志が問われるので
ある。同盟関係といえども、なぜ同盟国のために自国軍を投入するのか、その
根拠が必要となる。第5条で、日米共同の対処を行う前に、米憲法の規定と手
続きに従って行われることになっている。米議会の理解と了解なくしては、米
国にとって日本防衛のための武力行使は難しい。米議会や米国民が、侵略する
側の日本への武力行使にともなって米国の利益が脅かされると判断するとき
は、日本防衛のための軍事行動が取られる。米国の利益が脅かされると判断さ
れるまでは、第5条のもとでの米軍の日本防衛は限定的であり、関与までのタ
イム・ラグによるグレーゾーンが生まれる。

　このグレーゾーンから抜け出るためには、日本防衛が米国の利益と明白に直
結している状況を作り出すことだ。同盟に関わる条約上の関与を実際に強固に
している事例として、韓国防衛における米軍の配置が紹介される。米国は、韓
国との合意により、地上部隊を南北の軍事境界である38度線に沿って配備して
いる。かつての朝鮮戦争のような事態が起きたとき、軍事境界線付近の部隊は
戦闘を交えることになるため、韓国への武力攻撃は同時に米軍への武力攻撃と
なり、米軍は朝鮮半島での戦闘へ確実に入るはずだとされる。米国の参戦を確
実にするための「トリップ・ワイヤー（しかけ線）」として知られている。

　日本防衛において、韓国と同様に、日本への武力攻撃によって米兵に犠牲者
がでる仕組みとなっていれば、日本防衛は米国の利益（兵士の生命）を守るこ
とと同義となり、米国の参戦の確実性が一層高まることになる。その前提とし
て、米兵一人を守ることは米国の利益を守ることである、とされている。もし
複数以上の犠牲が必要だとする議論があったとして、その基準となる数を決め
るのは米国である。つまり、日本防衛へ向けた米国の意志が問われるのであ
る。

　核兵器が登場して以来、他国の戦争に際して核兵器を使用するのかどうか論

228

論点 12 日米安保 日米安全保障条約は日本の平和の礎であるのか

争がなされてきた。日本を含め米国の同盟国の間では、米国が同盟国を守るために核兵器でもって報復してくれるのか、という疑問は出されてきた。核の傘という拡大抑止について、一方で日本では米国を信じるとして道徳的に捉える、他方で通常戦力による抑止だけで脅威に対応できるとの二つの判断の間で論争が展開してきた。

5 在日米軍は、日本以外での軍事作戦を遂行するために存在するのか

抑止論からすれば、日本防衛には在日米軍という能力よりも、それに関わる米国の意志が最も重要となる。だが、その意志が試される機会は、日本への武力攻撃が起きたときであり、あるいは蓋然性が高まったときであろう。冷戦下の北東アジアの中で、緊張度がもっとも高いのが南北の軍事境界線をもつ朝鮮半島、ついで台湾海峡であった。冷戦後の90年代後半から現時点までみても、これらの地域は依然として紛争のホット・スポットである。テロリズムを除けば、日本の安全はこれら周辺での緊張の激化あるいは緩和に伴って変化してきた。米国は、日本と韓国という2つの同盟国のうち、どちらへの武力攻撃の蓋然性が高いのか、その影響が深刻なのかを考慮してきた。最優先の韓国防衛にあわせて、日本や沖縄の米軍基地に配備される米軍プレゼンスを維持してきた。日本防衛は、自衛隊の軍事能力が強化される1970年代以降の沖縄をふくめて自衛隊の任務である。80年代以降には、自衛隊が米軍の護衛にあたる訓練が積み重ねられてきている。

在日米軍は、日本にある基地から日本の周辺つまり極東と呼ばれる北東アジアや東南アジアだけでなく、インド洋を越えて中東あるいは世界大に軍事作戦を行うあるいは支援するための部隊である。いうまでもなく、在日米軍のもとにある部隊だけでこうした任務を遂行するのではない。これらの部隊は、米国にいる米軍全体の動きの中の一部を構成しているに過ぎない。日本の基地からの米軍の出撃あるいは移動は、在日米軍の判断ではなく、米政府の決定として実行される。

冷戦後における米軍再編の中心概念は、軍隊のもつ能力である。それは、い

229

第Ⅲ部　平和研究の日本的文脈

つでも、どこでも、誰とでも戦えるための諜報、情報、補給・兵站、即応、打撃、撤収などをもつ軍隊の創出である。しかし、15年近く続くアフガニスタンでの戦争、米軍撤退の後の再投入が予想されるイラク情勢、米軍派遣の困難さをみせたシリア、ウクライナ内紛など、軍事力による問題処理の限界を知ることになった。また、ロシアによる強引なクリミア併合は、米国の勢力圏の外側の存在を際立たせた。つまり、圧倒的な軍事力をもつ米軍は、いつでも、どこでも、誰とでも戦う困難さに直面しているといえるだろう。

　米国が日本の安全に重大な関心を寄せ始めるときは、自衛隊の能力を超えるような事態が想定される核戦争の場合であろう。たとえ、日本の周辺での緊張の高まりがあったとしても、日本防衛は自衛隊に任せ、米国はむしろ日本の米軍支援を求めてくる。70年代以降現在まで、米軍支援のために日米の防衛協力が進められてきた。たとえば、北朝鮮の核ミサイル開発に対し、米国との日本の防衛協力は、米軍への攻撃、米国への攻撃に対抗するための内容となっている。これまで東アジアで進められる米軍再編において、米国は同盟国軍による地域安定任務の強化を求めてきた。同盟国の責任（管轄）範囲を拡大させて、米国がその防衛線を後退させるいわゆるオフショア・バランス戦略の方向をめざす主張である。その間に、米国が作り上げてきた戦後秩序のリベラル・デモクラシー体制のもとで責任あるステーク・ホルダー（利害関係者）とするべく中国の関与を、経済関係を通じて強めていくとされていた。

　しかし、2008年以降に顕著となった中国の軍事的台頭に対し懸念を抱くようになった米国では、2010年前後から、中国の「封じ込め」を目指す戦略を求める声が強まった。太平洋を挟む地理的制約や財政的制約、貿易・財政における米中の相互依存を抱えながら、米国覇権を維持する戦略の練り直しが試みられようになった。同盟国に依存する対中戦略ではなく、米国が主導的な位置にたち同盟国との連携強化を図りながら、米国覇権の維持を明確にした上で対中国戦略への転換を求める声が高まった。一方で、米国自身が覇権維持のために中国の政治的、経済的な孤立を進める封じ込め戦略と呼ばれる強硬な主張に注目があつまっている。他方で、深まる米中の相互依存関係から、封じ込め戦略の実効性への批判が存在する。少なくとも、対中戦略の見直しは、米国の軍事的

230

論点 12 日米安保　日米安全保障条約は日本の平和の礎であるのか

優位を維持しつつ、経済力の再生強化とソフトパワー優越の維持の点では、米国主導であれ封じ込めであれ、共通している。濃淡はあれ、オバマ政権まで米国が続けてきた対中関与（Engagement）戦略から、米国覇権に挑戦を試みる中国に対し、軍事、経済、技術などのあるゆる領域での均衡（Balance）戦略への転換が求められた。その両極を軸にした範囲内で、米国の対中戦略の方針が据えられることになった。

6　集団的自衛権行使により、日本の安全は高まるのか

その2つの間に相関関係はない。日本の集団的自衛権の行使は、現行の日米安保条約でいうと、米国への武力攻撃は日本の安全を危うくすると認めて、日米共通の危険に対処することを指すであろう。しかし、安保条約は、日本の施政にある領域への武力攻撃（侵略）が、日本はいうまでもなく、米国の安全を危うくすると認めて、共通の危険に対処することを規定している。その逆となる米国の施政にある領域への武力攻撃について規定する条項は存在しない。

2012年12月に誕生した第2次安倍政権は、日本を取り巻く安全保障環境が変化したことを理由に、集団的自衛権の行使を実現する法整備を進めてきた。しかし、どのように安全保障環境が変化したのか、なぜ集団的自衛権の行使が必要なのか、新しい安全保障環境に適応するばかりでなく、どのような持続可能な国際秩序をめざしているのか、国民への説明はない。当時、連立を組む自民党と公明党の前では影響力が限定される野党でしかないため、与党内の議論と調整だけで決断を下せる状況であった。実際に提出された安保関連法案は修正を受けずに、2015年7月16日に衆議院で可決、9月19日に参議院で可決され、日本は海外での武力行使が可能となった。しかし、安保条約の現行の第5条ないし6条を改正しない限り、集団的自衛権の行使は安保条約に基づかないことになる。安保条約を離れての集団的自衛権の行使であるので、米国に限定せず、たとえば豪州への武力攻撃をも共通の危険とみなすことができる。

どのような基準で集団的自衛権の行使となるのかは、いわゆる新3要件で示されている。①密接な関係にある他国に対する武力攻撃が発生し、日本の存立

231

第Ⅲ部　平和研究の日本的文脈

が脅かされ、国民の生命、自由及び幸福追求の権利が根底から覆される明白な危険がある（存立危機事態）、②日本の存立を全うし、国民を守るために他の適当な手段がない、③必要最小限度の実力行使にとどまる、とする３点である。これを一読すると、いわゆる存立危機事態であると認定するのは、日本政府だと想定されているようだ。

　しかし、一方的な依存の関係にある同盟の場合、依存されている同盟国からの要望を依存する国が断ることができるのだろうか。米国への依存で成り立つ安全保障を維持してきた日本は、米国から集団的自衛権に基づく軍事支援が求められたとき、ほぼ従うであろう。制限つきの集団的自衛権行使との説明は国内的に可能であっても、同盟国である米国には通じがたいであろう。そもそも日本周辺以外の世界でのさまざまな情報を入手できない日本は、集団的自衛権行使が不可欠となるような事態を認定する際、米国の提供する情報に依存するしかない。個別的自衛権行使が想定される日本防衛以外の事態について、国会を含む国内での議論において、米国による情報によれば、とは言及できないため、曖昧な判断のもとでの認定とならざるを得ない。だから、日本が米国の要求を断ることは望めないのである。

　次に、安保条約でみずからの集団的自衛権の行使として日本防衛にあたるとする米国が、どのように武力行使へと動くのか検討してみよう。

　先述の２(１)にて指摘したように、安保条約の第５条に基づく行動を米国がとるには、米国憲法に従っての手続を経ることとなる。米政府が共通の危険だと認めるだけでは、日本防衛へと米国は動けない。もちろん、明白な武力攻撃が行われれば、第５条に基づき、すみやかに憲法の手続を完了させて日本防衛へと動くだろう。しかし、武力行使が行われたと認めるには曖昧な事態のとき、米国はどうするのだろうか。

　たとえば、武装した民間人が尖閣諸島に上陸し、その排除に向かった日本の警察あるいは海上保安庁の職員との間で銃撃戦が起き犠牲者が出たとき、それは武力攻撃が行われたと判断するのだろうか。あるいは、その上陸を契機にして、中国の沿岸警備を担当する組織と日本の海上保安庁という準軍事組織間の銃撃ないし砲撃が起き犠牲者が出たらどうだろうか。上陸がなくとも、日中中

論点 12 日米安保 日米安全保障条約は日本の平和の礎であるのか

間線付近にて中国海軍と日本の海上自衛隊の艦船の間で武力衝突が起きたら、それを武力攻撃だと米政府は判断するのであろうか。

なぜここで曖昧な事態を重視するのか。もし米国が日中間の武力衝突を期待し、日本への武力行使が行われて、第5条に基づいて中国との戦争を望んでいれば、曖昧な事態を注視する必要はない。しかし、米政府が中国との戦争を賭けてでも実現したい利益があるのだろうか。自由航行の原則や自由主義的世界秩序などを重視する米国であっても、これらの維持と発展のために戦争という手段を選択するまでには、説得、交渉、取引などのさまざまな手段を駆使するであろう。いうまでもなく軍事力行使を背景にして、これらの非軍事的手段がとられる。同時に、米国は軍事力行使へと向かう過程を慎重に見極めるであろう。だとすれば、米国は先にあげたような曖昧な事態が起きたからといって、直ちに第5条の適用へと動かないであろう。むしろ、米国は日本の性急な行動を抑え、事態の拡大防止に向けた行動を日本に求めるであろう。同時に、中国側の瑕疵による武力衝突だと判断したときに日本の立場を支えて中国批判を行いつつも、中国との話し合いの窓口を維持し、武力行使の拡大防止へと動くであろう。それが、米国にとっての最大の利益だからだ。米国からすれば、少なくとも尖閣を守る価値が小さいのは明らかである。

安倍政権が集団的自衛権の行使を求めるのは、日米同盟の強化のためだとされる。同盟を強化するのは、日本の安全を高まるためだといわれる。確かに、米国や豪州のために日本が一緒に戦うのであれば、日本が危険にさらされたときには米国や豪州に助けてもらえるのだという理屈がある。それは、果たして論理的に正しいのだろうか。

日本が米国を助けることと、米国が日本を助けることとの間に、相関関係はない。第1に戦争の規模とその結果に依拠するからである。日本の戦争であれ、米国の戦争であれ、その参戦が好ましい結果を招いたときには記憶され、肯定的な教訓が残される。参戦をしたものの軍事力による解決の限界をみせたとき、それらの共同の軍事行動からは否定的な教訓が残される。第2に、米国の行う戦争の規模に対し日本が協力できる範囲は限られている。逆に、日本の戦争つまり個別的自衛権の行使による日本防衛にあっては、米国の参戦は戦争

233

第Ⅲ部　平和研究の日本的文脈

の結果に重大な影響をもつ。米国からすれば、米国の戦争において利用しやすい同盟国の協力を求めるが、日本防衛を必要とする事態が米国の覇権を脅かすことになるときには、そこに至る過程で事態回避を求めようとする。つまり、米国の戦争は日本の同意を必要とせずに開始され、日本の防衛戦争は米国の同意なくして開始されない。

　同盟関係を維持するときに問題とされてきたのは、集団的自衛権の行使の不安的性である。本当に助けてくれるのかどうか、不安はつきものということだ。不安定だからこそ事前にさまざまな仕組みを作り、普段からの信頼関係を築くこととなる。もし日本が米国との集団的自衛権を行使するのであれば、基地を提供し、日本防衛への関与を引き出す日米安保条約条の関係を変える必要があろう。これは、同盟国関係だけでない。侵略する側と侵略されると想定される側との間で、相互に軍事力を行使しても得ることが少ないのだという理解を相互に高めていく努力が求められる。それが、武力攻撃に対処するだけでなく、武力攻撃そのものを引き起こさせないからである。同盟関係に関係なくその地域において、平和が維持されるという最大の利益が配当されることを相互に理解することだ。

7　東アジアの平和と安定を支えるコストは日米が払っているのか

　日米のそれぞれの利益を得るためにコストを支払ってきたことに加え、沖縄が利益を得ることなくコストを支払ってきたことを忘れてはなるまい。

　平和を維持するために軍事力が存在するとする主張がある。それは、伝統的な考えであり、国際政治学の主流を成すリアリズム（ネオ・リアリズムも含む）の中核的考えである。この考えに立ち、東アジアの平和を維持するために米軍の存在（米軍プレゼンス）が肯定的に評価される。東アジアには属さない米国の軍隊が東アジアに必要とされるのは、東アジア内に圧倒的な強国の誕生を望まないあるいは社会体制の異なる国からの脅威に対抗するためなどだ、とされる。

　戦後ヨーロッパがヨーロッパ連合（EU）へと統合されていく過程に比べ、

論点 12 | 日米安保　日米安全保障条約は日本の平和の礎であるのか

東アジアにおける平和の仕組み作りへの最大の障害は、域内国の統合への努力の欠如である。域内対立の歴史でいうと、ヨーロッパが東アジアに比べてむしろ長いといえるかもしれない。その対立を前提にしてさらなる分断を強いたのが米ソであったとはいえ、域内国間の努力こそが米ソ冷戦を終わらせると同時に、自らの一体感に基づく平和の仕組みを構築したといえる。それに比べると、戦後東アジアでは、米国を基軸（ハブ）とした二国間の安全保障条約に基づく米国陣営と、ソ連や中国と数少ないその影響下の国々とに分裂した。その分裂状態は、冷戦が終わってもなお根強く残っている。その残存する分裂の上に中国の経済的、軍事的台頭が重なり、とりわけ軍事的には中国及びその友好国と米国の域内友好国との間で溝が深まっている。

（1）米軍プレゼンスへの期待

　この対立を均衡させ、そして中国の台頭を抑えるために米軍のアジアへの重点配備を求める米国の同盟国や友好国の要望が高まっている。国際金融や国際貿易における中国の役割を歓迎して、米国は中国に米国覇権のもとでのステーク・ホルダーとしての役割を高めさせる関与政策を進めてきた。同時に、中国の軍事的な台頭に対し、その危険性を減らすためのリスク管理（hedge）としてアジア太平洋からインド洋にかけて展開する海軍力を中心とした軍事力増強を図ってきた。

　中国の台頭にともなって東アジアの地域国際秩序が動き出したことにより、とりわけ2010年以降の日本の政権は米国への傾倒を深めることになった。尖閣諸島付近の日本領海とされる海域に入った中国漁船が逃走しようと日本の巡視船へ衝突を繰り返したため、その中国人船長を逮捕する事件が同年9月に起きた。それを契機にして、尖閣諸島をめぐる日中間の対立が顕在化したのである。確かに日本は、戦後一貫して東アジア域内だけでなく世界的にみても米国を頼りとしてきた友好国であり、日米安保条約に基づく同盟国であり続けてきている。その間、歴代の政権は域内かつ隣国である中国との友好関係を、冷戦中であっても模索し、一定程度に形成してきた。

　冷戦が終わると、米ソ冷戦中に形成され激化した東アジア域内での対立に終

第Ⅲ部　平和研究の日本的文脈

止符が打たれると期待され、東アジア共同体を含むさまざまな地域統合の構想
が1990年代、2000年代には検討されるようになった。誰の主導のもとで地域統
合構想を進めるのかをめぐって、米中の対立が次第に先鋭化した。その中に
あって日本は、米国の立場に与しながらも中国との関係を維持しながら、域内
の平和と秩序づくりに参加した。

　米軍プレゼンスは、冷戦の間、日本以外でも維持されてきた。しかし、21世
紀に入ると、シンガポールへの基地アクセス（シンガポール空軍基地の利用、米
艦船の修理のために軍及び民間の施設利用）やフィリピンへの一定期間のフィリピ
ン軍基地訪問などを除き、東アジアにおける米軍プレゼンスは、日本と韓国だけ
けである。東アジア及び太平洋に配備された米軍（2008年）は全体で６万8000
人であり、そのうち日本には３万3000人、韓国に２万5000人、そして１万人が
艦船勤務となっていた（DMDC's website, 2008）。2014年になると、横須賀基地
所蔵の米海軍艦艇勤務者が参入されて、日本には４万9000人の米軍が配備され
ている（DMDC's website, 2014）。東アジア全体でみると、米軍プレゼンスにお
ける日本や沖縄への米軍基地への依存が高まっているのは明らかである。その
うち、沖縄には、２万5000人（2011年時点）が配備されている（沖縄県 2018：6）。

（2）日本の役割

　この節の冒頭に述べたリアリズムによる論理が正しいとして、米軍プレゼン
スが東アジアに貢献しているとすれば、米軍に提供している日本や沖縄の基地
が多大なる役割を担っているといえる。米軍の集中配備されている沖縄こそ
が、この論理でいうと、東アジアのためのコストを払ってきたために、この地
域の平和と安定がもたらされたと帰結されよう。つまり、域内の一員としての
日本の東アジアの平和と安定への貢献が米軍プレンズの提供である以上、米軍
プレゼンスの集中する沖縄のコスト負担に「ただ乗り」してきたと指摘せざる
を得ない。

　と同時に、米軍プレゼンスを支える日本こそが、米国にとっての重要な同盟
国とみなされるのである。日本国内での米軍プレゼンスを削減しても、沖縄に
集中させてきたのは決して日本だけでなく、米国も沖縄の基地に重大な利益を

論点 12　日米安保　日米安全保障条約は日本の平和の礎であるのか

見出してきたからに他ならない。日本以外で米軍プレゼンスを引き受ける国は
ない。韓国は、北朝鮮という脅威がすぐ隣に控えているために、現状変更によ
る危機を招かないことを重視する。フィリピンは、米軍駐留を認める米比基地
協定を拒否した後に、南部に展開したイスラムのテロ活動や南沙諸島をめぐる
中国との領有権争いにおいて、米国からの政治的、軍事的支援を求めている。
シンガポールにとっては、東南アジアにおける米軍プレゼンスの象徴となるこ
とで、その地域ないし南シナ海での中国の影響力にバランスをとるためと考え
られる。しかも、その米軍の常時配備が実現しないのは、フィリピンの要求の
弱さだと指摘できるとしても、米政府内に中国を刺激することなく事態を鎮静
化したいとする考えがあるからであろう。また、米国にとり、周辺の安定なく
して成立しないシンガポールの安全保障環境を考慮すれば、その軍事的重要性
は低く、基地へのアクセスだけ十分だ、との認識がうかがえる。

　日本は、戦後東アジアにおける米軍プレゼンスの受け皿役を担ってきた。米
軍は、日本において旧日本軍の軍事基地を日本の敗戦と同時に接収し、サンフ
ランシスコ平和条約と旧安保条約に基づいて日本から提供される基地として、
現在まで使用している。旧安保条約のある期間は基地維持のために費用を負担
したが、現行の安保条約のもとでは、その経費負担はなくなった。しかし、沖
縄返還を契機に日本は、基地の移転費用や施設改善費に加え、基地で働く日本
人従業員の費用、訓練移転費、水道光熱費などを米軍駐留経費として負担を増
大させてきた。沖縄にあっては、戦場となった沖縄島で日本軍を駆逐しながら
米軍が基地を建設した。沖縄返還後に安保条約が適用されることは米軍が建設
した基地を日本提供とすることになり、米国は基地維持のために上述した費用
の日本負担要求を突きつけた結果である。

　こうして日本は、米軍基地を沖縄に集中させるだけでなく、基地の維持のた
めに財政支援を行った。それは、米軍プレゼンスを維持するためであった。米
軍プレゼンスを支えることこそが、日本にとって同盟国である米国への軍事的
に可能な貢献であったからである。米国は、この沖縄や日本の基地を使って東
アジアにおける米軍プレゼンス維持を続けることができる。しかも、沖縄内で
高まる不満を沈静化させる役割を日本の政権が担う以上、その維持が容易とな

237

第Ⅲ部　平和研究の日本的文脈

る点で米国には都合の良い沖縄基地となっている。そうした点で、沖縄への基地集中は、日米の合作である。それを支えているのが、沖縄に対する日米の差別観だといえるだろう。

8　相互依存の深まっている日中関係に、武力衝突はあり得ないのか

　あり得る。国際政治には相互依存をキー概念として、平和構築にむけた理論がある。リベラル（ネオ・リベラルを含む）な捉え方である。武力に訴えるよりも、それ以外の方法で対立を処理するコストが安いとの認識が広まれば、戦争を選択しなくなるという。問題処理の手段として戦争をとらせない方法は、戦争のコストが平和を維持するコストに比べて相対的に高くすることである。つまり、経済的に相互に依存する関係を深めている２つの国の間で、戦争を問題処理に手段として使うことは、それまで得ている経済的な利益を失うことになると両国とも考えるために、戦争につながる武力行使を行わないとなる。そして、平和と安定があると、問題解決のための制度整備が進み、より多くの利益がもたらされると考える。だから、平和と安定を壊す戦争を選択する必要性が低下し、対立する国の間での戦争回避が行われ、問題処理の制度化が進むという。

　確かに、日中間における貿易、投資、人の移動などが拡大され、相互に必要とする依存関係にある。米中間にあっても、同様に相互に依存する関係にある。加えて、米国では、米国が牽引してきた自由貿易体制のもとで利益を享受する中国がその国際的秩序を壊すことはないはずだと考えられている。米中の間での利害の対立はあっても、現在の国際的な秩序は維持されるはずだとの読みである。つまり、利益の最大化するための行動をとる合理性をもっている限り、戦争に訴える問題解決を中国はとらないということになる。

　こうした考えへの反論は、中国は戦後世界の覇権を米国から奪う意志をもっており、経済力も軍事力の増強は覇権獲得のためだとする見方である。あるいは、中国は少なくとも、米国の覇権の基盤となる民主主義とは遠い存在であり、海、空、あるいはサイバーなどの公共空間の提供を重視せず、またその公共空

論点 12 | 日米安保　日米安全保障条約は日本の平和の礎であるのか

間での米国の軍事行動への保証を認めようとしないとして、警戒すべき対象だとの声がある。

　軍事分野だけでなく、自由貿易や投資の分野での中国が主導権を握ろうとする姿勢が顕著になってきた。米国を軸とした TPP（環太平洋パートナーシップ協定）に対抗するかのように RCEP（東アジア地域包括的経済連携）構想あるいは FTAAP（アジア太平洋自由貿易圏）構想、米国や日本が主導する ADB（アジア開発銀行）に対抗するかのような AIIB（アジアインフラ投資銀行）、中国、ロシア、中央アジア諸国で構成される地域安全保障機構としての上海協力機構などだ。

　トランプ政権誕生後、米国はこうした多国間枠組みではなく、二国間枠組みによる関係の構築を求めている。米国の TPP から脱退であり、米韓 FTA の見直し交渉であり、日米の自由貿易協定をめざす協議である。中国との間での不公正貿易の改善を求めた米中交渉が、トランプ政権の圧力のもとで展開する中、米中双方の利益が担保された妥協が図られつつある。いずれも、米国第一主義を公約して誕生したトランプ政権の方針に基づく政策である。

　軍事力を基盤とした世界規模の覇権を維持したい米国に対抗し、そして取って代わることは、現在の中国には無理なのかもしれない。中国を警戒する捉え方の中にあっても、かつてのソ連のように中国を脅威だとみなすまでに至っていないのも事実だ。

　中国の台頭がさまざまな点で注目を浴びている中、日中間の対立となっている尖閣諸島をめぐっての武力衝突は起こり得る。それを回避するためには、中国にとっての利益とは何かを問う必要があろう。戦争に至る武力衝突は回避しても、自衛を口実に武力行使という制限的な行動を採ることはあり得る。尖閣諸島をめぐるそれぞれの領有権の正当性を揺るがすことになるからだ。仮に中国が、自衛の措置をとらざるを得ないという事態に日本を誘導したとき、日本は武力行使に向けた行動に際し、安倍政権が主張するグレーゾーンから有事へのシームレスな移行という軍事的効率の観点から捉えるべきではない。日本が始めた武力行使という中国による宣伝、あるいは相手が先だという日本の反論の対立、つまり水かけ論が展開するだろう。その結果、日中それぞれの世論は高まり、合理的な選択ではない武力行使を繰り返すことになる。

239

第Ⅲ部　平和研究の日本的文脈

周辺において友人をもたない日本だからこそ米国依存を深めて、さらなる依存への循環に陥る。そこからの脱却が日本の平和研究に求められる。

〔参考文献〕

植木千可子（2015）『平和のための戦争論』筑摩書房

遠藤誠治・遠藤乾編（2014）『安全保障とは何か（日本の安全保障）1巻』岩波書店

沖縄県（1975）『沖縄の米軍基地』沖縄県

──（2018）『沖縄の米軍及び自衛隊基地（統計資料集）平成30年3月』（http://www. pref. okinawa. jp/site/chijiko/kichitai/syogai/documents/031-1soukastu. pdf, last visited 27 May 2018）

豊田祐基子（2015）『日米安保と事前協議制度』吉川弘文館

波多野澄雄編（2013）『冷戦変容期の日本外交』ミネルヴァ書房

我部政明（2002）『日米安保を考え直す』講談社

福田毅（2011）『アメリカの国防政策』昭和堂

ベイリス，ジョンほか（2012）『戦略論』石津朋之監訳、勁草書房

吉田真吾（2012）『日米同盟の制度化』名古屋大学出版会

Collins, Alan ed. (2013) *Cotemporary Security Studies, Third Edition*, Oxford: Oxford University Press.

DMDC's website, "Active Duty Military Personnel by Region/Country" https://www. dmdc.osd.mil/appj/dwp/index.jsp, last visited 15 March 2015.

Dunne, Tim *et al.* (2013) *International Relations Theories: Discipline and Diversity, Third Edition*, Oxford: Oxford University Press.

Friedberg, Aaron L. (2011) *A Contest for Supremacy: China, America and the Struggle for Mastery in Asia*, New York: W. W. Norton & Company（フリードバーグ，アーリン（2013）『支配への競争──米中対立の構図とアジアの将来』佐橋亮監訳、日本評論社）.

Ikenbery, John G. ed. (2014) *Power, Order, and Change in World Politics*, Cambridge: Cambridge University Press.

Steinberg, James and O'Hanlon, Michael E. (2014) *Strategic Reassurance and Resolve: U. S.–China Relations in the Twenty-First Century*, Princeton: Princeton University Press（スタインバーグ，ジェイムズ／オハンロン，マイケル・E（2015）『米中衝突を避けるために──戦略的再保証と決意』村井浩紀・平野登志雄訳、日本経済新聞社）.

論点 13 憲 法

日本国憲法の平和主義は日本の安全と世界の平和に貢献しているか

君島　東彦

　憲法と平和・安全保障との関係は、世界のどの国家においても大きな問題であるが、戦後日本は日本国憲法９条というラディカルな憲法平和条項を持ち、それが日本の内政・外交に決定的な影響を与えたから、戦後日本においては平和・安全保障問題はただちに憲法問題となった。戦後日本の平和・安全保障政策の議論はある意味では過度に憲法論（解釈論、護憲論、改憲論）に傾斜したともいえる。しかし、もともと憲法には国際関係に関する条項、戦争と平和に関する条項が含まれているのであるから、平和研究にとって憲法平和主義、憲法平和条項についての考察は必要不可欠な領域というべきであり、平和研究にとって多くの論点を提起している。

1　日本国憲法の平和主義は外発的・他律的なものか、内発性・自律性はないのか

（1）憲法９条と世界秩序・東アジア地域秩序との関係

　日本国憲法は第二次世界大戦後の世界秩序構築の一環として成立した。1945-46年における世界平和の課題は、枢軸国の軍事力をいかに抑え込むかということであった。日本国憲法は、第一に、連合国に無条件降伏した枢軸国の占領改革・国内秩序改革の一環であり、第二に1946年という米ソ対立が前景化する前の占領初期に成立したという特徴を持っている。

　日本国憲法の平和主義は、前文第２段落（日本の安全保障のあり方、国際社会への日本国民の積極的関与、平和的生存権の確認）と９条（戦争放棄、戦力不保持、交戦権否認）に規定されている。その「原意」は、不戦条約（ケロッグ・ブリアン条約）

241

第Ⅲ部　平和研究の日本的文脈

に違反して侵略戦争を行った日本を非軍事化することであり、日本軍を否定して（「陸海空軍その他の戦力は、これを保持しない」）、日本の安全保障は国連に委ねる（「平和を愛する諸国民の公正と信義に信頼して、われらの安全と生存を保持しようと決意した」）とするものであった。

　日本国憲法の平和主義について考えるとき、前文と９条がセットになっているということは何度でも強調しなければならない。９条の「武力不行使」「戦力不保持」は前文に規定された「国連による日本の安全保障」とセットになっている。踏み込んでいえば、９条論と世界秩序論・東アジア地域秩序論はつねに連動しているということである。日本国憲法制定時、日本国憲法が規定するような日本のあり方が、東アジアの平和的秩序に寄与する、あるいは東アジア平和秩序の基礎であるという認識があったであろう。９条と世界秩序、東アジア地域秩序との関係をどう見るかは、つねにひとつの論点である。

（２）憲法９条成立の文脈

　憲法９条というラディカルな平和条項、徹底した平和主義は何故に成立したのか、ということはつねに論点であった。これについては、国際政治的文脈が決定的に重要である。

　戦後世界秩序の構築は、連合諸国と枢軸諸国との間で行われた戦争、占領改革、講和によるグローバルな秩序構築であった。1941年の大西洋憲章、1942年の連合国共同宣言、そしてカイロ会談、ヤルタ会談、サンフランシスコ会議（国連憲章署名）、ポツダム会談を経て、国連憲章発効に至る流れの中で、日独伊を中心とする枢軸諸国の武装解除・占領改革・憲法改革が行われて、新憲法が制定された。それらの新憲法において平和条項（日本の９条、イタリアの11条、西ドイツの26条等）は必要不可欠の条項であった。日本国憲法９条はドイツ、イタリアの憲法平和条項とパラレルに見る必要がある。また、ニュルンベルク裁判、東京裁判も、戦後世界秩序構築の重要な一環である。

　日本国憲法９条成立には２つの文脈があるだろう。ひとつは、1928年不戦条約（ケロッグ・ブリアン条約）から1945年国連憲章２条４項へ至る「戦争放棄・武力不行使原則」の流れ、もうひとつは、1941年大西洋憲章第８項（戦後世界

242

論点 13 憲 法　日本国憲法の平和主義は日本の安全と世界の平和に貢献しているか

秩序にとって枢軸国の武装解除は必要不可欠である）から1945年ポツダム宣言第9項（日本軍の武装解除）に至る「日本軍否定」の流れ。これら2つの流れが、1946年2月3日のいわゆるマッカーサー・ノート第2項に流れ込み、これが日本国憲法9条になったと見ることができる。

　もうひとつ重要なことは、1946年から47年にかけてドイツの各州で制定された州憲法の平和条項と対比することで明らかになる日本国憲法9条成立のタイミングである。日独のような枢軸国の武装解除、非武装化は基本的な流れ、既定路線であり、1946年から1947年前半にかけて制定されたドイツの州憲法は武力不保持の条項（戦争準備行為は違憲であるとする条項）を持っていた（宮本1988）。しかしながら、1947年後半以降に制定されたドイツ州憲法では武力不保持条項がなくなってくる。もちろんこれはこの時期に米ソ対立が顕在化してくることと関係がある。日本国憲法は、米ソ対立がまだ前景化する前の1946年11月3日に公布された。憲法9条というラディカルな平和条項は、米ソ協調が可能な国連を前提とするものであったというべきであろう。

　もうひとつ、1946年に日本国憲法9条の徹底した平和主義を可能にしたものとして、沖縄の米軍基地がある。9条を構想したマッカーサーは、沖縄の米軍基地があれば日本本土に軍隊を維持せずに日本の安全を確保することができるということを9条成立後に述べており、マッカーサーにとって沖縄の基地と憲法9条はセットであったことがわかる（古関 2013：20）。憲法9条と駐留米軍との関係は、のちに日本本土でも問題となるが、1946年の時点で憲法9条を支えたものとして沖縄の米軍基地があったということは留意すべきであろう。

（3）日本国憲法の平和主義の外発性・他律性と内発性・自律性

　日本国憲法の平和主義については、その内発性・自律性と外発性・他律性が一貫して論点となってきた。9条の直接的起源、成立過程を見るならば、連合国から枢軸国へ向かうベクトルが基本的なものであり、マッカーサーの役割が決定的であった。最大の争点・論点は、マッカーサーが憲法起草の基本原則、いわゆるマッカーサー・ノートを述べた1946年2月3日の少し前、1月24日にマッカーサーと懇談した幣原喜重郎首相がマッカーサーにどのような影響を与

えたのかという点である。この点については研究者の間で見解の鋭い対立がある。マッカーサーは1950年以降、9条は幣原喜重郎の発案であったという発言をするようになり、この発言をどう評価するか——文字通りに受け取れるのかどうか、事後的な「責任転嫁」ではないのか——が依然として論点であり続けている（深瀬 1987：137；古関 2017：143）。9条につながる軍縮平和思想、あるいは小日本主義の思想が戦前の日本にあったことは事実であるが（山室 2007）、それらの思想の持ち主が直接に9条を起草したわけではなく、9条に先行する日本の思想的系譜は戦後徐々に発見されていったといえよう。

　日本国憲法9条の直接的起源についていえば、外発的・他律的であったであろうが、それを受け取った日本の民衆はそれを「抱きしめた」。9条は、日本軍国主義からアジアの民衆のみならず日本の民衆をも解放した。1950年以降、米国政府および日本の保守派が9条を改正しようとしたとき、日本の民衆はそれに抵抗して、9条を自分のものとしてつかみとり、9条を「内面化」していった。日本の民衆はなぜそのような行動——9条の内面化——をとったのか。日本の民衆のそのような行動の背景のひとつとして、彼らの戦争体験があると思われる。アジア太平洋戦争の前半において戦場は中国大陸であり、日本の民衆の戦争体験はまだ間接的であるが、アジア太平洋戦争の後半となると日本全体が米軍の空襲にさらされ、最後には沖縄戦と被爆体験となった。日本史上未曾有の敗戦体験および占領体験は、厭戦・反戦の世論をつくりだし、9条改正反対の世論をつくりだすひとつの要因となったであろう。日本の民衆の戦争体験は、日本国憲法の平和主義を持続させた「遅れてきた内発性・自律性」といえるかもしれない。同時に留意すべきは、9条を支えた日本の民衆の戦争体験は主として「被害体験」であって、アジアの人々への「加害体験」が自覚されるようになるのは、1980年代以降のことだという点である。

（4）9条の内面化としての憲法訴訟

　日本の民衆はさまざまな方法で憲法9条を内面化していったが、そのひとつの方法は憲法訴訟の提起であった。日本の違憲審査制は、憲法裁判所が法律の合憲性を抽象的に審査するタイプではなくて、通常の訴訟（民事訴訟、刑事訴訟、

論点 13 | 憲　法　日本国憲法の平和主義は日本の安全と世界の平和に貢献しているか

行政訴訟）に附随して合憲性・違憲性が審査されるタイプである。このタイプの違憲審査では裁判官の裁量の余地が大きく、裁判官が国家の安全保障上の考慮を優先させて、憲法判断をしない可能性があるというマイナスがあるが、同時に、訴訟を提起するイニシアティブを持っているのは民衆の側であるというプラスがある。日本国憲法の下で、日本の民衆が主体的・自覚的に平和問題を憲法訴訟、憲法 9 条裁判として構成し、裁判をひとつのフォーラムとして憲法の平和主義を明らかにしていくという実践がなされてきたことの意味は大きい（内藤 2012）。他方で、裁判所の主たる任務は個々人の権利侵害の救済であり、平和・安全保障政策に関する判断は裁判所には適さない。憲法 9 条は司法過程よりも政治過程において力を発揮する規範であるという考え方もある（蟻川 2014）。

　憲法 9 条訴訟にはおそらく 3 つの側面が絡み合っていると思われる。①個人の権利侵害の救済機関としての裁判所、②憲法規範を統制する憲法保障機関としての裁判所、③国家の安全保障政策を議論するには最適とはいえない機関としての裁判所、という 3 つの側面である。

　まず、①の側面があるため、日本の主要な憲法 9 条裁判において、権利侵害を説明するために、憲法前文が規定する「平和のうちに生存する権利」が発見・活用されて、その内容が豊かにされていった面がある。一般に平和・安全保障問題は政策問題であり、議会の多数決で決まる問題である。しかし日本国憲法前文において、平和は人権となった。これは革命的転換である。人権であるということはそれを持っているのは個人であり、個人の持っている人権は法律＝議会の多数決でも否定できないということを意味する。そして、人権を侵害された個人はその救済を裁判所に求めることができる。平和的生存権侵害を理由とする憲法訴訟が可能になる。われわれはこのような憲法訴訟の事例をたくさん持っている（小林 2006）。

　②の側面と③の側面は緊張関係にある。これは、憲法に平和条項が含まれていて、さらに違憲審査の制度があることからくる構造的な問題である。さらに、9 条の徹底した平和主義と駐留米軍・自衛隊に依存する日本の安全保障政策との矛盾は大きいから、裁判官への負荷は大きい。日本の平和・安全保障の

245

第Ⅲ部 平和研究の日本的文脈

議論において、憲法9条訴訟が果たす適切な役割は何かに関する考察が必要となろう（蟻川 2014）。

日本国憲法の場合、徹底した平和主義と附随的違憲審査制がセットになっていて、平和に関する憲法訴訟が活発であるが、平和問題を憲法訴訟として構成して、裁判をフォーラムとして平和政策を追求していく動きは、米国（Lobel 2003）、ドイツ（水島 2017）、韓国（李 2017）等でも見られるところである。「憲法平和訴訟」の国際比較研究および一般理論が求められるだろう。

2　憲法9条解釈の変化は、日本の安全と世界の平和に貢献したのか（その1）――憲法9条の下での実力組織の創設と統制

（1）「サンフランシスコの平和」

冷戦の本格化と朝鮮戦争によって世界秩序の大きな変動が起きた。冷戦ゆえに「国連による日本の安全保障」が実現しなかったため、どのように日本の安全を確保するか、日本は困難な状況に直面した。日本を占領統治した米国の政策の重点は、枢軸国の武装解除・非軍事化ではなくて、ソ連の脅威に備えるためのグローバルな米軍配備と枢軸国の再軍備となった。

米国および日本政府が、日本を西側同盟に組み込むかたちでの講和（片面講和）をめざしたのに対して、日本国内においては、米ソ対立のいずれの側にも加担しない講和（全面講和）の主張がなされたが、最終的に西側諸国との講和となった。独立後の日本の安全保障は、1951年9月にサンフランシスコで調印された2つの条約（連合国との平和条約、日米安全保障条約）によって、日米安保体制（米軍駐留と日本再軍備）の方向性が選択されたのである。冷戦が進行する中でも、1956年10月ソ連との国交は回復され、同年12月日本は国連に加盟した。

ここに至って、日本国憲法の平和主義は変化を余儀なくされる。まず、日本の安全保障のあり方として、憲法前文の「平和を愛する諸国民の公正と信義に信頼して、われらの安全と生存を保持しようと決意した」が示す方向性の追求は弱くなり、米国との安全保障体制に依存する方向へ傾斜していく。次に9条の解釈が変化する。9条の当初の理解は、ただちに一切の武力の保持と武力行使を否定する絶対平和主義的なものであったが、国連による安全保障が機能し

論点 13 憲 法　日本国憲法の平和主義は日本の安全と世界の平和に貢献しているか

ない状態で、国家の政策として絶対平和主義をとることは困難であっただろう。米ソがともに日本の非武装中立を承認するのであれば、日本の非武装中立は可能であっただろう。1946年には「日本の武装解除および非軍事化に関する4カ国条約案」（米ソ英中の4カ国が日本の非武装を監視する）があり、米国国務省のジョージ・ケナンは日本の非武装中立の可能性を考えた時期があったが、米国が日本列島を米軍の基地として使用するのであれば、日本の非武装中立は不可能である。このような状態では、憲法9条を改正して再軍備するという方向性を追求する政治勢力があらわれるであろう。1955年2月の衆議院総選挙において、憲法9条改正が争点となったが、改憲派は憲法改正の発議に必要な3分の2以上の議席をとれなかった。1950年代後半、たえず憲法9条改正をねらう動きがあったが、いわゆる60年安保闘争の高揚ののち、改憲派は9条改正論を前景から引っ込めて、自衛隊法等の法律レベルで再軍備の目的を追求することになった。

（2）憲法9条の下での実力組織の保持

　1954年7月1日、陸海空自衛隊が発足した。同年12月、自衛隊の憲法9条適合性に関する政府見解が出されて、それが基本的に今日まで維持されている（その後、1992年の自衛隊の海外派遣、2014年の集団的自衛権限定的行使容認が大きな転換点となった）。

　日本政府（内閣法制局）が自衛隊を憲法9条と両立させるための基本的な論理は次のようなものである（阪田 2016）。

　1）自衛隊は、外国から武力攻撃を受けた場合に、これを排除して国民を守るための必要最小限度の実力組織であるから、9条2項で持たないとされている「戦力」には当たらない。

　2）したがって、自衛隊が実力を行使できるのは、我が国が武力攻撃を受けた場合に限られ、集団的自衛権などに基づいて海外で武力の行使をすることは許されない。

　また、政府は、憲法の下で、自衛隊の保持し得る実力は、自衛のための必要最小限度の実力に限定されるとともに、交戦権を認められないという厳しい制

第Ⅲ部 平和研究の日本的文脈

約を課せられているという意味において、通常いわれる軍隊とは、全くその性
格を異にする、と国会で答弁している。日本国憲法を最高法規とする日本の法
体系において、自衛隊は軍隊ではないということである。

（3）自衛権をめぐる論点

　日本政府は、憲法9条の下で実力組織を創設・保持するにあたって、国際法
上の自衛権の概念に依拠した。自衛権については議論の整理が必要である。ま
ず、①国連憲章の下で武力行使は一般的に禁止されていて（2条4項）、②国際
の平和・安全が脅かされたときは、まず安保理が行動するのであるが（第7章）、
③安保理が行動しない場合、例外として、武力行使の違法性阻却事由として自
衛権行使がありうる（51条）、という3段階の構成になっている。日本国憲法
の平和主義（前文＋9条）は、この第1段階・第2段階とセットになっている。
日本国憲法は第3段階について言及するところがなく、1954年以降、政府は解
釈によって第3段階を付け加えたということになろう。もちろん憲法9条の下
で非常に限定されたものである。

　自衛権の存在、その内容については、さまざまな考え方があり、見解の幅が
大きい。日本政府は、自衛のための必要最小限度の実力として自衛力を定義
し、9条の下で自衛権を行使しうる要件を規定している。それに対して、憲法
学説の中で有力な考え方は、たしかに日本は自衛権を保持しており自衛権を行
使しうるが、憲法9条2項により戦力を保持しないのであるから、日本の保持
している自衛権はいわば「武力なき自衛権」であり、日本は武力行使ではない
方法で自衛権を行使しうる、という考え方である。さらに徹底した憲法学説と
して、憲法9条は徹底した平和主義を定めているのであって、自衛権を否定し
ているとみる学説がある（山内 1992）。

　自衛権については、自衛権の主体は何か、という論点もある。国際法上、自
衛権の主体は国家であるが、政治学の学説の中には、自衛権の主体は国家では
なくて個人であると主張する学説がある（松下 1975）。この考え方は、国家を
アプリオリに実体化するのではなくて、個人が契約によって設立する政府、「信
託としての政府」の考え方を強調するものである。この学説によれば、国家に

248

論点 13 | 憲 法　日本国憲法の平和主義は日本の安全と世界の平和に貢献しているか

自衛権はないが、諸個人が持っている自己保存のための自然権＝個人自衛権を政府に信託する、という理論構成をとる。この個人自衛権の考え方は、たとえば1776年ヴァージニア権利宣言第13条、すなわち常備軍は忌避されるべきであり、民兵（市民武装）が適切な国防の方法である、という近代市民革命期の安全保障観に親和的ではあろう。しかし、国内刑事法の枠組みで考える個人の正当防衛権の行使と国際社会における国家の自衛権行使とを接続させることには、法学学説からの異論がある。自衛隊の憲法9条適合性については、政府解釈のような自衛権を根拠にするものとは別に、9条を絶対平和主義とはとらえずに「穏和な平和主義」としてとらえて、9条の下での実力組織の保持を認める考え方もある（長谷部 2004）。

（4）自衛隊違憲論の射程

　1954年に自衛隊が発足し、日本政府がそれを憲法9条に違反しない自衛力として正当化したのに対して、憲法学説の多くは、自衛隊は憲法9条2項が禁止する戦力にあたり、違憲であると考えた。自衛隊違憲論をとる場合、議論はそこでは終わらない。仮に自衛隊が違憲であるとすると、自衛隊をどうするのか（どのように合憲的な組織につくりかえるのか、あるいは自衛隊を解体するのか）、どのように日本の安全を確保するのか（武力によらない自衛の措置）等々の問いに答える必要が生じる。これについては、日本国憲法の平和主義の原点を活かす方向での、深瀬忠一（1998）、水島朝穂（2017）らの先駆的な政策論的研究があり、この方向の研究を進めることは依然として課題である。

　日本国憲法9条が「主権的権利としての戦争」を放棄すると述べていて、軍事的主権を自己制約している点は注意すべき点である。つまり、日本国憲法下の日本はいわば「半主権国家」なのであり、主権国家システムではない世界秩序、近代主権国家システムの次の世界秩序を必要としていると見ることもできる。かつて世界連邦運動が盛んだったとき、憲法9条は世界連邦を必要としているという認識が表明されたことがある（湯川 1963）。いま核拡散、核アナキー状況において、国際政治学の世界で、世界政府論の復権が見られることにも留意したい（千葉 2014）。

249

第Ⅲ部　平和研究の日本的文脈

　他方で、自衛隊違憲論は逆方向の応答をも生み出している。「憲法研究者の間では自衛隊違憲論が多いから、自衛隊の合憲性を確定させるために、憲法解釈による対応よりも踏み込んで、憲法に自衛隊の明文の根拠を書き込む憲法9条改正をするべきである」、という提案が出ているのである（伊藤ほか 2017）。

（5）憲法9条の規範と論理による実力組織の統制、そのダイナミックス

　憲法9条を改正しないまま、9条規範の制約の下で、自衛隊という実力組織を保持し、統制することが戦後日本の大きな課題となった。われわれは、大日本帝国憲法のもとで、陸海軍を統制することに失敗した経験を持っている。9条の当初の意味は、「軍隊の不在」というかたちのきわめてラディカルな文民統制ということであろう。しかし、1954年以降、自衛隊を保持するようになってからは、9条規範を解釈適用することによって自衛隊の行動を統制してきた。9条規範から引き出された論理による統制である。もともと自衛隊の存在の合憲性と日本が武力攻撃を受けたときの自衛隊の武力行使の合憲性は、憲法9条が改正できない状態において、憲法外から自衛権概念を持ち込んで、ギリギリ9条に適合させる解釈を生み出したものである。

　このような憲法動態は、一方で憲法9条の原点というべき日本非武装——これは絶対平和主義（pacifism）的に理解されるであろう——あるいは「平和的手段による平和（peace by peaceful means）」の考え方を受け取ってそれを発展させた日本の平和運動や憲法研究者の知的営為と、他方で憲法9条改正による日本再軍備を求めた保守派との間の政治闘争が生み出した結果というべきであろう。

（6）憲法9条と日米安保体制——矛盾か、融合か

　日本の安全保障は、憲法前文が述べたような国連による安全保障が冷戦ゆえに実現せず、日米安保体制に依存するものに移行した。徹底した平和主義を規定する憲法（憲法における軍事の不在）と日米安保体制の関係をどう見るかは、極めて大きな論点である。

　これは憲法9条改正ができずに法律レベル、憲法解釈レベルで実力組織を創

論点 13 | 憲 法 | 日本国憲法の平和主義は日本の安全と世界の平和に貢献しているか

設したために起きた現象であるが、この現象を、日本国憲法にもとづく法体系（憲法―法律―命令）と日米安保条約にもとづく法体系（条約―行政協定―特別法）の「2つの法体系」が相互に矛盾しながら存在していると説明する「2つの法体系」論という考え方がある（長谷川 1960）。そして、この考え方をとる論者にとっては、安保体系を克服して、憲法体系に一元化することが目標として意識されていた。憲法研究者の間では、このように憲法の平和主義と日米安保体制を矛盾としてとらえ、憲法の平和主義の側への一元化を志向する考え方が有力であっただろう。

　それに対して、政治学の世界において、憲法9条が日米安保体制を制約することの効用を重視して、9条路線と安保路線の「融合」を語る見方がある。1960年代から1970年代の時期、軽武装・経済成長路線を維持する（米国からの要求に対抗する）ために、日本の防衛力・防衛支出を適切に制約するものとして憲法9条は有効に機能した。憲法9条から派生し、9条を強化する原則として、非核三原則や武器輸出三原則が出てくるのもこの時期である。また同時に、日米安保体制の下での自衛隊の役割分担＝専守防衛の概念は、憲法9条の下で自衛隊の活動の限界を画定するもので、一定の積極的意味を持っていたともいえる。この9条路線と安保路線の融合を、酒井哲哉は「9条＝安保体制」と呼んだ（酒井 1991）。しかし皮肉なことに、「9条＝安保体制」は冷戦終結とともに終焉した。憲法9条と安保体制の相互補完性は終わり、自衛隊には専守防衛を超える任務が期待された。憲法9条解釈も変化するのである。

3　憲法9条解釈の変化は、日本の安全と世界の平和に貢献したのか（その2）――日本国憲法の国際協調主義とは何か

(1)国際協調主義、「積極的平和主義」の時代へ

　1989年から1990年にかけて起きた冷戦終結は、世界秩序を根本的に転換させた。1991年の湾岸戦争以降、国連も再活性化された。ソ連の軍事的脅威に備える日米安保体制も変容を余儀なくされた。日米安保体制は、ソ連に対抗するものではなく、「アジア太平洋の国際公共財」として位置づける再定義がなされた。

251

第Ⅲ部　平和研究の日本的文脈

　ポスト冷戦期において、日本の政府と市民は、平和で公正な世界秩序の構築に、どのように貢献するのか、という課題を突きつけられたといえる。戦後当初、日本軍国主義をいかに抑え込むかが、世界平和の課題であったから、日本に対しては、戦争をしない、武力行使をしないことが第一に求められたであろう。それが日本国憲法9条の原意である。これはいわば「しない」平和主義ということができる。1960年代から、日本政府内、とりわけ外務省においては、自衛隊の海外での活動の可能性の検討・模索があったが、具体的なものにはならなかった。このような可能性の模索のあとに冷戦終結があり、1990年代の急展開となっていった。

　自衛隊はもともと海外で活動することを想定していなかったが、1990年代ポスト冷戦期の国際関係の中で、日本は自衛隊を海外で「活用」する政策選択をした。ひとつは国連PKOへの派遣（PKO等協力法）であり、もうひとつは米軍の後方地域支援（1997年日米防衛協力の指針、周辺事態法）である。自衛隊の海外派遣は、日本国憲法の平和主義にとって、大きな転換点となった。この時期から保守政治家あるいは外務省関係者が「積極的平和主義」という言葉を使い始めた（兼原 2011）。

　もともと自衛隊の存在と日本が武力攻撃を受けたときの自衛隊の武力行使については、憲法9条の改正ができない状態において、憲法外から自衛権概念を持ち込んで、ギリギリ9条に適合する解釈が生み出されたものである。自衛隊が海外で活動する場合、自衛隊の活動に枠をはめる新たな論理が必要となる。それが、PKO参加5原則、「他国の武力行使と一体化しない自衛隊の活動は9条に違反しない」という論理、「自衛官個人の自己保存のための武器の使用は9条が禁じる武力行使ではないので許される」という論理であり、これらの原則・論理のもとで、自衛隊は海外での活動を行ってきた。

（2）自衛隊の国連PKO参加への評価

　国連PKOへの自衛隊の参加をどう評価できるだろうか。3つ、指摘したい。①国連PKOの実態が急速に変化したため、日本が当初設定したPKO参加5原則とPKOの現実の甚だしい乖離が生じているということ。②自衛隊の

252

論点 13 憲 法　日本国憲法の平和主義は日本の安全と世界の平和に貢献しているか

PKO 参加は、すぐれた国際貢献として、国際社会から評価されているであろう。しかし、もともと想定していない自衛隊の海外活動であるため、憲法解釈、論理としてはかなり無理があり、紛争地における暴力的状況と自衛隊員が憲法上とりうる行動とのズレがあり、このズレが絶えず不安要因となっている。③国連 PKO には多様な形態・領域があり、自衛隊参加だけが唯一の方法ではない。さまざまな文民の参加がある。国際平和協力において自衛隊派遣以外の貢献の方法がもっとクローズアップされるべきである（君島 2009）。

(3)「しない」平和主義と「する」平和主義

　平和で公正な世界秩序の構築のために、日本の政府と市民はどのように貢献するのか、という問いはつねに突きつけられている。憲法 9 条の下で、どのような地域にどのような任務で自衛隊を派遣するのか、あるいはしないのかは、重要なテーマである。憲法 9 条の制約を強調する人々は、自衛隊を派遣しなければ、それだけで平和に近づくかのような議論をすることがあるが、それでは不十分であろう。われわれは憲法前文第 2 段落の次の文章を想起すべきである。「われらは、平和を維持し、専制と隷従、圧迫と偏狭を地上から永遠に除去しようと努めてゐる国際社会において、名誉ある地位を占めたいと思ふ。われらは、全世界の国民が、ひとしく恐怖と欠乏から免かれ、平和のうちに生存する権利を有することを確認する。」ここには、国際社会に存在している「専制と隷従、圧迫と偏狭、恐怖と欠乏」という構造的暴力を克服しようする日本国民の決意が述べられている。平和をつくるために日本国民は行動するという決意を示している。これはいわば「する」平和主義である。もちろん憲法 9 条の制約の下にあるから、日本国民の行動は基本的に非軍事的なものである。ポスト冷戦期の国際社会において、NGO 等の市民社会組織の台頭は顕著であり、憲法前文の「する」平和主義の方法として、NGO による平和構築の可能性があるだろう。これは日本国憲法の平和主義にもっとも適合的な国際貢献である。自民党、外務省関係者のヴァージョンとは違う、より日本国憲法適合的な積極的平和主義といえる。

第Ⅲ部　平和研究の日本的文脈

（4）集団的自衛権行使容認への転換──憲法違反？

　2000年代以降、アジア太平洋地域のパワーバランスの変化に対応して、米国は日米安保体制における日本の役割の拡大を求めてきた。3回にわたるアーミテージ報告書（2000年、2007年、2012年）等を通じて、とりわけ集団的自衛権行使容認を求めた。日本側においても、これに対応して、集団的自衛権行使容認を含む自衛隊の役割の拡大──憲法9条の制約を乗り越えるための解釈変更あるいは憲法改正──を模索する努力が追求された。そして安倍政権は集団的自衛権行使の限定的容認を含む憲法解釈変更を閣議決定するに至った（「国の存立を全うし、国民を守るための切れ目のない安全保障法制の整備について」閣議決定、2014年7月1日）。そして、この閣議決定にもとづいて、2015年9月、国民の強い反対を押し切って、いわゆる安保法制が成立した。

　2014年の閣議決定と2015年の安保法制に対して、憲法学説の批判は強い（青井 2016；水島 2017）。以前は、日本に対する武力攻撃があった場合、それを排除するための必要最小限度の武力行使は許容されるという制約であったが、2014-2015年の解釈変更で、日本に対する武力攻撃がない場合でも、他国への武力攻撃が、我が国の存立を脅かし、国民の生命、自由、幸福追求の権利が根底から覆される明白な危険があるときに、武力行使しうると変更された。新しい解釈は、「我が国の存立」「明白な危険」等の曖昧な言葉を使っており、自衛隊の武力行使に対する憲法9条の統制力を明らかに弱める。確立している政府の憲法解釈の変更である。これは憲法解釈変更の許容範囲を超えており、憲法改正によらなければならないという評価が多い。

　70年に及ぶ日本国憲法の歴史を見ると、憲法9条の解釈に関して、3つの大きな転換点があったことがわかる。第1に、1954年に発足した自衛隊を自衛権にもとづく自衛力として正当化した時、第2に、1992年、海外派遣を想定していない自衛隊を海外に派遣した時、そして第3に、2014年、自衛隊がそれまで行使しえないとしてきた集団的自衛権の行使容認に転換した時、これら3つの時点である。憲法の明文の根拠を持たずに、憲法の解釈と論理でギリギリその存在と行動を正当化してきた自衛隊にとって、集団的自衛権行使容認への転換は憲法学の立場から見ると解釈変更の限界を超えて憲法違反である、という意

254

論点 13 憲 法 日本国憲法の平和主義は日本の安全と世界の平和に貢献しているか

見が強いのである。

4 日本の安全と世界の平和のために、日本国憲法9条を改正すべきか

（1）3つの9条改憲論

2015年に成立した安保法制は、憲法9条の文言を変えないままに、自衛隊のさまざまな活動を可能にした。集団的自衛権の限定的行使容認、PKOにおける自衛隊員の武器使用権限の拡大、他国軍への後方支援活動の拡充等々。憲法9条の下で、自衛隊の活動を統制する論理は、統制力の限界に達している。憲法9条改正を主張する声は高まっている。

9条改憲論は、1952年の独立回復以来、一貫して存在し続けてきた。大づかみに整理するならば、9条改憲論は大きく3つのグループに整理できるだろう。すなわち、①大日本帝国的価値への回帰——日本軍の再建——を志向する復古的な改憲論。②「国際協調主義に基づく積極的平和主義」路線の改憲論。集団的自衛権行使容認を含めて自衛隊の海外活動への制約を取り払う改憲論。③リベラルからの改憲論。憲法9条と自衛隊の矛盾をなくし、法的整合性・法の支配を恢復するための改憲論。「平和のための新9条論」。対米従属から自立するための改憲論（加藤 2015）。

日本国憲法施行70年目の2017年5月3日、安倍晋三は新聞へのインタビュー、民間団体へのメッセージのかたちで、「憲法9条1項2項を維持したまま自衛隊を憲法9条に明記する改憲案」を提案した。この9条改憲提案は、自民党の2005年あるいは2012年の憲法改正提案と異なり、むしろリベラルからの改憲案に近いものである。この9条改憲案が、これからの政治過程においてどのように扱われるか、平和研究の立場からも注視が必要である。

（2）9条改憲への批判論——いま憲法平和主義とは何か

2015年安保法制が成立したいま、自衛隊の活動を統制する憲法9条の解釈・論理は限界に達している。自衛隊の活動実態をいまの憲法解釈・論理で統制することは困難になってきているから、憲法に自衛隊を明記することによって、

255

第Ⅲ部　平和研究の日本的文脈

より無理の少ない憲法解釈で統制力を恢復するという主張がなされている。それに対して、なお9条改憲をするべきでないという主張が多彩に存在している。

　9条改憲論への批判にはおそらく3つの主要な論点がある。

　第1に、「実力組織を統制する」という観点からの9条改憲批判である。いまの憲法9条の下にある自衛隊は軍隊ではない。自衛隊は憲法9条の厳しい制約の下におかれている実力組織であり、「軍ではない自衛隊」というところに積極的意味がある。日本国憲法は軍事の概念を認めていない。もし憲法に自衛隊を明記すると、名称は自衛隊であれ、実質的には軍事の概念が初めて憲法に持ち込まれることになろう。この転換は9条平和主義にとって致命的なものとなろう。

　自衛隊が書き込まれていない憲法9条の下では、政府は自衛隊の活動の合憲性について国会で説明する責任を負っている。政府は、自衛隊の装備・活動について、それが憲法9条に違反しないということを国会で説明しなければならない。自衛隊が憲法に明記され、軍事の概念が憲法上に位置づけられるようになると、日本の法体系は根本的に転換するだろう。軍事が公共性、正統性を獲得し、自衛隊の活動を批判する側の説明は非常に困難なものになるだろう。9条の文言と自衛隊の現実との乖離がどんなに大きくなっても、政府に説明責任を負わせる規定としての9条の意義が減じることはない。

　また、日本国憲法の下で、なお「軍ではない自衛隊」、警察力と戦力＝軍事力の間に位置する自衛隊の「中間的・過渡的性格」に平和研究者は留意すべきである。理論的には自衛隊は、軍事力になる方向性と警察力になる方向性の2つの方向性に開かれている。メアリー・カルドーは、人間の安全保障の概念による軍の変革を提唱しているのであるが、彼女の考え方によれば、人間の安全保障を強調すると、軍は敵を打倒する軍事力ではなくて住民を保護し、法を執行する警察力に接近するのである（Beebe and Kaldor 2010）。われわれは自衛隊の「中間的・過渡的性格」を重視すべきであり、そのような意味でも、憲法に自衛隊を明記することは賢明とは思えない。

　第2に、「日本国憲法の平和主義がもともと内包している非軍事による平和

論点 13 　憲　法　　日本国憲法の平和主義は日本の安全と世界の平和に貢献しているか

構築の可能性を重視する」という観点からの９条改憲批判である。もともと日本国憲法は軍事的選択肢を断つことによって、日本の政府と市民に「非軍事的な選択肢を開発する」ことを迫っているはずである。世界的にみれば、非軍事的選択肢による平和構築の豊かな経験の蓄積がある。これはとりわけ地球市民社会の活動——世界の平和運動、NGO による平和構築、NGO による住民保護等々——の中に見ることができる（君島 2009；シャープ 2016）。日本国憲法の中に軍事の概念が含まれていないことの意味を改めて積極的にうけとめる必要がある。平和研究者の立場からいえば、日本国憲法に自衛隊を明記して、軍事の概念を持ち込むことによって、非軍事的選択肢の追求が弱まることをおそれる。

　第３に、日本国憲法の平和主義を長期的・漸進的な実現過程の中で考える立場からの９条改憲批判がある。これに関しては、英国の政治学者マーティン・キーデル（Martin Ceadel）による２つの平和主義の峻別から話を始める必要がある。

　キーデルは戦争と平和に関する思想について包括的かつ精緻な分析をしたうえで、もっとも戦争肯定の立場からもっとも戦争否定の立場までを、軍国主義（militarism）—介入主義（crusading）—防衛主義（defencism）—漸進的平和主義（pacificism）—絶対平和主義（pacifism）の５つの立場に類型化したのであるが、絶対平和主義（pacifism）と漸進的平和主義（pacificism）を区別して析出したことが重要である（Ceadel 1987）。絶対平和主義はいまただちに一切の軍事力の保持と行使を認めない立場であり、漸進的平和主義は国際秩序の変革によって戦争の廃絶と軍縮は可能であると考え、長期的な目標としての戦争の廃絶はあきらめないが、暫定的には防衛のための軍事力の保持と行使を容認する立場である。

　日本国憲法の平和主義の出発点は「国連の安全保障を前提とする日本非武装」で、日本に関していえば絶対平和主義的なものであっただろう。国連による安全保障が期待できなくなったあと日本は実力組織＝自衛隊の保持へ向かったが、自衛隊は「中間的・過渡的性格」の組織であり、憲法９条が否定されたわけではない。日本国民の多数は憲法９条改正に反対し続けてきた。日本政府

は憲法 9 条の下で自衛隊を正当化し、統制する憲法解釈を生み出した。憲法研究者の多数は自衛隊は憲法 9 条に違反するという解釈を示し、最高裁は自衛隊の憲法 9 条適合性についていまだ判断していない。国連による安全保障が期待できなくなったあとの日本の平和・安全保障論の布置は、自衛隊違憲論＝絶対平和主義の潮流と、自衛隊の存在・行動と憲法 9 条の制約をギリギリ両立させようとする解釈＝漸進的平和主義の潮流との相互補完的共存といえるのではないか。

　いま日本国憲法の平和主義には、絶対平和主義の要素とともに、漸進的平和主義の要素があると見ることができる。漸進的平和主義には、長期的な漸進的達成という時間軸が導入されている。つまり、日本国憲法の平和主義とは、戦争と軍事力の廃絶という長期的な目標をあきらめずに、われわれの行動によって国際秩序を変革し、それらの目標に接近することをめざすダイナミックなプロセスなのである。われわれに求められているのは、自衛隊を明記する 9 条改憲ではなくて、軍事力への依存を低下させる方向への東アジア地域秩序、国際秩序の変革であり、そのためのわれわれの行動である。日本国憲法 9 条と前文をセットとして読むならば、そのような方向性は明確に読み取れるであろう。

5　おわりに

　日本国憲法の平和主義は、日本の軍事力・軍国主義に対する抑制として、世界平和に貢献するものとして生まれた。その後の世界秩序の変動に対応した憲法 9 条解釈の変化（自衛隊の創設、海外派遣、集団的自衛権行使容認）が、日本の安全と世界の平和に貢献したか、さらに憲法 9 条を改正すべきかと問われた場合、答えは分かれるであろう。いずれに問いに対しても、これまでの世界秩序＝パックス・アメリカーナ（米国の覇権にもとづく秩序）を肯定的に見る立場からは、答えはおそらくイエスであり、パックス・アメリカーナの暴力性を批判し、それを克服することをめざす立場に立てば、答えはノーである。

論点 13 | 憲 法 | 日本国憲法の平和主義は日本の安全と世界の平和に貢献しているか

〔参考文献〕

青井未帆（2016）『憲法と政治』岩波書店

蟻川恒正（2014）「裁判所と九条」水島朝穂編『シリーズ日本の安全保障 3　立憲的ダイナミズム』岩波書店、163-200頁

石川健治（2014）「軍隊と憲法」水島朝穂『シリーズ日本の安全保障 3　立憲的ダイナミズム』岩波書店、115-134頁

伊藤哲夫ほか（2017）『これがわれらの憲法改正提案だ——護憲派よ、それでも憲法改正に反対か？』日本政策研究センター

浦田一郎編（2017）『政府の憲法九条解釈——内閣法制局資料と解説〔第 2 版〕』信山社

加藤典洋（2015）『戦後入門』筑摩書房

兼原信克（2011）『戦略外交原論』日本経済新聞出版社

君島東彦（2009）「非暴力の人道的介入、非武装の PKO」君島東彦編『平和学を学ぶ人のために』世界思想社、207-227頁

──（2012）「平和憲法の再定義——予備的考察」日本平和学会編『平和を再定義する［平和研究第39号］』早稲田大学出版部、1-26頁

──（2014）「安全保障の市民的視点——ミリタリー、市民、日本国憲法」水島朝穂編『シリーズ日本の安全保障 3　立憲的ダイナミズム』岩波書店、279-304頁

──（2018）「六面体としての憲法 9 条——憲法平和主義と世界秩序の70年」全国憲法研究会編『憲法問題 29』三省堂、9-21頁

古関彰一（2013）『「平和国家」日本の再検討』岩波書店

──（2017）『日本国憲法の誕生〔増補改訂版〕』岩波書店

小林武（2006）『平和的生存権の弁証』日本評論社

酒井哲哉（1991）「「九条＝安保体制」の終焉——戦後日本外交と政党政治」『国際問題』372号、32-45頁

阪田雅裕（2016）『憲法 9 条と安保法制——政府の新たな憲法解釈の検証』有斐閣

シャープ，ジーン（2016）『市民力による防衛——軍事力に頼らない社会へ』三石善吉訳、法政大学出版局（Sharp, Gene（1990）*Civilian-Based Defense: A Post-Military Weapons System*, Princeton: Princeton University Press）

千葉眞（2014）『連邦主義とコスモポリタニズム——思想・運動・制度構想』風行社

内藤功（2012）『憲法九条裁判闘争史——その意味をどう捉え、どう活かすか』かもがわ出版

長谷川正安（1960）「安保闘争と憲法の諸問題」『法律時報』32巻11号、46-52頁

長谷部恭男（2004）『憲法と平和を問いなおす』筑摩書房

深瀬忠一（1987）『戦争放棄と平和的生存権』岩波書店

第Ⅲ部　平和研究の日本的文脈

深瀬忠一ほか編（1998）『恒久世界平和のために――日本国憲法からの提言』勁草書房

マーティン，クレイグ（2017）「憲法9条を再生させるための改正論――なぜ、どのように9条を改正するのか」『立命館平和研究』18号、21-46頁

松下圭一（1975）『市民自治の憲法理論』岩波書店

水島朝穂（2017）『平和の憲法政策論』日本評論社

宮本光雄（1988）「西ドイツ州憲法と戦争放棄」『成蹊法学』28号、223-250頁

山内敏弘（1992）『平和憲法の理論』日本評論社

山室信一（2007）『憲法9条の思想水脈』朝日新聞社

湯川秀樹（1963）「世界連邦への道――第十一回世連世界大会基調講演」（『湯川秀樹著作集5　平和への希求』岩波書店、1989年、201-206頁）

李京柱（2017）『アジアの中の日本国憲法――日韓関係と改憲論』勁草書房

渡辺治編著（2015）『憲法改正問題資料（上・下）』旬報社

Beebe, Shannon D. and Kaldor, Mary（2010）*The Ultimate Weapon is No Weapon: Human Security and the New Rules of War and Peace*, New York: PublicAffairs.

Ceadel, Martin（1987）*Thinking about Peace and War*, Oxford: Oxford University Press.

Hasebe, Yasuo（2012）"War Powers," in Rosenfeld, Michel and Sajo, Andras eds., *The Oxford Handbook of Comparative Constitutional Law*, Oxford: Oxford University Press, pp. 463-480.

Kimijima, Akihiko（2010）"Article 9," in Young, Nigel J. ed., *The Oxford International Encyclopedia of Peace Volume* 1, New York: Oxford University Press, pp. 151-152.

Lobel, Jules（2003）*Success Without Victory: Lost Legal Battles and the Long Road to Justice in America*, New York: New York University Press.

論点 14 戦後補償

戦後補償問題はすでに解決済みであるか

林　博史

　本章では日本の侵略戦争と植民地支配の処理をめぐる歴史問題を取り上げる。戦争の戦後処理と植民地支配の処理が同時に重なりながら提起されているのが日本の一つの特徴である。この問題は単に研究上での議論にとどまらない。いずれも具体的な現実の問題をどのように解決するのか、というきわめて大きな政治課題であり、戦後日本国家のあり方そのものに関わる課題であるからである。そのため政府やさまざまな政治勢力を巻き込み、またウェブサイト上ではネット右翼から一般市民までさまざまな人々が発言し、そうした議論は、研究上での論点という形で整理するのは難しい。狭い意味での研究上での論点と、ウェブサイトを含めた広い範囲での論点と両方を扱うことになる。

1　サンフランシスコ平和条約と二国間条約によって戦後処理は終わったのか

（1）戦争責任問題

　今日の日本のかかえる歴史問題を考える上で、日本がおこなった戦争の処理としてのサンフランシスコ平和条約とそれに関連する一連の二国間条約（東南アジア諸国との賠償・準賠償協定や、日ソ共同宣言、日韓基本条約、日中平和友好条約など）のあり方がきわめて大きな意味を持っている。

　第二次世界大戦直後の占領政策ならびに東京裁判など戦犯裁判への対応において、アメリカは、天皇の戦争責任を免責しただけでなく、七三一部隊の情報を入手する代わりにその構成員を免罪し、あるいは将来の米軍の軍事行動が制約されないようにするために、毒ガス戦、無差別空襲などの戦争犯罪行為を意

第Ⅲ部　平和研究の日本的文脈

図的に免責した。つまり非人道的な戦争犯罪を処罰することよりも、米軍の軍事行動の自由を優先したのである。同時に植民地支配に対する償いも、そのなかでおこなわれた非人道的行為の追及も棚上げされた。平和条約では第11条で戦犯裁判の判決（Judgment）を受け入れると規定されただけでしかなかった。

　平和条約に対して、当時の吉田茂首相は、「日本の戦争責任や無条件降伏の事実に触れることなく、監視的な規程も設けない」ことなどを指摘し、「和解の精神を基調」「ほんとうの意味の和解の条約」であると賞賛した（衆議院での演説、1951年8月16日）。

　なお9条と天皇制の存置がセットであったと同時に、9条と沖縄の分離（米軍支配の継続）もセットだった。沖縄を米軍の世界的な軍事戦略の拠点として提供することがサンフランシスコ体制の重要な柱の一つだった。戦争責任よりも冷戦の論理を優先させた平和条約の枠組みが、日本の戦争責任をうやむやにさせることにつながり、後々に問題を残したのである。

（2）アジア諸国への賠償

　賠償について平和条約第14条において「日本国は、戦争中に生じさせた損害及び苦痛に対して、連合国に賠償を支払うべきことが承認される」としているが、日本の「存立可能な経済を維持すべきもの」という限定がはめられ、またその賠償は「日本人の役務」でおこなうことが明記された。さらに具体的な賠償は個別の国との交渉に委ねられることになった。なお第16条では日本の捕虜になり「不当な苦難を被った」連合国軍隊の構成員に対して、中立国などにあった日本国と国民の資産を使い、赤十字国際委員会を通じて分配することも決められたが、その不十分さが後に連合国の元捕虜からの賠償請求となる。

　その後、日本は東南アジアの4か国（ビルマ、フィリピン、インドネシア、南ベトナム）と賠償協定を結んだが、正式の賠償額は総額で約3600億円、それ以外の経済協力（賠償を放棄したラオス、カンボジア、マレーシア、シンガポールや韓国、ミクロネシア、タイ、モンゴルなど）や没収された在外資産などをあわせても約1兆円にとどまった。その他に捕虜や戦前債務の支払いなど関連するものをすべてあわせても1兆3525億円である。日本軍人など日本国民向けの補償が2010

年度までに計52兆円に上っていることと比べると、その落差はあまりにも大きい。

　しかもそれらの賠償は工場施設や発電所、ダム、橋などの建設にあてられ、日本企業が受注する形をとった。つまり金自体は日本政府から日本企業に入り、現地に物が提供される形であり、被害者には何も渡らなかった（内海2002）。

　石坂泰三経団連会長（当時）は、「賠償によって、日本は若干損をすることがあろう。しかし両国間で貿易関係が正常化すれば、二、三年で元は取れる」（『朝日新聞』1956年5月10日）と述べている。賠償は日本企業の海外進出のステップとなったのである。この方式は後のODAにつながっていく。

　冷戦のなかでの日本経済の復興と米国による日本の利用という枠組みが優先され、日本の侵略戦争と残虐行為の被害者はまったく放置された。

（3）中国、韓国・北朝鮮との関係

　平和条約の大きな問題の一つは、日本の侵略戦争で最も大きな被害を受けた中国の政府が呼ばれなかったことである。日本政府は米国からの圧力もあって、台湾の中華民国（国民政府）と日華平和条約を締結したが、蒋介石政権は生き残りのために賠償を放棄して日本との国交回復を選択した。日本は1970年代に中国と国交正常化を図るが、当時の中国は、ソ連を主敵として米国や日本との関係改善を図るため賠償請求を放棄し日本からの経済支援に期待した。台湾政府も中国政府もともに冷戦構造のなかで被害者の声を無視し（声を上げられるような状況ではなかった）、日本との関係改善を図ったのである。日本政府もこうした状況を利用し、自らの戦争責任に向き合おうとしなかった。

　韓国も朝鮮民主主義人民共和国（北朝鮮）もともに講和会議に呼ばれなかった。米国は同盟国の韓国を招請しようとしたが、日本や英国が反対した。日本政府は朝鮮人が連合国民としての地位を得ることを嫌っていた。またその背景には、当時の主要な連合国は植民地保有国であり、植民地支配を問う観点がなかったことがある。日本は植民地支配の問題を何ら問われないままに終わった。

第Ⅲ部　平和研究の日本的文脈

　その後、韓国とは1965年に日韓基本条約などを結び、国交正常化を実現したが、軍事政権下の韓国は請求権を放棄し、３億ドルの無償供与と２億ドルの貸付などの経済協力を得る方法で妥協した。韓国政府は無償援助の一部を使って、1970年代になってから、戦時中の徴兵あるいは労務者として徴用されて死亡した遺族らに補償をおこなったが、それらは総額で91億ウォン（58億円）にとどまり、無償資金３億ドル（1080億円）の５％ほどにすぎなかった。このなかに元日本軍「慰安婦」の女性たちは含まれていなかった。

　韓国でも台湾でも民主化が実現するなかでようやく被害者が声を上げられるようになった。韓国政府は、日本政府の自主的な対応に期待していたが、2011年８月に憲法裁判所が、そうした韓国政府の不作為は違憲とする判決を下し、同年12月の日韓首脳会談において、李明博大統領が野田首相に対して、解決を強く要求した。しかし日本政府は頑なに拒否し続けた。

　朝鮮民主主義人民共和国（北朝鮮）とは、いまだ国交はなく、植民地支配をめぐる問題は解決していない。2002年の日朝共同宣言では、北朝鮮は賠償請求権を放棄し、日韓条約と同様に経済協力方式で対処することで合意しているが、これも被害者を無視したものという批判がある。

（４）戦後補償裁判

　韓国朝鮮人や台湾人による補償を求める運動は日本の独立回復後、早くからおこなわれ、訴訟もいくつか提起されていたが、1990年代に入ってからアジア各国の被害者が日本政府を相手取って、謝罪と個人補償を求めて訴訟を次々に起こした。その数は約80件に上る。日本国民の被害者、たとえば空襲被害者なども訴訟をおこなっているし、米国や中国、韓国などの裁判所に訴えたケースも少なくない。

　日本政府は、日本による戦争や植民地支配による被害者からの個人補償要求に対して一貫して拒否し続けている。その理由は、サンフランシスコ平和条約と二国間の平和条約等により解決されているというものである。

　最高裁も2007年４月、中国人の強制労働者と日本軍「慰安婦」のそれぞれの訴訟の判決で、被害事実は認めたものの、サンフランシスコ平和条約と二国間

の条約・共同宣言などによって被害者個人の請求権も失ったとして、被害者による補償請求そのものを否認した。21世紀になっても古い枠組みの解釈に固執したこの最高裁判決には批判が強いが、他方で、被害者の請求は却下しながらも、立法による解決を促す判決が出されたケースもある。つまり日本政府は個人補償をおこなわなければならない法的義務はないとしても、新たな立法によって被害者に補償することは否定されておらず、被害の深刻さに鑑みて、こうした立法措置が望ましいという意見である（坪川・大森 2011）。

　1990年代以来、国連人権委員会（現在の人権理事会）におけるいくつもの勧告や、たとえば2013年5月に拷問禁止委員会が「被害者の救済を受ける権利を確認し、それに基づいて十全で効果的な救済と賠償を行うこと。これには損害賠償、弁済、被害回復を可能な限り行うための手段などが含まれる」など、「締約国に対し、即座で効果的な立法および行政措置をとり、「慰安婦」の諸問題について被害者中心の解決策をとるよう強く求める」勧告をおこなっている。平和条約と二国間条約で解決済みという日本政府の姿勢は、現在の国際社会の人権水準に照らして、きわめて大きな問題である。

2　なぜ戦後数十年もたってから被害者は個人補償を要求するようになったのか

（1）被害者の声を抑えてきた冷戦構造

　1992年に韓国人の元「慰安婦」だったキム・ハクスンさんが名乗り出たことがきっかけとなって、韓国だけでなく、フィリピン、インドネシア、中国、オランダなど各国の「慰安婦」被害者が名乗り出、同時に、強制連行・強制労働（朝鮮人、中国人）、南京大虐殺、毒ガス、空襲などの日本軍による非人道的行為の被害者たちも謝罪と賠償を求める声を上げるようになった。なぜかれらはそれまで声を上げなかったのだろうか。

　中国と台湾についてはすでに見たが、フィリピンではアメリカの強い影響下で、1965年に権力を握ったマルコス大統領は1972年には戒厳令をしき、86年に失脚するまで独裁政権を維持した。その間、植民地支配の清算が進まず、日本軍支配下での被害者の声は抑圧され続けた。

第Ⅲ部　平和研究の日本的文脈

インドネシアでは、かつての対日協力者が軍部を握り、さらに1966年にクーデターで権力を掌握したスハルト独裁政権は、日米の支援を受けて反体制派を抑圧して政権を維持した。この独裁政権は1999年に倒れるが、その間、日本軍による被害者は声を上げることができなかった。

朝鮮半島南部では占領した米軍政当局が民族派や共産主義勢力などを抑えるために親日派を活用した。1948年に韓国が独立したが、韓国軍の幹部の多くは朴正煕のように対日協力者が占め、また警察や官吏もそうだった。1961年の軍事クーデターによって権力を握った朴正煕は戦前、日本軍の陸軍士官学校を卒業して満州で抗日運動を取り締まっていた対日協力者だった。朴は植民地支配に対する賠償請求権を放棄する代わりに日本から経済援助を得て政権基盤の拡充に努めた。ようやく1980年代終わりごろから民主化が進み、1998年に民主化勢力に支えられた金大中大統領が誕生した。

軍事独裁政権下の韓国では、国民の怒りもあり、日本の植民地支配に対する批判は許されたが、政権中枢を担っている対日協力者の役割に触れることは許されなかった。民主化の進展によって初めて被害者たちは声を上げられるようになった。元「慰安婦」の女性たちを支えているのが、民主化を担った市民たちであることにも示されている。

なお北朝鮮とは国交はなく、北朝鮮の被害者はまったく無視され続けている。

冷戦構造のなかで、米国を中心とした同盟関係を維持することが優先され、そのために親米軍事政権・独裁政権を支持し、そうした中で戦争と植民地支配の被害者の声は抑えられてきたのである。冷戦構造を克服する課題は、日本の戦争責任・植民地責任を解決する課題と重なっている。

さらに日本軍「慰安婦」の女性たちが名乗り出られなかった理由としては、それぞれの社会の、性犯罪被害者を差別する体質がある。つまり性犯罪の被害女性はかえって差別・迫害されるという状況である。そのことは彼女たちの精神的苦痛を一層強め、苦しめることになった。彼女たちの被害は、「慰安婦」だった戦中だけでなく戦後も何十年にもわたって続くことになる。

（２）国権から人権へ、国家賠償から被害者個人への補償へ

　1990年代は、世界的な過去の問い直し、克服の動きが進み始める時期でもあった。ヨーロッパでは戦後50年にあたる1995年には過去の問い直しが広がった。各国の指導者たちが、それぞれの立場で、過去の問題で謝罪をおこなった。

　また先住民に対する迫害についての謝罪も1980年代以来、アメリカ政府はネイティブ・アメリカンに対して、さらには日系人やアリューシャン列島の人々に対して謝罪と補償をおこない、日本の戦後補償のモデルとして大きな影響を与えた。またオーストラリアなども先住民への謝罪をおこなった。2001年のダーバン会議もこうした流れのなかに位置づけられるだろう。2013年にはイギリスがケニアのマウマウに対する謝罪と補償をおこなうことを表明した。

　「慰安婦」問題が初めて国連人権委員会（2006年より人権理事会）で取り上げられたのは1992年だった。それ以来、各国の NGO が「慰安婦」問題を提起していった。この背景には、1990年代の旧ユーゴスラビアにおける戦時性暴力の深刻な被害があった。

　つまり日本軍「慰安婦」制度を大戦後、連合国が戦争犯罪としてきちんと裁かなかったこと、すなわち戦時性暴力の不処罰が、現在に至るまでの戦時性暴力の横行を招いてしまったという反省である。日本軍「慰安婦」制度は日本だけの犯罪ではなく人類が犯した犯罪であって、その再発をいかに防ぐのかという課題は人類が共同で解決しなければならないと考えられるようになった。

　人権委員会が設置した「女性に対する暴力、その原因と結果に関する特別報告者」に任命されたラディカ・クマラスワミ氏は、95年の予備報告書のなかで、「慰安婦」問題について「この問題は過去の問題ではなく、今日の問題と見なされるべきである。それは、武力紛争時の組織的強かん及び性奴隷の加害者訴追のために、国際的レベルで法的先例を確立するであろう決定的な問題である。象徴的行為としての補償は、武力紛争時に犯された暴力の被害女性のために補償による救済への道を開くであろう」と述べている（渡辺 2008：42）。クマラスワミ氏は1996年に包括的な「日本軍『慰安婦』報告書」を付属文書として提出、日本政府の法的責任を指摘し、賠償、真相究明、謝罪、教育、責任者処罰など六項目にわたって取るべき措置を示した（クマラスワミ 2000）。

第Ⅲ部　平和研究の日本的文脈

　さらに人権小委員会による「武力紛争下における組織的強かん、性奴隷制、及び奴隷制類似慣行に関する特別報告者」に1997年に任命されたゲイ・J・マクドゥーガル氏が「武力紛争下における組織的強かん、性奴隷制、及び奴隷制類似慣行に関する最終報告書」を98年に提出、そのなかで加害者の訴追を含め日本政府に対して「十分な救済のために不可欠な決定的措置をとる責任がある」と勧告している（渡辺 2005：25；マクドゥーガル 2000）。

　2007年には、米下院や EU 議会など諸外国の国会でも「慰安婦」問題の解決を促す決議が挙げられたが、そのなかで米下院決議を推進したハイド元下院国際関係委員会（現在の外交委員会）委員長は、決議採択にあたっての声明のなかで、「女性や子供を戦場での搾取から守ることは、単に遠い昔の第二次大戦時の問題ではありません。それはダルフールで今まさに起こっているような悲劇的状況に関わる問題です。『慰安婦』は、戦場で傷つく全ての女性を象徴するようになったのです」と語っている（徳留 2007）。

　その後、自由権規約委員会が2008年10月に日本政府の報告書に対して、「当該締約国は『慰安婦』制度について法的責任を受け入れ、大半の被害者に受け入れられ尊厳を回復するような方法で無条件に謝罪し、存命の加害者を訴追し、すべての生存者に権利の問題として十分な補償をするための迅速かつ効果的な立法、行政上の措置をとり、この問題について生徒および一般公衆を教育し、被害者の名誉を傷つけあるいはこの事件を否定するいかなる企てにも反駁し制裁すべきである」という最終所見を発表している（渡辺 2008：42）。

　こうした国際社会の認識は、第一に国家賠償から個人の人権・人間の尊厳を重視するようになってきており、第二に過去の日本の行為を問題にするだけではなく、現在の世界における戦時性暴力や日常の性暴力・人身売買などを克服するうえで、この問題の解決が重要であるという認識である。平和条約や二国間条約で解決したという認識自体が問われているのである。

3 日本は何度も謝罪しているのに、和解を阻んでいるのは被害国側であるのか

（1）「和解」をめぐる議論

「和解」という言葉は通常、プラスの意味で使われるが、一方には、もはや戦争責任を問わず、すべて終わったことにするのを「和解」とする立場から、他方では、加害者が法的責任まで取り、謝罪と個人補償、再発防止策をきちんとおこなうことによって「和解」を実現しようとする立場まで幅広い。

「慰安婦」問題をめぐって1995年に「女性のためのアジア平和国民基金」が政府によって作られたとき、日本の法的責任を認めず道義的責任に基づき、民間募金を集めて被害者に渡すという方式をめぐって、ちょうど自社連立政権であり、これが日本にとって実現可能な限界であるとして支持する理解があったが、他方ではこれでは責任を取ったことにならないという批判もあった。

加害者側が、ある償いの方式を指定し、それを受け入れた被害者にのみ「謝罪」し、受け入れない被害者には謝罪しないという方法は（国民基金を受け入れる被害者にのみ首相のお詫びの手紙を渡した）、謝罪に値しないと批判されても仕方がないのではないだろうか。

国連人権委員会などでの議論を踏まえて、この問題に関わってきた日本の市民団体が共同で2007年7月に「提言　日本軍「慰安婦」問題における謝罪には何が必要か」を発表した。主な点は、①資料の全面公開、実態調査などの真相究明、②加害事実の承認、③国家責任を明確にした公式謝罪と被害者一人ひとりへの謝罪、④立法による個人賠償、⑤教育的施策、犯罪を否定する言動への反駁など再発防止策、などである（林博史 2003）。

なおナショナリズム批判という形で韓国側を批判することによって、日本の戦争責任問題・植民地問題を終わらせようとする議論もある。そこでは、日本はすでに謝罪したのだから、問題は被害国（民）の側にあるという議論もなされる（朴 2006）。しかし帝国主義と植民地、民族抑圧、そのなかで作られた植民地の構造という視点を抜きに議論する一部のフェミニズム研究については、「ジェンダー、民族、階級の複合的な視点を手放すと、フェミニズムの可能性

第Ⅲ部　平和研究の日本的文脈

を失ってしまう」（宋 2009：257）という批判がなされている（金 2011；戦争と女性への暴力 2013）。

　欧米の連合国捕虜の虐待をめぐる問題では、捕虜になった戦場や捕虜収容所の地はフィリピン、マレー半島など欧米の植民地が多かった。欧米の植民地を日本が奪おうとした戦争だったからである。そこでの捕虜との「和解」が、そうした日本と欧米の植民地支配への反省なしに進められるならば、反省なき帝国主義国同士の「和解」に堕する危険性があるだろう。特に真相究明や事実の承認抜きで、ある種のパフォーマンス、たとえば被害者を日本への旅行やパーティに招待したり、個人的な謝罪行為などで代替して「和解」を演出するようなときにはその危険性が一層強まる。

　また日本はしばしば謝罪している、なぜさらに謝罪をしなければならないのか、という議論もある。日本政府による「謝罪」というものが、ほとんどはその責任主体、謝罪すべき行為を明確にしていない。また閣僚や与党幹部らからくりかえし加害の事実を否定する発言が出てきている。さらに政府・自民党の幹部らが、教科書から「慰安婦」記述を削除させたり、侵略戦争とそのなかでの日本軍による残虐行為などの記述を削除・縮小させる運動をおこなってきている。安倍晋三首相も首相就任前の自民党総裁であった時点の2012年11月に、米国の新聞『スターレッジャー』紙に日本軍「慰安婦」制度の犯罪性を否定し、逆に被害者を売春婦呼ばわりする意見広告に自ら名前を連ねている（林 2013）。

　2015年12月に日本軍「慰安婦」問題で「日韓合意」が発表された。被害者の声は聴かず、首相のお詫びの言葉を外相が代わりに述べるだけで（首相自らが謝罪することは拒否）、加害行為の事実認定はなく、10億円を渡すというものだった。国連の女性差別撤廃委員会はこの「合意」に対して「被害者中心のアプローチを十分に取らなかった」、「深刻な人権侵害に対して締約国による公式で明白な承認」をおこなっておらず、「被害者に対し国際人権法上の義務を果たしてこなかった」こと、教科書から「慰安婦」に関する記述を削除したことなど厳しく批判する最終所見を2016年３月に発表した。日本政府はこの「合意」が「最終的・不可逆的」だとする一方で、「強制連行は確認できない」「性奴隷という表現は事実に反する」などとその犯罪性を否定する発言を繰り返し、地

論点 14 戦後補償 戦後補償問題はすでに解決済みであるか

方自治体や民間が建てた「平和の少女像」の撤去を要求している。日本政府が言う「解決」とは、日本軍「慰安婦」制度の犯罪性を否定し、これに関する記念碑や教育は一切おこなうな、記憶から抹消せよというものでしかない。日韓条約が韓国の軍事政権との間で植民地支配の被害者の声を圧殺したことと同様のことが朴正煕の後継者との間でおこなわれた。問題は何も解決しておらず、むしろ1990年代以来の一定の積み重ねさえも否定するものでしかない。

（2）自らのあり方を省みる努力

　韓国においても自国の民族主義的な姿勢を真摯に自省・批判する取組みが進められていることも指摘しておく必要がある。

　たとえば戦後長期にわたって元「慰安婦」の女性たちが韓国社会のなかで差別され苦しめられてきたこと、朝鮮戦争のときに韓国軍も、旧日本軍出身者が中心となって軍慰安所を設けたこと、そうした韓国社会のあり方が韓国軍によるベトナム女性へのレイプなどの性暴力を生み出したことなどが議論されてきている。さらに米軍占領下の沖縄を思い起こすような在韓米軍による韓国女性に対する性暴力も取り上げられてきている（尹 2003；尹 2011）。

　韓国では民主化が進んだ1990年代末以降、過去の見直しが政府レベルでも進み、自国の加害行為も認め、韓国自身を変えていこうとする取組みがなされてきている（林 2008）。植民地支配の清算をしてこなかった韓国の国家や社会自体が大きな問題を抱えており、韓国の真の民主化を実現するためには、戦後の軍事政権の清算にとどまらず、植民地支配の清算をしなければならないという問題意識がある。韓国のそうした人々が克服しようとしているものは、日本においてわれわれが克服すべきものと共通している。

4　自分の国の戦没者を追悼するのがどうして悪いのか

（1）戦没者の追悼と靖国神社

　靖国神社の前身は1869年に兵部省管轄の下に設置された東京招魂社で、戊辰戦争などで戦死した官軍、つまり天皇のために戦って倒れた戦死者を神として

271

祀った。1879年に靖国神社となったが、天皇のために戦って戦死した人たちが合祀され、天皇に歯向かって戦死した人々は含まれない。つまり敵国民や、日本国民でも空襲などで殺された人々は対象外である。「国事に倒れた者」を合祀するということで、軍人以外でもなんらかの形で国の戦争遂行とかかわりのある戦死者——たとえば徴用者や義勇隊、警防団員など準軍属——も合祀している。戦後は政教分離が図られて一宗教法人となっているが、国家護持あるいは首相らの公式参拝を図る動きが続いており、しばしば政治問題化している。

　靖国神社は、戦没者の追悼とともに「顕彰」という役割を持っている。つまり天皇のために戦い戦死したことは立派な行為であり、だから神として祭られ、そこに現人神である天皇が参拝するというものである。天皇のために命を捧げればこのように丁重に扱われるということで兵士を育てるための教育機能も持っていた。これは戦争が終わっても敵は追悼しないという考え方でもある。

　天皇の戦いであるから、その戦いは当然正しい戦争であり、侵略戦争など不正義の戦争ではありえず、また神として合祀される戦死者が戦争犯罪のような残虐行為を犯すはずはないと見なされる。このことは対外的には、日本がおこなった戦争は正しかったのであり、日本軍将兵は残虐行為などはおこなっていないという主張となる。さらに戦没者とは異なるA級戦犯やBC級戦犯の獄死者も合祀されている。そのことは戦犯のおこなった行為は立派であったと顕彰することを意味する。そうした靖国神社のあり方は中国や韓国など日本の侵略を受けた国々からの批判を受けることになる。

　戦没者の追悼のあり方をめぐっては、国による無宗教の追悼施設を建設すべきであるという意見がかねてより存在している。1959年に国によって千鳥ケ淵戦没者墓苑が作られ、身元不明の戦没者の遺骨が納められている。しかしここを全戦没者を象徴する施設にすることには靖国神社を支持する勢力が強く反対している。いずれにせよ日本には、民間人を含めてすべての戦没者を追悼する国の施設はいまだに存在しない状況にあり、さらに日本が起こした戦争によるアジア諸国の戦没者をどのようにして追悼するのかという問題は依然残されたままである。

論点 14 戦後補償 戦後補償問題はすでに解決済みであるか

（２）援護法と戦没者の扱い

　靖国神社への合祀は援護行政と密接に結びついている。軍人軍属らの援護あるいは戦没者の遺族への援護については、終戦後、軍人恩給が廃止されるなかで社会保障制度一般によって対応することとされたが、独立が回復すると同時に1952年に戦傷病者戦没者遺族等援護法が制定され、さらに53年には軍人恩給が復活した。援護の対象は、軍人軍属だけから、1958年には準軍属も対象者に拡大された。この援護法の対象として国によって認定された者の名簿は密かに靖国神社に渡され、国と神社の合議によって靖国合祀が実施されていった。これは明らかに政教分離に反することである。

　なお日本軍人軍属として戦死したが戦後日本国籍を失った朝鮮人や台湾人の場合、援護法の国籍条項によって援護から除外される一方、靖国神社には合祀されるという奇妙な扱いを受けている。こうした差別政策は今日まで継続しており、戦後補償問題の一つの争点となっている。

　靖国神社と援護法には侵略戦争への反省が欠如している。日本政府は、いまだに日本の侵略戦争と戦争犯罪による被害者への償いだけでなく、国内での弾圧などによる被害者への謝罪と補償もおこなっていない。つまり援護法の精神は、日本軍のよって被害を受けたアジアや日本国内の人々への償いを否定するものと言える。したがって戦争への貢献者の援護から、誤った戦争の被害者への償いへと基本的な理念の転換が図られなければならないだろう。

（３）沖縄戦と援護

　戦傷病者戦没者遺族等援護法は、当時まだ米軍支配下にあった沖縄にも適用が図られ、沖縄戦の事情に鑑みて一般住民でも「戦闘参加（協力）者」として認定された者は「準軍属」として援護の対象にされた。この「戦闘参加（協力）者」として、義勇隊、弾薬食糧等の輸送、陣地構築、食糧供出、壕の提供などが認定されたが、いずれも日本軍に協力したことが条件となっていた。実際には日本軍によって壕から追い出されたために亡くなったり、食糧を強奪されたために餓死したケースでも、住民自らが「軍の要請により戦闘に協力し」たという名目で申請して初めて認定されることになる。遺族が、日本軍によって家

273

第Ⅲ部　平和研究の日本的文脈

族が殺されたと被害を訴えても拒否されることになる。

　戦没者の追悼のあり方は、その戦争への認識と不可分である。沖縄戦が沖縄の人々を捨石にし、多くの犠牲を生み出したことを認め、反省するような国の記念館も記念碑もない。

　それに対して、沖縄県が1995年に建立した「平和の礎」は「世界の恒久平和を願い、国籍や軍人、民間人の区別なく、沖縄戦などで亡くなられたすべての人々の氏名を刻んだ記念碑」である。日本の戦争を美化正当化する靖国神社が日本軍人のみを英霊として称えているのに対して、この碑は民間人も含めて敵味方の区別なく、すべての戦没者を追悼しようとする画期的な記念碑だった。ただ沖縄県民を犠牲にする作戦を指揮した牛島満軍司令官や県民を虐殺迫害した日本軍将兵と、沖縄県民、さらには強制連行された朝鮮人を同列に刻銘することに対して批判もある。そうした問題をどのように克服するのかは重要な課題として残されているが、ただこうした刻銘と追悼の方法を採用した「平和の礎」は沖縄の人々の平和への努力が生み出した貴重な財産だと言ってよいだろう（林　2010：191-195）。

5　「固有の領土」であるのか

(1)「固有の領土」論の問題

　日本政府は、竹島、尖閣列島、「北方領土」について日本の「固有の領土」であることが歴史的事実に照らしても国際法上でも明らかであると主張している。しかし「固有の領土」という概念は国際法の概念ではないし、国際的には通用しない。日本の外務省の説明では「固有の領土」とは「いまだかつて一度も外国の領土となったことがない」という（外務省のウェブサイト、http://www.mofa.go.jp/mofaj/area/hoppo/mondai_qa.html, last visited 3 August 2013）。この議論によれば、朝鮮半島は日本の領土になったことがあるのだから韓国には固有の領土はまったくない、一度ほかの国の植民地になった国には「固有の領土」はないということになる。いろいろな国が次々に入れ替わったヨーロッパで「固有の領土」などと言い始めると混乱するしかない。また国家を形成していな

274

論点 14 戦後補償 戦後補償問題はすでに解決済みであるか

かった先住民の存在はまったく無視されている。これはきわめて問題のある説明である。

（２）サンフランシスコ平和条約と領土問題

　日本が抱えている三つの領土問題は、サンフランシスコ平和条約が残した問題でもある。

　そもそも対日参戦の見返りとして千島列島をソ連に渡すことを約束したのはアメリカである。平和条約では日本が千島列島を放棄する条文を入れながら、その帰属先を明記しなかった。平和条約調印前後の日本の国会では日本政府は、国後と択捉を含む南千島も放棄した千島列島に含まれるとくりかえし明言し、ただ歯舞と色丹は千島列島に含まれないと主張していた。その後、日ソ国交回復交渉にあたって、日本政府が歯舞・色丹の２島返還でソ連と妥協しようとしたとき、米国務長官のダレスが、２島返還で合意するならば米国は沖縄を返還しないという脅しをおこなった。日ソ間の懸案が解決し、両国関係が改善されることを阻むためだった。その後、日本政府は国後、択捉は千島列島には含まれないとして、４島を意味する「北方領土」という概念を作り、４島返還論を唱えている。一時期、２島返還先行論など日露間の合意を図ろうとする努力がなされたが、いまだに動いていない状況にある。

　竹島については、平和条約を作成する過程で、米国は当初は韓国領としていたのを、冷戦の進展、特に中華人民共和国成立後、日本領と変更した。結局、平和条約では竹島については明記しなかった。

　尖閣列島についても平和条約では触れられなかった。沖縄は米軍支配下におかれ、1972年に日本に返還された際にも、米国は施政権と領有権を区別し、後者についてはあいまいな態度を取った。

　第二次世界大戦後のアジア太平洋地域の戦後秩序を形成したサンフランシスコ平和条約が領土問題を意識的あるいは無意識のうちに残し、日本と周辺諸国との紛争が今日に至るまで継続し、東アジアの協力を妨げている（原 2005）。

275

第Ⅲ部　平和研究の日本的文脈

（3）歴史問題としての領土問題

こうした領土問題の解決のための方策は近年、何人もの論者が提案しており、今後、関係諸国を巻き込んだ論議がなされる必要があるだろう。

ここでは歴史問題との関連で見ておきたい。千島列島は、アイヌなど先住民を無視して日露で分割した島々である。この島々の問題をどのような形で解決するとしても、先住民であるアイヌなどの発言権を保障しなければならないし、すでにいる住民の意思も尊重しなければならない。ソ連によって追い出された元島民の意思もなんらかの形で反映されることも考慮されるべきだろう。先住民に対する歴史的な反省や政策の見直しと深く関連している。

竹島についての歴史的な経緯をめぐる論争にはここでは立ち入らないが、19世紀末までは日韓双方にとってこの島はそれほど重要な島ではなかった。日本から見れば、日露戦争でのロシア艦隊との戦闘のために竹島が注目されたのであり、1905年1月に竹島領有を閣議決定した際の論理は「無主地先占」であった。つまりそれ以前は日本の領土ではなかったことを意味している。韓国の側も1900年の勅令を根拠に挙げるが、日本と5年ほど前後するだけである。単なる領土問題として見た場合、日韓どちらの言い分も決定的とは言えない（池内2012）。

竹島の問題は、単なる領土問題ではなく、歴史問題であることが大きな特徴であろう。言うまでもなく、1904年2月に日露戦争が始まってから、日韓議定書（韓国は事実上、日本軍の占領下に）、第1次日韓協約（日本政府推薦の外交・財政顧問）、第二次日韓協約（外交権剥奪）、第3次日韓協約（日本が内政権も）、そして1910年の韓国併合に至る、一連の日本による朝鮮半島植民地化の流れのなかで、1905年1月の竹島領有化の閣議決定があった。

日本の竹島領有を、日本による韓国に対する侵略、植民地化の一つのプロセスとする韓国側の理解にはそれなりの背景がある。日本が、竹島は日本の領土だと主張することは、日本が侵略と植民地支配を反省していないことを示す象徴となっている。そういう点で竹島問題の処理は、日本が植民地支配への反省と償いを誠実に実行することと切り離せないだろう。

尖閣諸島の問題は、日中間の問題であるかのように思われているが、その源

276

論点 14 戦後補償 戦後補償問題はすでに解決済みであるか

は、日本による琉球侵略と併合にあった。尖閣諸島に日本が関わるのは、琉球を併合した1879年以降のことでしかない。

日本政府は沖縄を日本の固有の領土とは考えていなかったことは明らかである。たとえば、1880年に日本政府が提案した分島・改約案では沖縄を二つに分け、宮古・八重山は清に譲渡することにした。尖閣諸島が沖縄の一部とすれば八重山諸島に属する。つまり日本政府が清国に譲渡しようとした地域にあたる。

尖閣諸島を日本領土に編入することを閣議決定した1895年1月は日清戦争の最中であり、このときの論理も「無主地先占」であった。太平洋戦争末期には日本政府は戦争終結の条件として沖縄放棄を考えていたし、戦後は昭和天皇のメッセージをはじめ、本土のために沖縄を米国に提供した。

琉球処分以来、今日に至るまで、沖縄の運命は沖縄の民衆自らが決定することができず、日本政府（日本本土）の犠牲にされ続けている。尖閣列島の問題については、沖縄から、その周辺の海を利用してきた住民の生活圏の問題として沖縄の人々の視点で解決しようという提起がなされている。尖閣列島問題は沖縄差別をなくす課題とつながっていると言える。

日露両帝国主義の被害者となったアイヌなどの先住民、日本の侵略と植民地化の被害者となった朝鮮半島・台湾の人々、日本による琉球併合以来の差別政策の被害者となっている沖縄の人々、また日本の侵略戦争の被害を受けた中国の人々、そうした歴史問題の解決を避けては、日本が抱えている領土問題の解決を図ることはできないのではないだろうか。

歴史問題と領土問題を切り離して処理するという論者の提案には傾聴すべき議論が多い（岩下 2013）。ただ日中（台）韓の国家間の関係において、歴史問題を解決せずに、両者を切り離して処理することが可能なのだろうか。またアイヌや沖縄という日本国家内部の歴史問題を、領土問題と切り離すことによって放置し続けてよいのだろうか。

277

6 結論 戦後補償問題はまだ解決されていない。その解決は日本とアジア太平洋の周辺諸国との平和と共存にとって不可欠の課題である

東アジアの冷戦構造は、日本の戦争責任・植民地責任問題を封じこめ、米国の従属的な同盟国として日本を確保利用するものだった。韓国では対日協力者が対米協力者にすり替わり、それを日本が経済的に支えた。冷戦構造が、植民地支配・軍事支配の構造を温存し、日本の侵略戦争と植民地支配の被害者を抑圧し続けた。

世界的な冷戦構造の解体、1990年代以降のアジア諸国での民主化の進展によって、被害者はようやく声を上げられるようになった。世界的にも国権から人権へと認識が大きく変わっていった。冷戦と国権の論理によって被害者を封じ込めてきたサンフランシスコ体制は転換を迫られるが、日本政府と日本社会は依然としてそのサ体制の論理にしがみつき、そのことがアジア諸国の民衆との矛盾軋轢を生み出している。

日本において侵略戦争や非人道的行為の事実を否定するような議論が横行している。韓国などでも自国の過ちを認めず他国だけを攻撃する人々にとって、日本のそうした国家主義的な議論は絶好の自己正当化の理由である。自国のあり様を反省しようとしない人々は、一見対立しているように見えるが、実のところ互いにエールを送りあい励ましあっている。国家主義者たちの「敵対的共存関係」である（金 2013）。他方、自国の過ちを自省しようとする者たちは、国家の枠を超えて、事実に向き合い、民衆を犠牲にする国家権力を批判的にとらえ、議論を積み重ね、共同と連帯を少しずつではあるが追及しつつある。日本対韓国、日本対中国という国家単位の対抗図式ではなく、帝国主義と人権抑圧の国家権力を正当化する立場にたつ人々と、市民の人権の視点からそれを批判的にとらえようとする人々との対抗関係が生まれてきている。

問われているのは、戦前から現在に至るまでの20世紀の帝国主義・植民地主義の歴史への総括である。戦後補償問題はまったく解決されておらず、東アジアの未来のために避けて通ることのできない課題である。

（2013年8月稿、2018年2月一部修正）

論点 14 戦後補償　戦後補償問題はすでに解決済みであるか

〔参考文献〕

赤澤史朗（2005）『靖国神社――せめぎあう＜戦没者追悼＞のゆくえ』岩波書店

荒井信一（2006）『歴史和解は可能か――東アジアでの対話を求めて』岩波書店

池内敏（2012）『竹島問題とは何か』名古屋大学出版会

岩下明裕（2013）『北方領土・竹島・尖閣、これが解決策』朝日新聞社

――編著（2010）『日本の国境・いかにこの「呪縛」を解くか』北海道大学出版会

内海愛子（2002）『戦後補償から考える日本とアジア』山川出版社

金昌禄（2013）「日本軍慰安婦問題、今何をなすべきか」『季刊戦争責任研究』79号

金富子（2011）『継続する植民地主義とジェンダー』世織書房

クマラスワミ，ラディカ（2000）『女性に対する暴力――国連人権委員会特別報告書』
　　クマラスワミ報告書研究会訳、明石書店

「戦争と女性への暴力」リサーチ・アクションセンター編（2013）『「慰安婦」バッシ
　　ングを越えて――「河野談話」と日本の責任』大月書店

宋連玉（2009）『脱帝国のフェミニズムを求めて』有志舎

田中宏（2013）『在日外国人〔第三版〕――法の壁、心の溝』岩波書店

田中宏・板垣竜太編（2007）『日韓　新たな始まりのための20章』岩波書店

鄭栄桓（2016）『忘却のための「和解」――『帝国の慰安婦』と日本の責任』世織書房

坪川宏子・大森典子（2011）『司法が認定した日本軍「慰安婦」』かもがわ出版

徳留絹枝（2007）「米議会と日本の歴史問題」http://www.us-japandialogueonpows.
　　org/CWresolution-J.htm, last visited 27 June 2013.

中野敏男ほか編（2017）『「慰安婦」問題と未来への責任――日韓「合意」に抗して』
　　大月書店

日本軍「慰安婦」問題 web サイト制作委員会編（2014）『Q＆A「慰安婦」・強制・性
　　奴隷』お茶の水書房

――（2015a）『性奴隷とは何か――シンポジウム全記録』お茶の水書房

――（2015b）『Q＆A 朝鮮人「慰安婦」と植民地支配責任』お茶の水書房

――（2016）『増補改訂版　〈平和の少女像〉はなぜ座り続けるのか』世織書房

朴裕河（2006）『和解のために――教科書・慰安婦・靖国・独島』佐藤久訳、平凡社

波多野澄雄（2011）『国家と歴史――戦後日本の歴史問題』中央公論新社

林博史（2008）『戦後平和主義を問い直す――戦犯裁判、憲法九条、東アジア関係を
　　めぐって』かもがわ出版

――（2010）『沖縄戦が問うもの』大月書店

――（2015a）『日本軍「慰安婦」問題の核心』花伝社

――（2015b）「サンフランシスコ講和条約と日本の戦後処理」『岩波講座　日本歴史
　　近現代5』岩波書店

第Ⅲ部　平和研究の日本的文脈

林博史ほか（2013）『「村山・河野談話」見直しの錯誤——歴史認識と「慰安婦」問題
　　をめぐって』かもがわ出版
原貴美恵（2005）『サンフランシスコ平和条約の盲点——アジア太平洋地域の冷戦と
　　「戦後未解決の諸問題」』渓水社
〈ハンドブック戦後補償〉編集委員会編（1992）『ハンドブック戦後補償』梨の木舎
マクドゥーガル，ゲイ（2000）『戦時性暴力をどう裁くか——国連マクドゥーガル報
　　告全訳』VAWW-NET Japan 編訳、凱風社
尹貞玉著、鈴木裕子編・解説（2003）『平和を希求して——「慰安婦」被害者の尊厳回
　　復へのあゆみ』白澤社
尹美香（2011）『二〇年間の水曜日』梁澄子訳、東方出版
李鐘元ほか編著（2011）『歴史としての日韓国交正常化』（Ⅰ東アジア冷戦編、Ⅱ脱植
　　民地化編）法政大学出版局
和田春樹（2012）『領土問題をどう解決するか』平凡社
渡辺美奈（2005）「日本軍『慰安婦』問題をめぐる国連機関の動き」『季刊戦争責任研究』
　　47号
——（2008）「『慰安婦』問題をめぐる世界の動き」『季刊戦争責任研究』62号
——（2016）「国連人権機関による日韓政府『合意』の評価」『季刊戦争責任研究』86
　　号

| まとめ | 平和研究の課題 |

平和研究の役割と課題——壁に囲まれた世界のなかで考える

黒田　俊郎

仮に暗黒が
永遠に地球をとらへてゐようとも
権利はいつも
目覚めてゐるだらう（小熊秀雄）

1　壁と卵

　歴史は惨劇に満ち、夏の強い日差しが行き交う人の足下に濃い影を落とすように、恐怖は社会に暗闇を作りだし、平和を脅かす。平和は脆く壊れやすい。一度損なわれてしまうと、その修復には長い年月と果てのない労苦が必要であることを私たちは経験によって知っている。現代日本を代表する作家のひとりである村上春樹が2009年2月、エルサレム賞の受賞挨拶として行ったスピーチは「壁と卵」のタイトルでよく知られている。村上の受賞受諾は、当時、ガザのパレスチナ自治区で展開されていたイスラエルの軍事行動との関連で国内外から厳しい批判を浴びた。

　　正直に申し上げましょう。私はイスラエルに来て、このエルサレム賞を受けることについて、「受賞を断った方が良い」という忠告を少なからざる人々から受け取りました。もし行くなら本の不買運動を始めるという警告もありました。その理由はもちろん、このたびのガザ地区における激しい戦闘にあります。これまでに千人を超える人々が封鎖された都市の中で命を落としました。国連の発表によれば、その多くが子供や老人といった非武装の市民です。私自身、受賞の知らせを受けて以来、何度も自らに問いかけました。この時期にイスラエルを訪れ、文学賞を受け取ることが果たし

て妥当な行為なのかと。それは紛争の一方の当事者である、圧倒的に優位な軍事力を保持し、それを積極的に行使する国家を支持し、その方針を是認するという印象を人々に与えるのではないかと。それはもちろん私の好むところではありません。私はどのような戦争をも認めないし、どのような国家をも支持しません。またもちろん、私の本が書店でボイコットされるのも、あえて求めるところではありません（村上 2011：76-77）。

しかし村上は、熟考ののち、賞を受諾し、エルサレムに出かけ、彼の読者（村上の作品は、『ノルウェイの森』『ねじまき鳥クロニクル』『海辺のカフカ』など、当時イスラエルでも多数の読者を見いだしていた）にメッセージを届けることを決意する。

　ひとつだけメッセージを言わせて下さい。個人的なメッセージです。これは私が小説を書くときに、常に頭の中に留めていることです。紙に書いて壁に貼ってあるわけではありません。しかし頭の壁にそれは刻み込まれています。こういうことです。

　もしここに大きな壁があり、そこにぶつかって割れる卵があったとしたら、私は常に卵の側に立ちます。

　……さて、このメタファーはいったい何を意味するか？　ある場合には単純明快です。爆撃機や戦車やロケット弾や白燐弾や機関銃は、硬く大きな壁です。それらに潰され、焼かれ、貫かれる非武装市民は卵です。それがこのメタファーのひとつの意味です。しかしそれだけではありません。そこにはより深い意味もあります。こう考えてみて下さい。我々はみんな多かれ少なかれ、それぞれにひとつの卵なのだと。かけがえのないひとつの魂と、それをくるむ脆い殻を持った卵なのだと。私もそうだし、あなた方もそうです。そして我々はみんな多かれ少なかれ、それぞれにとっての硬い壁に直面しているのです。その壁は名前を持っています。それは「システム」と呼ばれています。そのシステムは本来は我々を護るべきはずのものです。しかしあるときにはそれが独り立ちして我々を殺し、我々に人を殺させるのです。冷たく、効率よく、そしてシステマティックに（村上 2011：77-79．強調は原文）。

物語によって、個人の魂の尊厳を擁護し、魂がシステムに絡め取られ貶められる危険に警鐘を鳴らすこと、それが小説家の仕事であると語ったうえで、村上は次のようにその受賞挨拶を締めくくっている。

まとめ 平和研究の課題 平和研究の役割と課題

　私がここで皆さんに伝えたいことはひとつです。国籍や人種や宗教を超えて、我々はみんな一人一人の人間です。システムという強固な壁を前にした、ひとつひとつの卵です。我々にはとても勝ち目はないように見えます。壁はあまりにも高く硬く、そして冷ややかです。もし我々に勝ち目のようなものがあるとしたら、それは我々が自らの、そしてお互いの魂のかけがえのなさを信じ、その温かみを寄せ合わせることから生まれてくるものでしかありません。考えてみてください。我々の一人一人には手に取ることのできる、生きた魂があります。システムにはそれはありません。システムに我々を利用させてはなりません。システムを独り立ちさせてはなりません。システムが我々を作ったのではありません。我々がシステムを作ったのです。私が皆さんに申し上げたいのはそれだけです（村上 2011：80）。

　村上の言葉は平易だが、そのメッセージの内容は理解しやすいものではない。彼が描く「高く硬く、そして冷ややかな」システムとは、具体的にはいかなるものであり、それが人間の魂を絡め取り貶める際に作動するメカニズムとは果たしてどのようなものなのであろうか。そしてシステムに対抗して、人間の魂を救済する道筋とは、どのように構想されるべきものなのか。いずれも難問である。以下、これらの問いを導きの糸としながら、悪の所在、移行という問題、日本というシステムの三項目に分けて、本書を構成する諸論点を一瞥し、その暫定的な総括と展望を試みることにしよう。

2　悪の所在

　最初の問いは、人間の魂を絡め取り貶めるシステムとは何かである。平和研究的に述べるならば、非平和的状況の分析にかかわり、人間の製作物でありながら人間を疎外するシステムに内在する悪の正体の解明ということになろう。本書の論点のうち、「新自由主義的グローバル化は暴力をもたらしているか」（論点3：土佐弘之執筆）、「差別・排除の克服は平和の礎となるか」（論点4：阿部浩己執筆）、「ジェンダー平等は平和の基礎か」（論点5：古沢希代子執筆）がこの問いに対する解答を提示している。土佐によれば、システムの悪とはネオリベラリズムであり、阿部によれば「人間間の分断をあおる差別・排除」こそが悪の核心となる。また古沢によれば、人間社会に偏在する原型としての「家父長

制」がシステムを「高く硬く、そして冷ややか」にする。以下、論点ごとに概観してみよう。

　第一にネオリベラリズムについて。ネオリベラリズムとは、権威主義的政治体制と親近性をもつ市場原理主義で、人間の尊厳よりも市場を優先し、市場の自由を守るためには暴力の行使も辞さない政治的立場である。それは、格差を肯定し弱者の自由を犠牲にするリベラリズムであり、「悪い自由」を野放しにして「良い自由」を犠牲にするという点に、その「新しさ」がある。土佐は、ノルウェー出身の平和研究者ヨハン・ガルトゥングの暴力論を援用して、ネオリベラリズムは、構造的暴力、直接的暴力、文化的暴力を引き起こすと論じている。ネオリベラリズムに基礎を置いた社会経済構造では、大手製薬会社の新薬開発目的で設定された高い薬価によって、南部アフリカ諸国のHIV/AIDS感染者が貧困のため薬を入手できずに死んでいくように、弱者は医療や食料など基本財へのアクセスを阻害される。あるいはアグリビジネスによる土地の買い占めによって土地を奪われた農民が都市のスラムに流れたり、移民・難民となって国境を越えようとする一方で、富裕層はゲーティッド・コミュニティを構築し、先進国は国境管理を厳格化する。世界のいたるところで新たに築かれ強化された壁と国境線によって貧者の命が選別され排除される構造をネオリベラリズムは作りだし支えていると土佐は指摘する。

　さらに土佐は「剥き出しの市場の挽き臼によって新たに生み出される貧困」と「日常的な暴力の亢進」（47：本書からの引用は頁数のみを記す。以下同）のなかにネオリベラリズムと直接的暴力との結びつきを見いだし、麻薬戦争（メキシコ）や対テロ戦争（米国）を分析している。貧困の犯罪化と貧困者に対する懲罰の厳格化、叛乱と鎮圧の悪循環、予防拘禁と拷問の復活、テロリストというラベリングの濫用と超法規的殺害の常態化が論じられている。最後に土佐は、ネオリベラリズムと文化的暴力との関係性を論じている。土佐によれば、ネオリベラリズムとは「市場を通じて人々を間接的に統治していくことを目指す試みであると同時に、そのために必要な自律的で責任ある主体を生成していく権力を作動させるイデオロギー」（50）でもある。フランスの哲学者ミシェル・フーコーの生政治の論理を参照しながら、土佐は、企業の社会的責任（CSR）、

まとめ 平和研究の課題 平和研究の役割と課題

貧困削減、エンパワーメント、マイクロクレジット（自立支援型少額融資）など、さまざまな修辞的表現や弥縫的改善策の陥穽を指摘し、つまるところネオリベラリズムとは、それに代わる選択肢（オルタナティブ）の不在を強要する認識論的暴力であると断じている。そしてネオリベラリズムの根底には「かつてマクファーソンが所有的個人主義と呼んだアングロサクソン社会で歴史的に形成されてきた特有の考え方」(52) があり、先住民からの土地収奪という植民地暴力に典型的にみられるように、この所有的個人主義という思考法に内在する所有権と暴力との密接で相補的な関係性こそがネオリベラリズムと文化的暴力とを結びつけていると指摘している。

　第二の差別と排除については、阿部は「差別・排除と戦争に本質的なかかわりはない？」という問いに対して「そうとは言えない。差別・排除があれば必ず戦争が起こる、というわけではないが、しかし、差別・排除は、人間個々人の潜在的可能性の発現を妨げるものとしてそれ自体が（構造的）暴力であるとともに、戦争という究極の（直接的）暴力を煽動し、支える動因となってきた」(58) と論じている。阿部もまた、「自己統制と自己管理を特徴とする近代世界において、統制・管理を徹底的に嫌悪し、努力や向上心と無縁である人種がいると訴えるのが人種差別である」(59) というポーランド出身の社会学者ジークムント・バウマンの言葉を引きながら、平和を破壊する悪＝人種主義（レイシズム）の淵源をヨーロッパ近代社会の統治性の深部にみるという点では、ネオリベラリズムを悪として論じた土佐と軌を一にしている。

　第二次世界大戦後、人間集団を分断し序列化し、支配と抑圧の構造を正当化する人種概念は、その非科学性を暴露された。しかし生物学的決定論としての人種概念が失効したのちも、世界のいたるところで人種差別は続いている。なぜだろうか。阿部は、人種主義をめぐる言説の変容の観点からこの点を論じている。人種主義の政治的機能を「社会集団を『私たち』と『彼ら／他者』に分断し、支配的立場にある集団（私たち）が他者性を付与された集団（彼ら）を排除する」(61) ものと定義したうえで、阿部は、現在その差別と排除の根拠が生物学的特徴から文化的差異に移行したと指摘している。それは、「人種なき人種主義」の出現であり、阿部は、日本の公立学校における日の丸掲揚と君が

285

代斉唱の強制を批判しながら、「支配的集団の文化的同質性を刻印し、その一方で、他者性を与えられた社会集団（かれら）との文化的差異を意識させる場として国民教育が果たす役割はきわだって大きい」(61) と論じている。また「制度的人種主義」の一例として日本の朝鮮学校にたいする就学支援にかかる法令の不適用を、「政治的に組織化された人種主義」の一例として移民排斥を掲げる極右政党の実践をあげて、文化的差異の主張に基づく「人種なき人種主義」の危険性を指摘している。

　阿部は、次に「人間や文化の多様性は、社会に亀裂をもたらし、平和を脅かすか」という問いを検討するなかで、欧米社会にみられる「イスラム恐怖症」に典型的な、文化の多様性と文明の共存を敵視する人種主義の国際社会への浸潤を、国際法の自己革新努力の視点から批判している。阿部によれば、その誕生以来、主権国家間の関係を規律する法として西洋中心主義を体現し、戦争と植民地支配の正当化に寄与してきた国際法は、第二次世界大戦後、国連憲章体制下において戦争を明確に違法化し、さらに1960年の国連総会における植民地独立付与宣言を画期として自らの内なる人種主義＝植民地主義の克服を決意した。1965年の人種差別撤廃条約の成立がその証左であり、現代国際法は人種主義と正面から対峙する姿勢を鮮明にしていると阿部は論じている。したがって阿部は、「人種主義は植民地主義と密接につながっているか」という問いに対しては「人種主義の力学の下にあって、他者化される集団と、支配的な立場にある集団との間にある不均衡な関係性は、植民地主義と根源的な次元で連動している」(71) と指摘し、植民地主義根絶のためにも、人種差別禁止の規範的重要性とその実践の徹底化を強調している。

　阿部が平和を破壊する差別・排除を人種主義との関連で論じたのに対して、古沢は、ジェンダーの観点から平和を損なうものの正体を追っている。ジェンダーとは何か。古沢は、ポスト構造主義フェミニズムの理論家、クリスティーヌ・デルフィの定義を参照し、「ジェンダーとは男女というふたつの項ではなく、『支配・被支配』や『優・劣』といったひとつのことの差異化であり、中間を許さない排他的で非対称的な差異を生み出す実践であり、権力や価値に関する序列的な分岐線である」(79) と述べ、男性による女性支配に焦点を当て

ながら、ジェンダーを広義に捉えている。古沢は、平和研究者のベティ・リアドンや経済学者アマルティア・センの議論に依拠して、「善意の独裁者」たる家長（男性）が意思決定権を独占する家父長制こそが社会のなかに女性を監禁し、「平時」の非平和性を生みだし、またそれを通して、家庭・社会・国家に通底する権力＝暴力関係の深層を構成すると論じている。例えばインドでは、家父長制のもと「胎児の性別診断で女の胎児が、出産後の遺棄で女の嬰児が、栄養と医療の不足で女児が、そして、ダウリ（持参金）がらみの殺人を含むドメスティック・バイオレンス（DV）で成人女性が、その生命を奪われている」（79）のである。

　他方、冷戦終結後、ユーゴ内戦では民族浄化策の一環として、ルワンダ内戦ではジェノサイドの一部として、女性が苛烈極まる性暴力の犠牲となった。古沢は、ユーゴ内戦における民族浄化策としてのレイプの手順を詳述し、さらに、のちに "Genocidal Rape" と呼ばれるようになるルワンダ内戦下の性暴力の実態と「打ち砕かれた生」の実相を報告している。古沢はこの惨劇を「男たちが計画し遂行する戦争の中で、女性への暴力は男たち（＝権力者）によって記号化され、正当化される」と分析したうえで、ある場合は、「男たちは戦利品として敵対勢力の女性を陵辱し」、ある場合は、男たちは「女性の生殖機能への脅威から殺害時に乳房、子宮、性器を破壊する」（84）と述べている。そして古沢は、戦争を「家父長制にもとづく巨大な人的資源動員の体系」（85）と把握する国際政治学者シンシア・エンローの議論に依拠しながら、この戦時における女性への性暴力を平時における女性への性支配の延長線上に認識することの重要性を指摘している。

3　移行という問題

　2009年2月、作家の村上春樹が、イスラエルのガザ侵攻の渦中にあって、内外の厳しい批判のなか、イスラエルを訪問し、エルサレム賞の受賞式に参列したことはすでに述べた。彼自身の言葉を借りるならば、「来ないことよりは、来ることを選んだのです。何も見ないよりは、何かを見ることを選んだので

す。何も言わずにいるよりは、皆さんに話しかけることを選んだ」（村上 2011：77）のである。彼は、エルサレム国際ブックフェアの会場で、ペレス大統領出席のもと受賞挨拶を行った。イスラエル国家の存在を支持することはなかったにせよ、イスラエル国家の存在を前提として、その国家のなかに暮らす彼の読者に向かって「**もしここに大きな壁があり、そこにぶつかって割れる卵があったとしたら、私は常に卵の側に立ちます**」（村上 2011：78．強調は原文）とメッセージを発したのである。この行為の意味するところは何であろうか。

　もしも光と影が世界を二つに分かつように、100パーセント、イスラエルが壁でパレスチナが卵ならば、村上が賞を受諾することはなかったかもしれない。しかし、もしも世界がもう少し複雑で、イスラエル・パレスチナ双方の内部にも独自の壁と卵があると考えるならば（そしてそれは無数の壁と卵かもしれない）、あるいはイスラエル側に視点を限定して、パレスチナ民衆に壁として対峙するイスラエル国家のなかにも、もうひとつの壁と卵（例えば権力者と市民、多数派と少数派）があるとみなすならば、その壁と卵の入れ子構造のなかで、卵の側に立つためにイスラエルに出かけていくことは、システムの悪に対抗する足場を当該システムの内部に築き、人間の道義に訴えることによってシステムを内側から揺さぶる可能性に賭けるという点で、（その可能性を程度の差こそあれ認めるならば）意義ある戦略と考えることは可能である。なぜならば「もし我々に勝ち目のようなものがあるとしたら、それは我々が自らの、そしてお互いの魂のかけがえのなさを信じ、その温かみを寄せ合わせることから生まれてくるものでしか」（村上 2011：80）ないと村上が考えているからであり、村上が述べる「我々」には、イスラエル国内の彼の読者もまた含まれているからである。

　私見では、これはシステムの移行にかかわる問題である。すなわち人間の製作物でありながら人間を疎外するシステムに内在する悪をどのように克服していくかという問題であり、どのような道筋でシステムの悪を撃破し、人間を善に導いていくのか、そのために有効な戦略とは何か、にかかわる問題なのである。この問いに答えるためには、問いに答えようとする者の現実探求の姿勢とその倫理観が問われることになる。その意味で、この移行という問題は、論争

まとめ 平和研究の課題 平和研究の役割と課題

的かつ道義的である。そして本書を構成する論点の大半は、この問いかけに対する応答の模索として読むことができる。例えば、前節でみた論者のうち、ネオリベラリズムを「現段階（ポスト・フォーディズム）の資本主義そのものの矛盾に由来するもの」(42) とみなす土佐にとって、移行戦略は、修辞的・弥縫的なものではありえず、システムを内破することによって、システムに根本的変容を迫るものでなければならず、その戦略拠点は、選択肢の不在を強要するネオリベラリズムの認識論的暴力からの解放に置かれなければならないであろう。

　他方、「人種主義と結びついて発現する植民地主義との対峙」(71) をシステムの移行戦略として重視する阿部は、その点で画期をなした2001年9月の南アフリカ・ダーバンでの世界会議（「人種主義、人種差別、外国人排斥及び関連する不寛容に反対する世界会議」）が直面したディレンマと限界について論じている。すなわち同会議では、奴隷制と植民地主義が人類にもたらした災厄とその負の遺産である人種主義の不正義は公的に認められはしたものの、謝罪は行われず、人間の悲劇の責任者が誰かは不問に付されたままであった。なぜならば「先進国政府は法的言質をとられまいとして最後まで」抵抗し、「責任の認諾をいささかでもうかがわせるような表現の使用は慎重に回避された」(72) からである。

　ジェンダーの平等とその基盤となるフェミニズムとは何かを自問し、フェミニズムとは「絶えざる自己省察と自己変革の道程であり、あらゆる境界線に橋をかける投企である」(96) と語る古沢にとってもまた、土佐と同様に、システムの移行は、ラディカルな構造変容に至る認識論的な解放でなければならず、そのための技法としてオーラル・ヒストリー（〈語り〉を聞くこと）の重要性が論じられている。しかしその一方で、古沢は、「平和構築は女性の方を向いているのか」という問いを論じる過程で、紛争後社会における平和構築の両義性（統治と解放、秩序と正義、赦免と処罰など）をジェンダー平等の観点から批判的に考察し、さらに「ジェンダー平等に落とし穴はあるのか」という問いとの関連で、FGM（女性性器切除）廃絶をめぐるアフリカの女性たちの西欧の女性たちに向けられた非難（善意に潜む植民地主義の影）の意味を検討し、システ

289

ムの移行過程がはらむ緊張と軋轢を指摘している。

　「紛争後社会の平和を再建するには謝罪と償いが必要か」（論点10）という問いを考察するなかで、阿部利洋もまた、平和構築と移行期正義（Transitional Justice）を題材にシステムの移行過程がもつ複雑性とディレンマに向き合っている。阿部が提示する豊富な実例から一例だけ適宜要約して再録しよう。南アフリカの真実和解委員会（TRC）、その特赦公聴会の一場面である。アパルトヘイト体制下で活動家の拷問と尋問を担当した元公安刑事が公聴会のルーティンに従って謝罪を繰り返した。しかしその謝罪には、自らの行為が「任務として合法的な活動であり、当時の政治状況から必然であった」（187）との留保と責任回避が随伴していた。そこに拷問を受けた元活動家が登壇し、元公安刑事に留保なしの返答を要求した。

　　ウェットバッグ法（注：濡れた麻袋を頭にかぶせ、窒息させる拷問）みたいなことができるというのは、一体どういう人間なんですか？……どういう種類の人間がそういうことをできるんです？……なるほど、あと知恵として悪かったと信じている。では、別の言い方をすれば、……あなたが擁護していたものは全て間違っていたと言っているのですか？……ベンジーンさん、まっすぐ私の目を見てください。いまでは、アパルトヘイト体制は悪であり間違っていたと言えますか？（187）

阿部は、この場面を次のように評している。

　このやり取りのなかでは、加害者が繰り返した謝罪は被害者から一顧だにされていない。なぜならそれは「私は謝罪する」という形式的な身振りでしかないからであり、そのように振る舞う当人にとってメリットがあるから行われるにすぎない、と受け止められている。……もちろん、加害者の心情は当人以外の誰にも分からない。他人からはパフォーマンスと見られてしまう振る舞いのうちに、自己の根幹が引き裂ける思いをしていたのかもしれない。けれども、ここで示されるのは、謝罪が公式の場で行われる事態が必然的に伴ってしまう効果である。公式の場には、その場を用意する制度や政策にもとづいて、あらかじめ一定の性格が与えられている。そこで表明される謝罪や償いは、その場の性格を大幅に逸脱する形では行われえない。一方で、あえてそうした制約のなかで謝罪する者は、その行為が引き寄せるであろう影響や（免責・減刑などの）メリットを戦略的に計算し、振る舞うことができる。見方を変えれば、先に引用したエピソードのベンジーンは、時代が変わり、圧倒的に不利な形勢のなか

で、TRC 公聴会という場において、謝罪のパフォーマンスを武器に自らの社会的ポジションを守るたたかいを繰り広げていたのだ、とも言える（187-188）。

　本書を構成する論点のうち、「国家の安全と個人の安全とは両立するのか」（論点2：石田淳執筆）、「人道的介入は正当か」（論点8：清水奈名子執筆）、「国連は普遍的平和を目指せるか」（論点6：山田哲也執筆）、「援助は貧困削減に有効なのか」（論点9：佐伯奈津子執筆）は、諸国家から成る社会としての国際社会を所与の前提として、その主権国家システムに内在する機能不全と弊害をどのように克服するかに焦点が当てられている。そこにみられるシステム移行のディレンマとはどのようなものであろうか。順を追ってみていくことにしよう。

　石田は、国家の安全（国家安全保障）と個人の安全（人間の安全保障）との両立可能性を問う論考のなかで、両者のあいだに緊張関係があることを認めたうえで、その調整の条件について考察している。そこでまず最初に確認すべきことは、国家の安全と個人の安全とのあいだにどのような緊張関係があるかである。第一に、国家の安全の追求が個人の安全を脅かす経路や局面はさまざまだが、石田が注目するのは、集団安全保障体制に内在する構造的な機能不全である。「一定の領域を領土（国土）とする国家が、そこに居住する人間集団を国民とし、政府の政策を通じて総体としての国民の安全を確保しよう」（20）とする国家安全保障は、二度の世界大戦を経験した20世紀の国際社会の歴史のなかで集団安全保障を中核とする武力不行使体制のなかに位置づけられるようになった。すなわち「各国が相互に武力を行使しないことを約束するのみならず、その約束に反して武力を行使して国際の平和を脅かす国家に対しては、平和を維持・回復するための措置を実行することも予め約束する」（22）国際的な集団安全保障の枠組みを通して、各国家に分属する個人の安全を確保しようとしたのである。

　しかしそこには無視できぬ問題があると石田は指摘する。「集団安全保障体制は個々の国家の安全を保障するのか」という問いを検討するなかで、石田は、集団安全保障体制には三つの限界（正統性、認識共有、意思疎通の限界）が内在していると論じている。紙幅の制約もあるので、ここでは正統性の限界について

のみ触れておこう。石田によれば、国際連盟にせよ国際連合にせよ、20世紀の集団安全保障体制は、戦争終結時の国境線に代表される、ある特定時点での国際的な価値配分を前提として、その武力による変更を禁止する現状防衛体制をその本質としている。つまり「集団安全保障体制は、現状変更の武力行使（国家政策の手段としての戦争）を不正義の暴力、現状維持の武力行使（国際法の実現という意味における国際政策の手段としての戦争）を正義の暴力として暴力を截然と二分したうえで、正義の暴力の威嚇によって不正義の暴力を抑止する正戦（just war）体制としての性格を色濃く持つ」(24) ものである。したがって勝者による「選択的正義」としてもたらされた国際社会の現状に疑義を有する国家が一定数存在すれば、集団安全保障体制はその正統性を欠くことに、あるいは少なくともその正統性は揺らぐことになる。そして集団安全保障体制内部に平和的変更の実効的ルールが欠けていた場合、集団安全保障体制は、その正統性の欠如ないし動揺によって、現状の変更と維持をめぐる武力行使応酬のリスクを内部に抱え込むのである。そして述べるまでもなく、戦争がいったん勃発すれば、その苦難を背負うのは、事前に開戦の同意を求められるわけでもなく、また戦後に一様に補償を受けられるわけでもない、当該国家に属する諸個人なのである。

　第二に石田は、「個人の安全の追求は国家の安全を脅かさないのか」という問いとの関連で、国内統治体制に対する干渉／不干渉の問題を検討している。石田は、「個人の自由と安全を十分に保障しない国内統治のあり方を問題視する域外諸国と、国内統治のあり方を口実とした域外権力の干渉を問題視する当該国家との間には当然のことながら少なからぬ軋轢が生じた。前者の干渉は局面次第では後者の安全に対する脅威となるからである」(29) と指摘したうえで、前者の干渉を支える「排除のリベラリズム」（個人の自由を侵害する国家を対等と認めず、国際社会から排除する）と後者の安全を擁護する「包摂のリベラリズム」（脱植民地化と集団の自決権に依拠して、すべての国家を対等な存在として国際社会に包摂する）との緊張関係に注目している。そして石田は、個人の自由と集団の自決権を調和させる「棲み分けによる平和」の可能性を論ずるなかで、自決主体の確定をめぐる困難さを詳論している。そして最後に石田は、人権保

まとめ│平和研究の課題│　平和研究の役割と課題

障原則と内政不干渉原則との衝突という観点から、国家の安全と個人の安全との調整可能性を論じているが、石田の立論を追えば追うほど、現代国際社会の中核をなす主権国家システム内部で国家の安全と個人の安全とを両立させることの困難さが浮き彫りとなるのである。

　石田も触れていた主権国家システムにおける干渉／不干渉の問題を「人道的介入の是非」の文脈で敷衍しているのが清水である。人道的介入で論点となるのは、人道的な破局の局面において、緊急避難的とはいえ、犠牲者保護を目的に軍事力を行使して域外から介入することの是非であるが、これは、システムの移行というここでの問題との関連では、いかなる意味をもつのであろうか。清水は、「犠牲者保護の手段として武力介入について議論する必要はあるのか」という問いを検討する際、まず最初に考えるべきことは、「介入をしない選択がもたらす暴力の放置という問題」（144）であるとしている。すなわち国際社会の基本原則である内政不干渉原則を盾にとってジェノサイドや虐殺、あるいは民族浄化といった人道的破局の渦中にある無辜の民を見捨ててもよいのかという問題である。

　清水は、ルワンダ、ボスニア、ダルフール、パレスチナ、チェチェン、チベット、そしてシリアなど、数多くの不介入の事例を挙げて、そこに映しだされているのは「主権国家体制による平和の限界」であると指摘している。そして清水は、「本来は人々の生存権を保障するために存在するはずの国家が、その領域内の住民を迫害する加害者となるか、または迫害を放置するという意味での主権国家体制による国内的な平和維持の限界」と「こうした過酷な人権侵害状況が出現した際に、他の主権国家が有効な対応策を取らないために、被害者が見捨てられてしまうという意味での、主権国家体制の分断的構造ゆえの限界」（144-145）という主権国家システムに内在する二重の限界について論じている。

　とするならば、人道目的での武力介入は、主権国家システムがもつ人権保障面での機能不全と弊害を是正し、より良いシステムに移行するための好個の機会としてとらえるべきものなのであろうか。清水は、必ずしもそのようには考えていない。例えば、虐殺や大規模な人権侵害といった人道上の緊急事態が発生し、個別国家が国連の集団安全保障体制の枠外で「違法だが正当」（149）に

軍事介入する事例を想定するならば、その際、この人道的介入を正当化するために援用される言説は、先に石田が言及したふたつのリベラリズムを参照するならば、国家を人権擁護国家と人権侵害国家に二分する「排除のリベラリズム」となろう。そして当然、それに対抗する「包摂のリベラリズム」が、主権平等を掲げて、人道的介入を、世界をふたたび植民地主義の時代に引き戻す「再階層化の暴力」として批判することになるであろう。つまり、人道目的の武力介入は、システムを改善するというより、国際秩序をめぐるヴィジョンの対立を再燃させる可能性が高いのである。

　清水によると、この人道的介入と国家主権とのディレンマの克服を企図して登場したのが「保護する責任」概念である。「保護する責任」は、人道的介入の眼目である犠牲者保護を国家主権の構成要素に組み込むことによって、両者の調整を図るものであったが、そこには無視できない限界があると清水は次のように論じている。

　　こうした特徴をもつ保護する責任概念は、人道的介入に向けられた批判を以下のように乗り越えようとした。すなわち、国際共同体による武力介入という手段をとる場合であっても、国連安保理決議の下での合法的な強制措置とすることで違法性の問題を回避し、また国連安全保障体制の中心機関たる安保理を、介入の必要性を判断し、また実施する正当な主体として位置づけることで正当性を確保しようとしたのである。……しかしながら、このような国連安全保障体制に依存した保護する責任は、理論と実施の両面で克服しがたい課題を抱えることになった。理論的には、国連安保理がなぜ武力介入の要否を判断し、実施する主体として正当性をもつのか、という問いに、「それが国際法上、(自衛権を除けば)唯一の合法な武力介入主体だから」という、形式的な回答しか示すことができないという問題がある。1945年の時点で主導的な戦勝国であった、というだけで現在も常任理事国の席を有する五大国を中心に据える政治的な機関である安保理は、果たして加盟国の人権侵害や人道法違反を認定し、武力介入という暴力的な手段を独占する正当性をもった主体なのだろうか。……また実行に関しても、保護する責任はその非一貫性と選択性、そして手段の無限定性が問題とされてきた(150-151)。

　石田が集団安全保障体制に正統性の限界をみるように、清水もまた人道的介入の主体として安保理の正当性に疑義を呈している。したがって次に問われる

べき問題は、国連と平和との関係ということになろう。「国連は普遍的平和を目指せるか」という問いを考察する過程で、山田は、この問題に取り組んでいるが、山田は、システムの移行という論点を国連と平和の文脈でどのように考えているのであろうか。山田によれば、国連は、集団安全保障から人間の安全保障、そして持続可能な開発目標（SDGs）まで、多岐にわたる平和の達成を目標としている。そして組織体としても多面的（総会、安保理など六つの主要機関、加えて総会に付属する各種委員会と補助機関〔UNHCR, UNDP, UNU etc.〕）である。したがって「国連が目指す平和も、平和を目指す国連も多様であり、複数である」（105）ことに留意すべきであり、またその際、理念と原則に基づき行動するアクターとして国連と各国の利害が錯綜する国際政治の現実を反映するフォーラムとしての国連の相違にも注意が必要であると山田は述べている。

　さらに山田によれば、国連の存在の「正しさ」は多国間主義に基づくものであり、したがって「国連の正しさは、国連が設立された、あるいは、単に国連が存在することによってではなく、国連に関与する諸アクターが国連の目的達成のために正しく参加し、正しい意思決定を行い、それが国際社会に正しい影響を及ぼしている場合にのみ認められる」（110-111）ことになる。国連がそのようなものであるならば、国連を普遍的平和の具現化と考えるよりは、あるいは国連を普遍的平和を達成するための主体と捉えるよりは、国連とは、主権国家をはじめとする多様なアクターによるシステムの維持・管理と移行・変革がせめぎあう場（そこでは自らの「正しさ」を賭け金として政治闘争が展開される）とみなすことが重要となるであろう。

　「援助は貧困削減に有効なのか」をめぐって論点整理を試みた佐伯の論考のなかには、援助と貧困削減との相関性について鋭く対立する諸理論を見いだすことができる。米国の経済学者ジェフリー・サックスは、「大量の援助資金を投入すれば、途上国は貧困と停滞の悪循環（低位均衡の罠、貧困の罠）からテイクオフ（離陸）することができるのだろうか」（165）という問いにイエスと答え、援助のビッグ・プッシュ理論を主唱する。これに対して、元世銀エコノミストのウィリアム・イースタリーは、サックスを批判して、援助と経済成長との相関関係を否定する。イースタリーは「貧困の終焉には援助ではなく、自由市場

における個人や企業のダイナミズムに基づいた途上国自身の手による開発努力こそ重要」（169）だと論じている。サックスが「貧困の悲劇」を訴えるのに対して、イースタリーは、援助がそれを必要とする貧者に届かない「第二の悲劇」を強調する。ただし佐伯によると両者の対立はそれほど単純なものではない。というのは、サックスもまた「第二の悲劇」それ自体は認めたうえで、大量の援助資金投入の必要性を主張するのであり、他方イースタリーもまた、援助それ自体は否定せず、ただしその質の改善（例えば「ボトムの現実を把握し、説明責任とフィードバックをもって試行錯誤しつづける」[171] サーチャーと呼ばれる援助者の重視）を要求するのである。

　さらに佐伯は、英国の経済学者ポール・コリアーの「援助の政治化」の議論を紹介している。コリアーは、サックスとイースタリーの対立を援助の支持者（左派）と成長の支持者（右派）との対立と捉え、「援助の支持者＝左派は、成長に疑念をもち、援助を植民地主義に対する一種の償いとみなしている。いっぽう、成長の支持者＝右派は、援助に疑念をもち、援助が無能な者への施しだから、問題を広げるだけだと主張している」（171-172）と述べている。以上に加えて、援助は「旧植民地への戦略的な地政学的支配力を維持するための手段」（173）であり、援助は権力者の汚職と独裁の温床となり、かえって貧困を助長すると論じる、ザンビア出身の経済学者ダンビザ・モヨの議論も視野に入れるならば、援助ひとつとってみても、それをシステムの維持・改善の努力と捉えるのか、あるいはシステムに内在する貧者への抑圧要因そのものとみなすのかについては、論者による認識の相違は大きい。

　「市民や NGO による国境を越えた連帯は、国際平和に貢献しているか」（論点7）という問いをめぐる論考で、毛利聡子は、市民・NGO の連帯（正確には「連携」と呼ぶべきだと毛利は述べているが）による「正義」の追求には、主権国家を中核とする現代国際システムの機能改善に力点をおく流れと、システムの抜本的刷新を求める流れの、二大潮流があると論じている。システムの移行をめぐる問題との関連で以下その論旨を確認しておくことにしよう。

　毛利によれば、前者を代表するのが「トランスナショナル市民社会」と呼ばれる（温暖化防止や対人地雷廃絶など）地球的課題に取り組むアドボカシー（政策

まとめ 平和研究の課題 平和研究の役割と課題

提言）型ネットワークであり、後者を象徴するのが当時「反グローバリゼーション運動」の名で呼ばれた1999年の世界貿易機構（WTO）第5回閣僚会議（シアトル）における街頭での抗議運動であった。前者がスイス・ダボスで開催される「世界経済フォーラム」と親和性をもつのに対して、後者からはやがて「世界社会フォーラム（WSF）」が生みだされてくる。毛利の立論は前者に批判的で、後者の可能性（批判的市民社会）を展望するものである。なぜか。確かに前者の流れのなかで市民やNGOは、グローバル・ガバナンスや地球市民社会という言説に後押しされ、「マルチステークホルダー・ダイアログ（多様な利害関係者による対話）」などの枠組みを通して、国連主催の会議など、国際社会の政策決定のメインストリームに参加できるようになった。しかし毛利によれば、そこには深刻な問題が内包されていたのである。すなわち市民・NGOは、その過程で強力なロビー活動能力をもつ産業界の圧力に晒されることとなり、さらにまた一部有力NGOと企業との連携強化により、市民社会は、その本来の争議性を失い、ネオリベラリズムの補完勢力と化してしまったのである。毛利は、そのことを国連における企業の位置づけの変化などを例示しながら論じている。

　このネオリベラリズムによる市民社会の懐柔と包摂の動きに対抗するかたちで展開されたのが1999年の「シアトルの闘い」であり、反グローバリゼーション運動である。毛利は、それを「トランスナショナルな社会運動（TSM）」という視角から次のように論じている。

　　権力をもつ主体が、政府によって可視化されていた国家から、非民主的な国際機関（IMF, WB, WTO）さらに民主的な規制が及ばない巨大な多国籍企業へと移行するにしたがい、NGOが参画する公式なインサイド・アプローチとは異なる方法での異議申し立てが市民社会から表出した。それが、「トランスナショナルな社会運動（TSM）」と呼ばれる動きで、企業主導のグローバリゼーションを制御できない国家とネオ・リベラリズムに従属する市民社会（主として、取り込まれた先進国のアドボカシーNGO）に対して批判的な運動体が、この運動の中心となっている。……したがって、TSMの多くは、NGOのように政策形成過程に関与するインサイド・アプローチよりも、政策形成過程の外側から直接行動、デモ、占拠といったアウトサイド・アプローチ戦略をとる（132-133）。

2001年にブラジルのポルトアレグレで「世界経済フォーラム（ダボス会議）」
に対抗する民衆フォーラムとして始まった「世界社会フォーラム（WSF）」に
は「労働運動、環境運動、農民運動、先住民組織から民族主義運動や原理主義
運動まで」(134)、TSM を構成する多様な運動体が参集した。毛利は、多様な
主体が結集する WSF 固有の多元的で非階層的な行動原理に注目し、そこに、
市民社会が解放と脱植民化を通して批判的市民社会として再生するための、抵
抗と行動の拠点構築の可能性を見いだしているのである。
　「平和を求めるなら戦争の準備をすべきか」と題された本書「論点１」にお
いて、遠藤誠治は、４世紀後半のローマの軍事理論家ヴェゲティウスの格言と
される「汝平和を欲さば、戦への備えをせよ」から論を興し、「平和を求める
なら平和の準備をすべきである」と結論づけている。平和研究にとって根源的
ともいえるこの問いかけと応答もまた、武装された世界から非武装の世界への
移行の問題として考えることができる。ただし遠藤は、完全に非武装な世界が
実現可能だとはみなしていない。なぜならば他者と共に生きることを運命づけ
られている人間存在の社会性それ自体のなかに武装への誘因が伏在すると考え
るからである。遠藤はこの点を「安全保障のディレンマ」を定式化した米国の
国際政治学者ハーツのオリジナルな議論に遡って次のように論じている。

　　ハーツは「安全保障のディレンマ」を国家間に起こる問題としてではなく、複数の
　人間が相互不信の中で生きている状況で起こるディレンマとして捉えた。つまり、人
　間は現在を生きているのみならず、将来にわたって自らの生存を確保しようとするが、
　他の人間が自らの生存の維持にとって脅威となりえる。その際、他者は確実に悪意や
　攻撃性をもっているとは限らないが、悪意をもっている可能性はある。つまり、人は、
　自分と同じように生存に関心をもっている他者の意図がはっきりとは分からないとい
　う不安の中に置かれる。そうした相互不信状況の下で、全ての人が「殺すか殺される
　か（kill or perish）」、先制攻撃するか殺される危険を冒すかというディレンマの下に
　置かれる。その際、個々の人間が善人か悪人かは問題ではない。自己保存を課題とし
　ている人間がもつ他の人間の意図に関する不安と恐怖こそが、このディレンマを発生
　させるのである。そして、この社会状況の下では、人間は他の人間にとって狼となら
　ざるをえない（homo homini lupus）ことになる。このように、安全保障のディレン
　マは、まずは国家間関係として存在するのではなく、全ての人間にとっての問題とし

まとめ｜平和研究の課題　平和研究の役割と課題

て定式化された（5-6）。

　むろん人間存在の社会性のなかには、他者を敵ではなく仲間として、自らの生存に対する脅威ではなく資源として捉える契機、すなわち相互不信ではなく相互信頼へと向かう、統合と非武装への経路もまた内在している。この闘争と統合という人間存在の二重性を梃子としながら、近代国家は、一方で自らは武装しつつ構成員の武装解除を推し進め、他方で言語や文化の共有を基盤として構成員間の利害を調整する制度を構築しその統治の正統性を獲得することによって、構成員間の安全保障のディレンマを解消する。しかしその代償として、武装した国家間では、上位の統治機構をもたないがゆえに、最悪事態を想定した自衛のための武装強化が国家間に相互不信と軍拡を引き起こす可能性、すなわち安全保障のディレンマが存続しつづけることになる。それでは、このように武装された世界から非武装の世界への移行の道筋とは、どのように構想されるべきものなのであろうか。遠藤は、検討すべき論点を四点指摘している。

　第一に「無政府的な国際政治システムにおいて軍事力なしで自国の安全を守れるのか」という問いに対して、遠藤は「場合による」と解答している。諸国家は、相互信頼の下では、例えばＥＵ諸国間や米国・カナダ関係のように、軍備に依拠しない平和を享受できるが、相互不信の下では、安全保障のディレンマに苦しむことになる。すなわち非武装の世界への移行の鍵となるのは、国家間の信頼醸成とそれに基づく紛争の平和的解決及び平和的変更への期待であり、遠藤はこの文脈で、冷戦さなかの1950年代後半に米国の国際政治学者ドイチュが提唱した「安全保障共同体（security community）」概念の革新性に注目している。そして第二に相互不信状況下で「『安全保障のディレンマ』を克服することは可能か」という問いに対しては、遠藤は「理論的に可能であり、そのためのアプローチも明らかになっている」（9）と主張し、一方的イニシアティブ（「たとえていえば、諸国民というのは狼かもしれないし、狼ではないかもしれないが、しかし狼ではないという側に賭けるという行為を誰かがまずはじめない限り、みんなが狼になってしまう」[10]）の重要性と安全保障のディレンマを克服する

299

ための自覚的で持続的な政策的取り組みの必要性を強調している。

　第三に「近代以後人類は平和へ向かって進んでおり、戦争を克服することは可能か」という問いに対して、遠藤は「ひょっとしたら」とコメントしている。アメリカの心理学者ピンカーの主張（「人類史全体における暴力性の後退」[12]）に焦点を当て、ストックホルム国際平和研究所やウプサラ大学などによって収集された紛争・暴力データを軸に展開される遠藤の立論は、本書のなかでもっとも柄が大きく知的刺激に満ちたもののひとつである。しかし第四に「世界で人権重視の規範が定着したことで、戦争はますます起こりにくくなるか」という問いに対しては、遠藤は「そうとは限らない」と留保し、次のように人権と人道の名の下での武力介入の危険性について論じている。

　　平和を実現するために武力行使をすることには、もともと大きな矛盾がある。冷戦後の世界では、紛争の形態変化にともなって、内戦や国際化された内戦において、殺戮や人権侵害が行われている。そうした事態を押しとどめるために国際社会は「保護する責任」を担い、必要な場合には武力の行使を含む介入が必要だというコンセンサスが生まれてきた。ここで、いわば、平和と正義という価値の対立が発生しているともいえるだろう。そして、戦争は、しばしば、人々が平和よりも重要な価値があると考えるときに起こる。つまり、命を賭けてでも守るべき価値が人権なのだという価値転換の表現として、戦争が肯定される余地が出てきた。さらに、先進国でも人権や人命が重視されるようになってきた結果、今後の展開としては、無人飛行機をはじめとしたロボットや人工知能などが活用された武力行使が拡大していく可能性が高い。そうなると、軍事的な介入に関する経済的、倫理的ハードルはますます低くなっていく可能性もある。つまり、人権価値が高まった結果として、戦争が頻発するという可能性も十分ありえる（16-17）。

4　日本というシステム

　以上、村上春樹のエルサレム賞受賞挨拶「壁と卵」を導きの糸として、「悪の所在」および「移行という問題」の観点から本書を構成する論点を概観してきたが、最後に「日本というシステム」の抱える問題性を確認したい。村上は、その受賞挨拶のなかで、父親の戦争の記憶について、次のように語っている。

300

まとめ 平和研究の課題 平和研究の役割と課題

　私の父は昨年の夏に九十歳で亡くなりました。彼は引退した教師であり、パートタイムの仏教の僧侶でもありました。大学院在学中に徴兵され、中国大陸の戦闘に参加しました。私が子供の頃、彼は毎朝、朝食をとるまえに、仏壇に向かって長く深い祈りを捧げておりました。一度父に訊いたことがあります。何のために祈っているのかと。「戦地で死んでいった人々のためだ」と彼は答えました。味方と敵の区別なく、そこで命を落とした人々のために祈っているのだと。父が祈っている姿を後ろから見ていると、そこには常に死の影が漂っているように、私には感じられました。父は亡くなり、その記憶も──それがどんな記憶であったのか私にはわからないまま──消えてしまいました。しかしそこにあった死の気配は、まだ私の記憶の中に残っています。それは私が父から引き継いだ数少ない、しかし大事なものごとのひとつです（村上 2011：79）。

　戦争の記憶は、村上の物語世界を構成する基本要素のひとつである。『ねじまき鳥クロニクル』は、ノモンハン事件をめぐるエピソード抜きには語れないであろうし、実際それは、彼が著した小説の最良のページに属するものであった。また村上には、地下鉄サリン事件に取材したノンフィクション『アンダーグラウンド』（講談社、1997年）がある。彼は、同書についてあるインタビューで次のように述べている。

　　実際『アンダーグラウンド』を書いているときに、現実に生きている人の怒りとか憎しみとか、困惑とか迷いとか、それから失望とか、後悔とか、そういうものを目の前にして、それも命をかけてそう感じている人たちを見て、強く胸を打たれるものがありました。それはその後の小説に反映されているはずだし、またされていてほしいと思います（川上・村上 2017：91）。

　村上にとって、日本が抱える歴史の闇と社会の悪は、作家として「善き物語」の力を借りて対決していかなければならないものである。日本の平和研究にとってもまた、現代日本の国家と社会が抱える課題を直視することは、その存在意義の根幹に関わるものである。本書を構成する論点のうち、すでに言及したものでは、阿部浩己が、その人種主義に抗する論考のなかで、先住民族であるアイヌや琉球／沖縄人、さらには朝鮮半島出身者（及びその子孫）に対するあからさまな差別の事例をあげ、「強度の人種主義が日本社会にも蔓延していることをはっきりと認めること」(69)の重要性を指摘している。また国連を

301

題材とした山田の論考には「日本にとって国連は重要か」という問いがふくまれ、そこで山田は、日本と国連の歴史をたどり直している。

　さらに本書には、日本というシステムと直接対峙した論考が四編所収されている。「戦後補償問題はすでに解決済みであるか」（論点14：林博史執筆）、「日米安全保障条約は日本の平和の礎であるのか」（論点12：我部政明執筆）、「被爆地の訴えは核軍縮を促進したか」（論点11：水本和実執筆）、「日本国憲法の平和主義は日本の安全と世界の平和に貢献しているか」（論点13：君島東彦執筆）である。

　日本の歴史問題である近隣諸国との戦後補償はすでに解決済みなのであろうか。林はその考察の結論として「戦後補償問題はまったく解決されておらず、東アジアの未来のために避けて通ることのできない課題である」(278)と断じている。林は、史実を丹念に辿りながら、サンフランシスコ平和条約と二国間条約によって戦後処理は終わったとする日本政府の姿勢を批判し、また元「慰安婦」など、個人保障を求める被害者の声を押さえ込んできた冷戦構造を分析したうえで、国家賠償から被害者個人の保障へと歩を進める国際社会の歩みを指摘している。そして「日本は何度も謝罪しているのに、和解を阻んでいるのは被害国側であるのか」という問いや、「自分の国の戦没者を追悼するのがどうして悪いのか」という疑問、さらには近隣諸国との領土問題をめぐって「和解」や「追悼」、あるいは「固有の領土」といった言葉の意味を深く問いながら、歴史的な視座と事実に基づく考察を行っている。

　一方我部は、日米安全保障条約の条文解釈と日米軍事同盟の構造分析に基づいて「日米安全保障条約は日本の平和の礎であるのか」という問いを検討し、次のように述べている。

　沖縄を含む日本に置かれた米軍基地を媒介にした関係が、日米安全保障なのである。この点は、日本が自衛力増強を図っても、冷戦が終わっても、日本が米国防衛への参加意志を見せても、日本では基地縮小の議論がないことに現れている。この背景には、日本や沖縄の基地が返還される、あるいは小さな規模へと縮小されると、日米関係が成立しないと考える人々が日本の政権を動かしてきたからである (221)。

まとめ｜平和研究の課題｜ 平和研究の役割と課題

　米国との軍事同盟なしには日本の安全は確保されえない。そのためには、国土の一部（基地が集中する沖縄の場合は大半）を「犠牲」にしてでも、米軍の日本駐留は確保されなければならない、という恐怖にも似た信念が歴代政権につきまとい、日本の官僚機構を制約してきたわけである。この「信念」に根拠はあるのか。我部によれば、米国との同盟がもたらす「抑止力」がその根拠となるのであるが、抑止論をつぶさに検討すれば、「自衛隊と在日米軍とを合計した軍事的な能力は、抑止を構成していても、抑止を機能させている全体の一部でしか」なく、また「抑止力を構成する在日米軍は、どの程度の規模が必要なのであろうか」という疑問に対しても確定的な答えはないのである。なぜならば抑止論の観点からは「極論すれば、一人の米兵が日本にいれば十分」だからであり、「あるいは、基地がなくとも、日本防衛への米国の確固たる意志があれば十分」（227）だからである。

　さらに我部は、東アジアの平和を維持するためには米軍の存在（米軍プレゼンス）が不可欠であり、日本は、米国との同盟を維持することによって、東アジアの平和に貢献しているという議論に対しては、戦後ヨーロッパの統合史と比較して、平和の仕組み作りにおいて、東アジアでは「域内国の統合努力」が欠如していると、次のように論じている。

　　域内対立の歴史でいうと、ヨーロッパが東アジアに比べてむしろ長いといえるかもしれない。その対立を前提にしてさらなる分断を強いたのが米ソであったとはいえ、域内国間の努力こそが米ソ冷戦を終わらせると同時に、自らの一体感に基づく平和の仕組みを構築したといえる。それに比べると、戦後東アジアでは、米国を基軸（ハブ）とした二国間の安全保障条約に基づく米国陣営と、ソ連や中国と数少ないその影響下の国々とに分裂した。その分裂状態は、冷戦が終わってもなお根強く残っている。その残存する分裂の上に中国の経済的、軍事的台頭が重なり、とりわけ軍事的には中国及びその友好国と米国の域内友好国との間で溝が深まっている（234-235）。

　結局、そのような東アジアにおける分断と相互不信と力のバランスの変化が米軍のプレゼンスの継続を要請し、その受け皿としての日本では、「沖縄に対する日米の差別観」（237）を背景に日米合作で沖縄に基地負担が集中するのである。「周辺において友人をもたない日本だからこそ米国依存を深めて、さら

303

なる依存への循環に陥る」(239) と我部は指摘している。沖縄は、その生け贄ということになろう。

　このような事態に加えて、水本が「被爆地の訴えは核軍縮を促進したか」という問いに対して、広島・長崎両市の「平和宣言」を題材とした検討から明らかにしたように、被爆地の日本国政府に対する要望（非核三原則の立法化、アジア太平洋や北東アジアの非核地帯化、「核の傘」に頼らない安全保障、被爆者支援の拡充）の大半が、今なお政府によって門前払いの状態にあることを考えあわせるならば、現代日本の国家と社会が抱える問題はきわめて深刻なものであるといわざるをえないのである。

　以上を踏まえて最後に、日本国憲法の平和主義をめぐる君島の議論の一端に触れておくことにしたい。第一に「日本国憲法の平和主義は外発的・他律的なものか、内発性・自律性はないのか」という問いに対して、君島は、日本国憲法は第二次世界大戦後の戦後世界秩序構築の一環として成立した以上、その外発性は否定できないと述べている。ただし外発的であることがただちに他律的であることを意味するわけではなく、日本の民衆は、その戦争体験に媒介されて憲法を抱きしめ、9条を内面化したと君島は論じ、「9条の内面化としての憲法訴訟」の重要性を指摘している。

　第二に君島は「憲法9条解釈の変化は、日本の安全と世界の平和に貢献したのか」という問いを、冷戦の本格化と朝鮮戦争、サンフランシスコ講和と国連加盟、日米安保と自衛隊の創設から冷戦の終結、湾岸戦争と自衛隊の国連PKO参加、そして安倍政権下の集団的自衛権限定的容認と安保法制にいたる歴史過程のなかで詳細に検討している。その立論は、自衛隊違憲論の射程や「9条＝安保体制」論の是非をふくめて多岐にわたるが、要点は「憲法9条を改正しないまま、9条規範の制約の下で、自衛隊という実力組織を保持し、統制することが戦後日本の大きな課題となった」(250) ということである。君島は、次のように論じている。

　　われわれは、大日本帝国憲法のもとで、陸海軍を統制することに失敗した経験を持っている。9条の当初の意味は、「軍隊の不在」というかたちのきわめてラディカルな文民統制ということであろう。しかし、1954年以降、自衛隊を保持するように

まとめ 平和研究の課題　平和研究の役割と課題

なってからは、９条規範を解釈適用することによって自衛隊の行動を統制してきた。
９条規範から引き出された論理による統制である。もともと自衛隊の存在の合憲性と
日本が武力攻撃を受けたときの自衛隊の武力行使の合憲性は、憲法９条が改正できな
い状態において、憲法外から自衛権概念を持ち込んで、ギリギリ９条に適合させる解
釈を生み出したものである（250）。

　君島の認識では、冷戦期において憲法９条は、一方で非核三原則、武器輸出
三原則と相まって、日米安保体制の下での自衛隊の役割を専守防衛に限定する
ことによって国際平和に貢献し（ただし日本本土の非軍事化が東アジア周辺地域の
軍事化とセットになっていた点には留意が必要）、他方で自衛隊を「交戦権を認め
られないという厳しい制約を課せられているという意味において、通常いわれ
る軍隊とは、全くその性格を異にする」（248）軍事組織に留めることによって、
日本社会の軍事化の防波堤となってきたのである（ただし沖縄を例外として、あ
るいはより正確には武装化された沖縄を前提＝犠牲として）。そして冷戦終結後の世
界情勢の激変は、憲法９条に基づく日本の平和主義と国際協調主義を根本から
問い直すことになったのである。
　君島は、その変化を「しない」平和主義から「する」平和主義への変化とと
らえている。すなわち戦争をしない、武力行使をしないことが問われる時代か
ら誰がいかなる手段でどのような国際貢献をするかが問われる時代に変わった
ということである。むろん問われるべきは、その内実である。君島は、「1990
年代ポスト冷戦期の国際関係の中で、日本は自衛隊を海外で『活用』する政策
選択をした。ひとつは国連 PKO への派遣（PKO 等協力法）であり、もうひと
つは米軍の後方地域支援（1997年日米防衛協力の指針、周辺事態法）である」（252）
と指摘し、この自衛隊の海外派遣を基軸とする「積極的平和主義」の延長線上
に安倍政権による集団的自衛権限定的容認と安保法制を位置づけ批判的に検討
している。そして君島は、以上の論点を踏まえたうえで最後に「日本の安全と
世界の平和のために、日本国憲法９条を改正すべきか」という９条改憲論の是
非をめぐって改憲批判の観点から三点論じているのである。すなわち第一に
「実力組織を統制する」という観点からの９条改憲批判であり、第二に「日本
国憲法の平和主義がもともと内包している非軍事による平和構築の可能性を重

305

視する」という観点からの9条改憲批判であり、第三に日本国憲法の平和主義
を長期的・漸進的な実現過程のなかで考える立場からの9条改憲批判である。

5　義務と権利

　フランスの思想家シモーヌ・ヴェーユは、権利と義務との関係について、次
のように書き残している。

　　義務の観念は権利の観念に優先する。権利の観念は義務の観念に従属し、それに依
　存する。一つの権利はそれ自体として有効なのではなく、その権利と対応する義務に
　よってのみ有効となる。一つの権利が現実に行使されるにいたるのは、その権利を所
　有する人間によってではなく、その人間にたいしてなんらかの義務を負っていること
　を認めた他の人間たちによってである。義務は、それが認められたときすぐさま有効
　となる。だが、一つの義務は、たとえだれからも認められない場合でさえ、なんらそ
　の存在の十全性を失うことはない。ところが、だれからも認められない権利は、取る
　にたりぬものである。人間は一方において権利を有し、他方において義務を有すると
　言うことは意味をなさない。この二つの言葉は、観点の相違を表現しているにすぎな
　い。この二つの言葉の関係は、客体と主体との関係である。ひとりの人間は、個人と
　して考えられる場合、自己自身にたいするある種の義務を含めて、ただ義務のみを有
　する。これに対して、かかる個人の観点から考えられた他人たちは、ただ権利のみを
　有する。だが、その個人も、彼にたいして義務を負っていることを認めた他者たちの
　観点から考えるとき、こんどは権利を所有することになる。宇宙にたったひとりしか
　いないと仮定するなら、その人間はいかなる権利も有せず、ただ義務のみを有するこ
　とになろう（ヴェーユ　1967：21）。

　平和について考えるということは、自らの平和への権利のための闘いの渦中
でなされることもあるであろうし、他者の平和に生きる権利を擁護する義務と
して行われることもあるであろう。いずれの場合にせよ、そこには、自らが生
きる歴史と社会のなかで平和を考えるための理路と作法が必要であり、深める
べき論点の提示と吟味が不可欠となる。本書がそのための一助となれば幸いで
ある。

まとめ 平和研究の課題 平和研究の役割と課題

〔参考文献〕

ヴェーユ，シモーヌ（1967）「根をもつこと」山崎庸一郎訳『シモーヌ・ヴェーユ著作
　　集Ⅴ　根をもつこと』春秋社

川上未映子・村上春樹（2017）『みみずくは黄昏に飛びたつ』新潮社

村上春樹（2011）「『壁と卵』──エルサレム賞・受賞のあいさつ」同『雑文集』新潮社

索　引

あ　行

アーミテージ報告書　254
アイデンティティ　30,63
アイヌ　276
アナン，コフィ　145,182
アパルトヘイト体制　186
アルカイダ　16
安全保障化（安全保障国家化）　54
安全保障共同体　8
安全保障のディレンマ　4,24
安全保障理事会（安保理）　23,101,248
安保法制　231,254
安保理決議1325　89
イースタリー，ウィリアム　167
移行期正義　181,183
イスラム恐怖症　64
イスラム国（IS）　16,85
移　民　64
イラク戦争　46
ウィメン・イン・ブラック　95
上野千鶴子　92
ウォルツァー，マイケル　156
AIIB（アジアインフラ投資銀行）　239
ADB（アジア開発銀行）　239
『永遠平和のために』　26
HIV/AIDS　43
NGOと企業との連携関係　131
NGOと社会運動との連帯　137
NGOによる平和構築　253
NGOの正統性　127
LGBTI　78
援　助　161,171
ODA　165
沖縄　234,262
沖縄における米軍プレゼンス（米軍基地）
　223,243
沖縄返還交渉密約漏洩事件　94
オキュパイ運動　54
オスグッド，C.S.　10

オックスファム（OXFAM）　121,122,162
オフショア・バランス戦略　230
穏和な平和主義　249

か　行

カー，E.H.　23
海上自衛隊　233
海上保安庁　232
開発援助　172,183
開発途上国　172
加害者　94
加害者の処罰　154
核軍拡競争　205
核軍縮外交　202,216
『核態勢見直し』　214
拡大抑止　228
核の傘　202,217,229
核兵器禁止条約　211
核兵器の廃絶　203,206
核兵器廃絶国際キャンペーン（ICAN）　211
核兵器不拡散条約（NPT）　201
核抑止論　201,205,213
片面講和　246
カプチャン，C.A.　11
家父長制　79,90
ガリ，ブトロス　181
ガルトゥング，ヨハン　15,42,161
カルドー（カルドア），メアリー　16,256
ガルブレイス，J.K.　70
監視社会化　54
カント，イマニュエル　26,107
キーデル，マーティン　257
企業の自主的な行動規範　130
企業の社会的責任　124
北アイルランド　185
基地・軍隊を許さない行動する女たちの会
　89
基地提供　223
基地村　89
機能主義　109

309

規範起業家　127
キム・ハクスン　265
金大中　266
キャンベラ委員会　207
キューバ危機　204
旧ユーゴスラビア国際戦犯法廷　190
協議資格制度　123
強行規範　71
強制措置　146
共通の安全保障　10
極東国際軍事裁判　26
極東有事　223
拒否権　23,102
キリスト教原理主義　53
均衡（Balance）戦略　231
グアンタナモ基地　48,151
「クイア（変態）」理論　78
クマラスワミ，ラディカ　267
クライン，ナオミ　45
クラスター弾に関する条約　127
グラミン銀行　51
クリミア併合　8
グローバリゼーション　42
グローバル・アパルトヘイト　42,45
グローバル・ガバナンス　101,109,125
グローバル・サウス　45
グローバル・ノース　44
グローバル公正運動　134
グローバルな正義　156
軍産複合体　46
軍事主義　90
軍の変革　256
ケア　122
ケア・インターナショナル　122
経済協力開発機構（OECD）開発援助委員会
　（DAC）　164
経済社会理事会　105
経済制裁　115
啓蒙思想　12
ケナン，ジョージ　247
ケネディ，J. F.　204
ゲルワニ（インドネシア女性運動）　83,93
権威主義的政治体制　40

原水爆禁止運動　201,209
憲法9条裁判　245
憲法平和主義、憲法平和条項　241
構成主義　127
構造調整プログラム　50
構造的暴力　15,42,161,253
後方地域支援　252
拷問　48
国際機構　104
国際協調主義　117,255
国際協力　104
国際刑事裁判所設置に関するローマ規程
　35,127
国際司法裁判所　66,105
国際人道法　152
国際的な公権力　22
国際連合（国連）　101
国際連合憲章体制　22
国際連盟　25
国内類推思考　21
国連開発計画　105
国連教育科学文化機関（ユネスコ/UNESCO）
　60,113
国連軍　103
国連軍「慰安所」　89
国連軍縮特別総会　201,216
国連憲章　219,221,242,248
国連憲章第2条4項　146
国連憲章体制　64
国連人権委員会　265
国連人道問題調整官事務所（OCHA）　115
国連世界女性会議　90
国連中心主義　114
国連通常兵器移転登録制度　113
国連と産業界の関係　128
国連難民高等弁務官事務所　105
個人自衛権　249
個人の主体化　157
個人の脆弱性　157
コソヴォ関連空爆　147
国家安全保障　20
国家主権　148
国家主権と介入に関する国際委員会　149

索　引

国境管理　70
子どもの権利条約　67,75
個別的・集団的自衛権　219,221
固有の領土　274
コリアー，ポール　171

さ 行

在特会（在日特権を許さない市民の会）　62
在日米軍　229
債務帳消し運動　132
酒井直樹　62
坂本義和　10
錯誤による破滅　8
サックス，ジェフリー　165
サバイバー　87,93
サバルタン・スタディーズ　90
差別・排除　58
38度線　228
サン・ピエール，アッベ・ドゥ　107
サンフランシスコ体制　278
サンフランシスコ平和条約　224,261,275
自衛権　248
自衛隊　247
自衛力　249
ジェノサイド　146
ジェンダー　78
自決権（自己決定権）　74
自己保存のための武器の使用　252
市場経済　172
市場原理主義　40
施政権　224
事前協議制度　220
持続可能な開発目標（SDGs）　102,113,129,163
幣原喜重郎　243
死の灰　209
自文化中心主義　71
司法による正義の実現　190
資本主義　42
JICA　183
社会運動　123
社会科学者による人種に関する声明　60
社会権規約　67

社会主義　172
社会的包摂　62
謝罪　180,188,269
上海協力機構　239
自由権規約　67
自由権規約委員会　268
自由市場　171
集団安全保障体制　22,24,101,114
集団的自衛権　231,232,247,254
周辺事態法　252
主権国家体制　107,110,144,157
ジュビリー2000　123
障害者権利条約　75
消極的平和　15,102
勝者の裁き　22
小日本主義　244
植民地支配　59,261,263,271
植民地主義　59,71,171,278
植民地独立付与宣言　28,65,113
女性差別撤廃委員会　270
女性差別撤廃条約　75
女性に対する暴力　81
女性のためのアジア平和国民基金　269
所有的個人主義　52
シリア　16,144
シリア難民　64
真実委員会、真実和解委員会　183,185,186,190
新自由主義　125,131
人種差別撤廃条約　60,65
人種主義　58,61
人種主義、人種差別、外国人排斥及び関連する不寛容に反対する世界会議（ダーバン会議）　71
人種なき人種主義（人種差別）　61,286
新植民地主義　90,143
人道的介入　15,140
人道的干渉　141
侵略戦争　261
侵略的行為の撃退（拒否的抑止）　225
スーダン　144
ストックホルム国際平和研究所　13,199
スレプレニツァの虐殺　144

脆弱国家　12
生政治　284
正戦（just war）　24,156
西洋中心主義　64
世界銀行/IMF　133,161
世界経済フォーラム（ダボス会議）　129
世界サミット成果文書　149
世界社会フォーラム（WSF）　134
世界人権宣言　113
世界政府（論）　22,249
セクシュアリティー　78
積極的平和　102,183
積極的平和主義　252,253
セックス（生物的身体的性別）　78
絶対平和主義　141,246,250,257
セン，アマルティア　79
尖閣諸島（列島）　224,235,239,275
戦時性暴力　81,267
先住民　267,276
専守防衛　251
戦傷病者戦没者遺族等援護法　273
漸進的平和主義　257
戦争違法化　102,146
戦争の民営化　46
戦没者の追悼　272
戦略兵器削減条約（START）　11
占領改革　242
相互依存　6,238
ソーシャル・ビジネス　177
ソマリア　151
存立危機事態　232

た　行

ダーバン会議（→人種主義、人種差別、外国人
　排斥及関連する不寛容に反対する世界会
　議）　267
大気圏内核実験　209
大国間協調　112
第五福竜丸　209
対人地雷全面禁止条約　127
大西洋憲章　242
対テロ戦争　48,54,73,150
台湾海峡　229

田岡良一　23
竹　島　224,275
多国間主義　110
多国間枠組み　239
多国籍企業　129
多文化主義　64,66
ダルフール　144,151
ダレス，ジョン・フォスター　23,275
単一文化主義　64
男性学　95
治安部門改革　183
地域統合　236
チェチェン　144,151
地球市民社会　125
千島列島　275
知的財産権　43
千鳥ヶ淵戦没者墓苑　272
チベット　144,151
中華民国　263
中距離核兵器全廃（INF）条約　11
中堅国家　127
中国人民解放軍　204
中国の「封じ込め」　230
朝鮮戦争　204,220,228
朝鮮半島出身者（の子孫）に対する差別　69
朝鮮半島有事　221
朝鮮民主主義人民共和国　263,264
直接的暴力　15
償　い　180
帝国主義　269,278
停戦監視団　144
TPP（環太平洋パートナーシップ協定）
　239
テロリスト　48,111,226
天皇の戦争責任　261
ドイチュ，K.W.　8
トゥキディデス（トゥーキュディデース）
　3,4
東京招魂社　271
統治性　50,285
土地所有権　53
ドナー諸国　173
ドメスティック・バイオレンス（DV）　79,88

312

索　引

トランスナショナル市民社会　122
トランスナショナルな社会運動（TSM）
　133
トランプ政権　239
トルーマン，H. S.　204

な 行

内外人平等原則　27
内政不干渉の原則　148
長崎原爆資料館　216
ナチス・ドイツ　59
七三一部隊　261
南沙諸島　237
汝平和を欲さば、戦への備えをせよ　3
難　民　34,44,87
西側世界（西側同盟）　222,246
日米安全保障条約　219,246
日米安保体制　246,250
日米防衛協力（防衛協力についてのガイドライ
　ン）　223
日華平和条約　263
日韓基本条約　261,264
日ソ共同宣言　261
日中戦争　25
日中平和友好条約　261
日朝共同宣言　264
日本軍「慰安婦」　264,266,267,270
日本軍国主義　244,252
日本軍性奴隷制を裁く女性国際戦犯法廷　89
日本国憲法9条の内面化　244
日本国憲法の平和主義　241
日本による琉球侵略と併合　277
日本の武装解除および非軍事化に関する4カ国
　条約案　247
日本への武力攻撃　222
日本有事　223
人間の安全保障　15,20,102,256
ネオリベラリズム（新自由主義）　39
ノーベル平和賞　211

は 行

ハーヴェイ，デヴィッド　39
ハーツ，ジョン　5

ハイエク，フリードリヒ　40
排外主義的ナショナリズム　54
賠　償　262
賠償に関する第1回汎アフリカ会議　72
バウマン，ジークムント　59
朴正煕　266
覇　権　102
橋下徹　95
バトラー，ジュディス　78,92
パリ協定　130
ハリバートン　46
「半開」国　28
反グローバリゼーション運動　123
万人の万人に対する闘争　21
BOP層を対象としたビジネス（BOPビジネ
　ス）　178
PKO参加5原則　252
PKO等協力法　252
非核三原則　201,217,251
非核地帯　11,202,217
東アジア共同体　236
東ティモール　185
東日本大震災　115
ビキニ水爆被災事件　201
非政府組織　121
ピノチェト軍事独裁政権　40
日の丸掲揚と君が代斉唱の強制　61
被爆者　212
被爆者援護法　201,217
被爆者団体　199
批判的市民社会　137
非武装中立　247
非平和的状況　282
ヒューマンライツ・ウォッチ　82
広島平和記念資料館　204,215,216
ピンカー，S.　12
貧困削減　160
貧困の女性化　80
フーコー，ミシェル　49,284
フェミニズム　78,269
不介入　144
武器輸出三原則　251
付随的被害　154

313

不戦条約（ケロッグ・ブリアン条約）　241
復興支援　183
部分的核実験禁止条約（PTBT）　201, 209
「不法」移民　44
ブライアリー，J. L.　105
ブラックウォーター　46
『ブラヒミ・レポート（国連平和活動検討パネル報告書）』　182
フリードマン，トマス　46
フリードマン，ミルトン　40
武力行使　141
武力なき自衛権　248
武力紛争法　152
文化的暴力　49
文化の多様性に関するユネスコ宣言　66
文民統制　250
文明国　28
米軍基地　220
米軍再編　229
米軍支援　230
米軍駐留経費　237
米軍プレゼンス　223, 229, 234, 235
米国第一主義　239
米国覇権　230, 234
「平時」の非平和性　79
平和・軍縮教育　212
平和維持活動（PKO）　24, 105, 117, 144, 146
平和運動　257
平和教育　183
平和行政　199
平和構築　181
平和的手段による平和　250
平和的変更　23, 109, 111
平和に対する罪　26
平和の礎　274
平和のうちに生存する権利　245
平和の少女像　271
『平和への課題』　181
平和を求めるなら平和の準備をすべきである　4, 15, 17
ペロポネソス戦争　3
ヘンリー・スティムソン・センター　207
包括的核実験禁止条約（CTBT）　209

法の支配　147
報復（懲罰的抑止）　225
暴力の応酬　156
暴力のトラウマ　86
保護する責任　15, 145, 149
保護に際する責任　152
ポストコロニアリズム　90
ボスニア　144, 190
母　性　94
ポツダム会談（ポツダム宣言）　242, 243
ホッブズ，T.　21
北方領土　224
ポランニー，K.　39
ポル・ポト政権　187
本質主義　78

ま　行

マイクロクレジット　51
マクドゥーガル，ゲイ・J.　268
マクファーソン，C. B.　52
マッカーサー，D.　204, 243
麻薬に対する戦争　47
マルクス主義　42
満州事変　25
「未開」領域　28
ミトラニー，デイヴィド　109
南シナ海　237
ミレニアム開発目標（MDGs）　50, 113, 160
民間軍事会社　46
民主主義の赤字　126
民族的少数者　34
民兵（市民武装）　249
ムジャヒディン（イスラム自由戦士）　85
無人機による超法規的殺戮　48
無政府主義　5
村上春樹　280
免責・減刑　188
モデル核兵器禁止条約　211
モヨ，ダンビサ　173

や　行

靖国神社　271
ヤルタ会談　102, 242

索　引

ユダヤ人らの虐殺（ホロコースト）　59
ヨーロッパ協調　108
ヨーロッパ連合（EU）　234
抑止論　3, 225
予防的拘禁　47

ら　行

リアドン，ベティ　79, 96
リアリズム　234
リビア　15, 151
リベラルな介入主義　156
琉球王国の強制併合（琉球処分）　74, 277
領土問題　276
臨界前核実験　210
臨床経済学　167, 171
ルソー，J-J.　21
ルワンダ　144
ルワンダのガチャチャ　193

例外状態　48
冷戦構造の解体　278
冷戦の終結　10
レイプ　81
レヴァイアサン　21
歴史教育　72
連携　121
連合国　262
連合国との平和条約　219, 246
連合国捕虜の虐待　270
連帯　121
ローレンツ，K.　5
ロビー活動　127

わ　行

和解　183, 184, 269
ワシントン・コンセンサス　41
湾岸戦争　251

■執筆者紹介（執筆順）

遠藤　誠治	成蹊大学法学部教授	第1章
石田　　淳	東京大学大学院総合文化研究科教授	第2章
土佐　弘之	ノートルダム清心女子大学国際文化学部教授	第3章
阿部　浩己	明治学院大学国際学部教授	第4章
古沢希代子	東京女子大学現代教養学部教授	第5章
山田　哲也	南山大学総合政策学部教授	第6章
毛利　聡子	明星大学人文学部教授	第7章
清水奈名子	宇都宮大学学術院国際学部教授	第8章
佐伯奈津子	名古屋学院大学国際文化学部教授	第9章
阿部　利洋	立命館大学大学院先端総合学術研究科教授	第10章
水本　和実	広島市立大学名誉教授	第11章
我部　政明	沖縄対外問題研究会代表	第12章
君島　東彦	立命館大学国際関係学部特命教授	第13章
林　　博史	関東学院大学名誉教授	第14章
黒田　俊郎	新潟県立大学副理事長	まとめ

平和をめぐる14の論点
——平和研究が問い続けること

2018年9月10日　初版第1刷発行
2025年6月20日　初版第5刷発行

編　者　日本平和学会

発行者　畑　　光

発行所　株式会社　法律文化社
〒603-8053 京都市北区上賀茂岩ヶ垣内町71
電話 075(791)7131　FAX 075(721)8400
customer.h@hou-bun.co.jp
https://www.hou-bun.com/

印刷：㈱富山房インターナショナル／製本：㈱吉田三誠堂製本所
装幀：白沢　正
ISBN 978-4-589-03954-5

©2018 The Peace Studies Association of Japan
Printed in Japan

乱丁など不良本がありましたら、ご連絡下さい。送料小社負担にてお取り替えいたします。
本書についてのご意見・ご感想は、小社ウェブサイト、トップページの「読者カード」にてお聞かせ下さい。

〈出版者著作権管理機構　委託出版物〉
本書の無断複写は著作権法上での例外を除き禁じられています。複写される場合は、そのつど事前に、出版者著作権管理機構（電話 03-5244-5088、FAX 03-5244-5089、e-mail: info@jcopy.or.jp）の許諾を得て下さい。

日本平和学会編

平和を考えるための100冊＋α

A 5 判・298頁・2200円

平和について考えるために読むべき書物を解説した書評集。古典から新刊まで名著や定番の書物を厳選。要点を整理・概観したうえ、考えるきっかけを提示する。平和でない実態を知り、多面的な平和に出会うことができる。

広島市立大学広島平和研究所編

平和と安全保障を考える事典

A 5 判・710頁・3960円

混沌とする国際情勢において、平和と安全保障の問題を考える上で手引きとなる1300項目を収録。多様な分野の専門家らが学際的アプローチで用語や最新理論、概念を解説。平和創造の視点から国際政治のいまとこれからを読み解く。

日本平和学会編

戦争と平和を考えるNHKドキュメンタリー

A 5 判・204頁・2200円

平和研究・教育のための映像資料として重要なNHKドキュメンタリーを厳選の上、平和学術的知見を踏まえ概説。50本以上の貴重な映像（番組）が伝える史実のなかの肉声・表情から戦争と平和の実像を体感・想像し、「平和とは何か」をあらためて思考する。

高部優子・奥本京子・笠井 綾編

平和創造のための新たな平和教育
―平和学アプローチによる理論と実践―

A 5 判・164頁・2420円

平和学アプローチに基づいて「平和」の概念を幅広く捉え、戦争だけでなく様々な暴力をなくしていくための実践力と平和を生み出すための想像力と創造力を養うための視座と作法を提示する。すぐに始められる平和教育の実践例も所収。

中村桂子著〔RECNA叢書5〕

核のある世界とこれからを考えるガイドブック

A 5 判・172頁・1650円

「なぜ核兵器はあるのだろう？」という素朴なギモンや、「核兵器のある世界」となった〈これまで〉と〈いま〉について知ることからはじめる。たくさんのギモンを考え、リアルを学ぶなかで、核がない世界をどう創るのか。基礎的思考力を身につけるためのガイドブック。

──────── 法律文化社 ────────
表示価格は消費税10％を含んだ価格です